高等学校"十一五"规划教材会计学系列

会计信息系统

（第二版）

汪路明　胡振江　主编

北京师范大学出版集团
BEIJING NORMAL UNIVERSITY PUBLISHING GROUP
安徽大学出版社

图书在版编目(CIP)数据

会计信息系统 / 汪路明,胡振江主编. —2版. —合肥:安徽大学出版社,2011.12
高等学校"十一五"规划教材. 会计学系列
ISBN 978-7-5664-0351-3

Ⅰ.①会… Ⅱ.①汪… ②胡… Ⅲ.①会计信息—财务管理系统—高等学校—教材
Ⅳ.①F232

中国版本图书馆 CIP 数据核字(2011)第 264208 号

会计信息系统(第二版)　　　汪路明　胡振江　主编

出版发行	北京师范大学出版集团
	安 徽 大 学 出 版 社
	(安徽省合肥市肥西路3号 邮编230039)
	www.bnupg.com.cn
	www.ahupress.com.cn
印　　刷	合肥现代印务有限公司
经　　销	全国新华书店
开　　本	184mm×260mm
印　　张	15.5
字　　数	361 千字
版　　次	2011 年 12 月第 2 版
印　　次	2011 年 12 月第 1 次印刷
定　　价	24.8 元

ISBN 978-7-5664-0351-3

责任编辑:朱丽琴　龚婧瑶	特约编辑:白羽　杨婷
装帧设计:孟献辉	责任印制:陈如

版权所有　侵权必究

反盗版、侵权举报电话:0551—5106311
外埠邮购电话:0551—5107716
本书如有印装质量问题,请与印制管理部联系调换。
印制管理部电话:0551—5106311

编委会

本册主编 汪路明　胡振江
副 主 编 刘　晨　胡良华
本册编委 （排名不分先后，以姓氏笔画为序）
　　　　　　王　伟　刘　平　刘　晨
　　　　　　孙国萍　李平原　吴志明
　　　　　　汪路明　胡良华　胡振江
　　　　　　夏春晓

第二版前言

在企业信息化建设全面推进的市场形势下,会计信息化课程如何兼顾学科发展的前沿性、实践性,为学生提供一套先进、完整、可操作的教学体系,是应用型本科院校经管类专业教学面临的一个实际问题。

针对应用型本科院校的培养要求,我们选编了这本教材。编写中,我们在吸收和借鉴国内外会计信息系统先进的设计思想和理念的同时,坚持稳定性与超前性的统一,侧重当前,注重未来。在选材上,我们摒弃了同类教材或者单纯注重编程或着重介绍某一种财务软件的具体使用方法的传统编写方法,注意尽量选用在当前社会应用中行之有效的内容,既注重从理论角度进行牵引和解释,使学生不但知其然,也知其所以然,也注重培养学生运用计算机技术去解决实际问题的能力。在具体应用型的内容选择上,我们选择了目前最主流的商品化财务软件——用友软件会计核算系统为软件实习的内容,系统地介绍运用总账处理、工资系统、固定资产系统和应收应付系统的会计处理流程和具体处理方法,为培养学生在电算化系统中分析问题和解决问题的能力奠定了一定的基础。同时本教材还较详细地介绍了如何运用通用的办公软件 Excel 提供的数据处理功能处理会计业务的基本方法和相关处理技巧,为学生运用会计电算化知识服务中小企业打下了良好的理论和实践基础。

在此修订的过程中,我们根据第一版使用的反馈情况,不仅修正了第一版中的错误,也为一些章节注入了新的内容,使之更加符合信息时代的应用需要。为了方便学生学习和实践,改版后的教材还在附录中提供了与用友 U8 软件相匹配的实验资料(包括总账、工资、固定资产、应收系统、应付系统的实验数据等),并配备了与实验资料数据对应的实验结果文件,不仅为学生的实验提供了有效的练习资料,也为教师的教学提供了便利条件。此外,为满足教师的教学需求,本书还为教师教学配备了相关的教学课件。

参加本书编写的人员大多是担任会计信息系统教学工作多年的教师,本书是多年教学经验的结晶。我们衷心希望本书的出版能为促进应用型本科院校的电算化教学改革和发展尽一点绵薄之力。本书由汪路明(安徽财经大学)和胡振江(安徽科技学院)担任主编,刘晨(铜陵学院)、胡良华(安徽职业技术学院)担任副主编。本书由汪路明编写第一章,王伟(安徽科技学院)编写第二章,胡良华编写第三章和第五章,夏春晓(蚌埠学院)编写第四章,孙国萍(安徽财经大学)编写第六章和第八章,刘晨编写第九章。教材的附录(上机综合实验练习资料)由夏春晓编写,实验练习资料对应的实验结果文件也由夏春晓提供。

编 者

2011 年 9 月

目 录

第1章 会计信息系统概述

□学习目标 ·· 1
1.1 信息与信息系统 ·· 1
1.2 会计信息系统 ·· 7
1.3 会计信息系统的功能结构 ·· 13
1.4 会计信息的系统发展 ·· 16
□本章小结 ·· 21
□思考与练习 ·· 21

第2章 账务处理子系统

□学习目标 ·· 24
2.1 账务处理子系统概述 ·· 24
2.2 账务处理子系统的数据处理流程分析 ······················ 25
2.3 账务处理子系统的编码设计与系统结构 ···················· 29
2.4 账务处理子系统的初始设置 ···································· 35
2.5 账务处理子系统的日常业务处理 ······························ 40
2.6 账务处理子系统的期末业务处理与账表输出 ············ 45
2.7 账务处理子系统的辅助核算 ···································· 49
□本章小结 ·· 56
□思考与练习 ·· 56

第3章 报表子系统

□学习目标 ·· 59
3.1 报表系统概述 ·· 59
3.2 会计报表的流程分析 ·· 62
3.3 报表系统的功能模块 ·· 73
3.4 资产负债表的编制 ·· 76

3.5 现金流量表的编制 …………………………………… 79
3.6 报表分析 …………………………………………… 82
3.7 会计报告信息披露 ………………………………… 84
□ 本章小结 …………………………………………… 88
□ 思考与练习 ………………………………………… 88

第4章 其他业务核算子系统

□ 学习目标 …………………………………………… 89
4.1 工资核算子系统 …………………………………… 89
4.2 固定资产管理子系统 ……………………………… 94
4.3 应收款管理子系统 ………………………………… 100
4.4 应付款管理子系统 ………………………………… 106
□ 本章小结 …………………………………………… 111
□ 思考与练习 ………………………………………… 111

第5章 Excel在日常会计数据处理中的应用

□ 学习目标 …………………………………………… 114
5.1 Excel基础 ………………………………………… 114
5.2 Excel进行会计数据的输入 ……………………… 118
5.3 Excel进行会计数据的管理 ……………………… 129
5.4 Excel公式中地址的引用 ………………………… 136
□ 本章小结 …………………………………………… 139
□ 思考与练习 ………………………………………… 139

第6章 Excel在总账处理中的应用

□ 学习目标 …………………………………………… 140
6.1 总账处理模板中的常用函数 ……………………… 140
6.2 凭证输入模板的设计 ……………………………… 146
6.3 科目汇总表模板设计 ……………………………… 154
6.4 资产负债表模板设计 ……………………………… 157
□ 本章小结 …………………………………………… 160
□ 思考与练习 ………………………………………… 161

第 7 章 Excel 在财务分析中的应用

- 学习目标 ··· 162
- 7.1 财务分析概述 ··· 162
- 7.2 用 Excel 进行财务比率分析 ································ 164
- 7.3 用 Excel 进行经营决策中的雷达图分析 ··············· 167
- 7.4 用 Excel 进行长期贷款筹资分析 ·························· 172
- 本章小结 ··· 180
- 思考与练习 ·· 181

第 8 章 会计信息系统的建设与管理

- 学习目标 ··· 182
- 8.1 会计信息系统的建立 ·· 182
- 8.2 会计信息系统的管理 ·· 190
- 8.3 计算机应用对会计内部控制的影响 ······················ 192
- 8.4 会计信息系统的内部控制 ··································· 199
- 本章小结 ··· 205
- 思考与练习 ·· 205

第 9 章 会计信息系统审计

- 学习目标 ··· 207
- 9.1 会计信息系统审计(Accounting Information System Audit)概述 ····· 207
- 9.2 会计信息系统审计的发展 ··································· 213
- 9.3 会计信息系统审计技术 ······································ 216
- 本章小结 ··· 218
- 思考与练习 ·· 218

附录：上机综合练习资料 ·· 219

主要参考文献 ·· 233

后记 ·· 235

第1章 会计信息系统概述

□ **学习目标**

通过本章学习,使学生了解会计信息系统的基本概念、现代信息技术对会计工作的影响及计算机环境下会计数据处理的方法,理解学习会计信息系统课程的重要性和现实意义。

1.1 信息与信息系统

1.1.1 信息与数据

1. 定义

"信息"和"数据"是指管理信息系统中的要素信息和数据,这两个名词在现实生活中经常用到,在很多人看来这是同一个意思。但事实上,这是两个概念。

(1) 信息。

信息是对人有用的、能够影响人们行为的数据。信息是由数据所能直接或间接推导(加工处理)得到的认识、知识、消息。信息是经过加工的数据,它已经使得数据转化为可以帮助人们进行决策的信息。例如,会计报表是一种信息,它是各种会计数据加工的结果,为报表使用者提供了能使他们作出合理的投资、贷款、经营管理和其他经营决策有用的会计信息。

(2) 数据。

数据是记录客观事物的性质、状态、数量特征的抽象符号。它可以是文字、数字、图像、声音、动作等。数据表示的是客观事实,是一种真实存在,其本身无具体的含义,它必须和客观实体及属性联系在一起才可能对接收者产生意义。例如,"42%"、"王五"等都是数据,但这些数据除了符号的意义外,并不能带给符号的接收者任何有价值的内容。

【实例】 "30%"是一项数据,但这一数据除了数字上的意义外,并不表示任何内容,而"张三本月销售额比上月增长了30%"对接收者却是有意义的,接收者知道"30%"是表示客观实体张三销售增长率这一属性值。因此,"30%"不仅仅有数据、有实体,更重要的是给数据以解释,从而使接收者得到了客观实体张三本月销售额增长的信息。若再加一条信息"月增长率每增长10%即可增加奖金500元",则综合以上两条信息之后,得出一条抽象程度更高的信息:"张三获得了1 500元奖金。"

【分析】 由此例可见,数据和信息是密不可分的,而信息之间的联系又可以得到抽象层次更高的信息。因此可以看出,如果将数据看作原料,那么信息就是通过信息系统加工数据得到的产品,而且在信息系统的帮助下,还可利用信息技术对信息进行进一步的加工处理,从而得到不同抽象层次的信息来辅助完成不同层次的决策。

2. 信息和数据之间的关系

(1) 信息和数据是两个不同的概念。

从定义中可以看出,"信息"和"数据"是两个不同的概念。数据所记录的仅仅是事实,是未经加工处理的,对其接收者来说并没有什么直接的提示或帮助。对信息接收者来说必须经过加工以后的数据才具有较为直接的提示和帮助,能够帮助接收者决策,采取某些行动,这才称为信息。

(2) 信息和数据有着密切的联系。

信息是对人有用的、能够影响人们行为的数据。它是数据的含义,是人们对数据的解释,是数据加工后的结果。数据是信息的载体,没有数据便没有信息,因此信息不能单独存在。想获得信息就要先获得载荷信息的数据,对其加工才能获得信息。当然,数据蕴含信息有的是直接的,有的是间接的。比如:当你看到某车间"本月产量 1 500 台"这样一个数据时,马上可以得到该车间本月产量的信息,但如果你获得的只是"1 500"这个数字,它就必须要经过加工(解释)才有意义。

(3) 实际的使用情况。

值得注意的是,信息定义中所提到的"对决策者有用",这要视具体情况而定。同样的一个数字,对于一些决策者是有用的,而对于另一些决策者是没有用的;或者,在某一个时候是有用的,而在另一些时候可能又变得没有用处了。例如,某个生产车间的生产情况对于车间管理人员是有用的,因为他们直接管理和负责该车间的事务;但对于企业的高级管理人员来说,他们更多关注的是整个企业总体的生产情况,某个生产车间的生产情况就是数据了。同样这些生产情况,在当前可能是有用的,过了较长一段时间以后,可能就变得毫无价值了。

这些因素就决定了在实际使用"信息"和"数据"这两个概念时,我们并不可能、也不需要时时关注二者的差异。因为,数据和信息在许多场合甚至是可以通用的,没有区别的。

例如,在计算机科学、信息系统、通讯科学和网络技术中,我们经常看到:

      数据处理——信息处理
      数据传输——信息传输
      数据输入——信息输入
      输出数据——输出信息
      数据流程图——信息流程图

它们并无本质意义上的区别。

3. 信息的特征

信息是企业管理活动的基本要素和依据,具有管理和决策价值。信息具有如下特征:

(1) 信息的客观性。

信息是事物变化和状态的客观反映,其表示的内容具有客观性,因为事物变化和状态都是客观存在的,所以对它的反映也应是客观的。信息的客观性特征是由信息源的客观性决定的,那些不符合客观事实的信息不仅毫无使用价值,而且还有可能依此作出错误的决策。

(2) 信息的可存储性。

信息是可以存储的,可借助于各种载体(如纸、磁盘、光盘等)存储起来,也可依据需要进行压缩存储。

(3) 信息的可传递性。

信息是可以传递的。信息是物质存在方式的直接或间接显示,它依附于一定的媒体(声、光、磁、语言、表情、文字符号、数据、图像等)进行呈现、传递和扩散。信息是内容,信息的媒体是形式。而信息技术极大地扩展了信息的扩散范围,提高了信息的传递速度,使得信息可以很容易地跨越地理界限,在全球网络上以数字化的形式迅速传播。

(4) 信息的可加工性。

信息可通过一定的手段进行加工,如压缩、分类、排序、统计、综合等。加工是有目的性的,它往往出于某种需要,加工后的信息使得信息源与接收者之间联系更加紧密,发挥的作用更为重要。

(5) 信息的共享性。

信息具有共享性。信息的交流者不会因为信息的交流而失去信息,反而可能会获得新的信息内容。信息可通过传递和扩散方式达到共享。由于信息的传播具有无限性,呈扩散状,所以这种共享性无疑会对人类社会的发展起到积极的推动作用。

4. 信息的质量要求

信息的价值体现在信息的质量上。信息的质量主要从以下几个方面进行衡量:

(1) 完整性。

信息的完整性指要能够获取和决策相关的尽可能多的、全面的情况。例如,在选择供货商时,需要全面了解市场上各个供货商的情况,对他们提供的商品和服务有全面的了解,"货比三家",才能够有效地进行决策。

(2) 相关性。

相关性是指与决策有关,具有改变决策的能力。相关信息则是指与正在处理中的事项具有某种关联的信息。例如,在对某个客户进行信用审核中,需要收集对该客户的赊销历史记录和财务状况。因为这些信息能够帮助决策者有效地评价该客户的信用情况,所以具有相关性。相反,该客户的机构设置情况就和本次决策无关。

(3) 可靠性。

所谓可靠性,是指确保信息能免于错误及偏差,并能真实地反映它想要反映的现象或状况。因此,必须保证信息是真实的。目前在会计工作中引起广泛关注的有关会计信息失真问题,就是指会计信息不能够真实地反映客观情况。这种不真实有些是技术上的原因,有误记、算错的情况,例如企业的存货是 49 件,误记为 94 件;不真实还可能是由于违法、违规操作引起的。根据这些失真的信息,决策者无法作出正确决策,甚至可能导致作出错误的决定。

(4)及时性。

决策者在进行决策的过程中,需要及时地得到信息。信息的及时性不仅包括信息的产生,而且包括信息的传递。例如,在客户信用审核中,如果迟迟不能收集到客户的赊销记录和财务状况,或者收集了以后没能够及时传递到决策者手中,那么这些信息就是不及时的,对决策来说也就没有了它的价值。

(5)可理解性。

信息必须能够让信息的接收者可以理解。可理解性需要从信息的发送方和接收方两个角度来分析。从信息的发送方来说,在表达信息的时候,要力求让接收方明了。如果信息中包含太多的代码或缩写,而接收方对此又不熟悉的话,则其理解性就会大大降低。当然对于信息的接收方来说,为了了解和掌握更多的信息,也必须加强学习,提高在专业领域的理解力。接收方和发送方要进行沟通,以便发送方按照接收方的要求"量体裁衣"。

(6)成本小于效益。

信息的产生需要成本。例如,需要会计人员进行账务处理工作才能获得会计报表信息。信息质量要求愈高,所需要花费的成本愈高。从经济效益角度上来说,如果信息的成本大于效益,那么得到这个信息已经没有意义。

1.1.2 信息系统

1. 系统的概念

系统是指由一系列彼此相关、相互联系的若干部分为实现特定目标而建立起来的一个有机整体。系统具有以下特征:

(1)独立性。

每个系统都是一个相对独立的部分,它与周围环境具有明确的边界。

(2)整体性。

系统各个部分之间存在相互依存关系,即相对独立又有机地联系在一起。这种联系在一定时期内处于相对稳定的状态,但是当系统目标调整或环境变化时,各部分的联系也会发生变更。

(3)目标性。

系统的全部活动都是为了达到特定的目标。虽然各组成部分分工不同,但是活动目标却是共同的。

(4)层次性。

一个系统由若干个部分组成,这些组成部分称为"子系统"。每个子系统又可分为更小的子系统。因此系统是可分的,具有结构层次性。

(5)环境适应性。

每个系统都生存在一个特定的环境中,系统要存在,要发挥其作用、实现其目标,就一定要适应系统所处的环境。当系统环境发生变化时,系统就要及时作出相应的调整,以适应环境,否则系统就没有生命力。

2. 信息系统概念

信息系统(Information System 简称 IS)是对信息进行采集、处理、存储、检索和传输，必要时能向有关人员提供信息的系统。换言之，信息系统就是从事信息处理的系统，如图1—1所示，它输入的是数据，经过加工处理后会输出各种有用的信息。

图 1-1　信息系统的组成

理论上或广义上，完全手工处理而没有计算机的数据收集以及对数据信息进行管理、处理的人工系统也是信息系统。但在计算机之前，并无"信息系统"这一概念出现，只是在计算机用于信息处理之后，才被人们称为"信息系统"。本书中所指的信息系统是指基于计算机环境下的计算机信息系统。

3. 信息系统的基本功能

从上述定义可知信息系统一般必须具有如下功能：

(1)数据的采集。

数据的采集包括数据的收集、整理和输入。即先把分散在各地、各部门的数据收集起来，然后通过整理以去伪存真、去粗取精，最后用手工或自动方式输入系统。自动方式是通过自动采集装置实现的，例如，可以用传感器自动记录火车运行的情况并传送给计算机，也可以通过远程网络接收采购发票等。

(2)数据的存储。

需要反复使用的数据或信息应该存储起来，由于信息量大，存储结构必须合理，即设法使用较少的空间存储较多的信息，并且要便于信息的更新、追加、删除和检索。

(3)信息的处理。

信息的加工处理包括合并、排序、分类、汇总等操作，以及统计和运用经济数学模型作预测和决策。信息加工处理能力是信息处理能力强弱的重要标志，它涉及数据结构、软件工程、数学、运筹学、经济学和管理学等各方面的知识。

(4)信息的传输。

为了实现信息的共享和分配，信息必须在系统和子系统之间、子系统与子系统之间或不同网点之间进行传输。信息传输的要求是高速和准确，现代通讯已提供了高速度和低误码率的传输技术。

(5)信息的输出。

信息处理的基本目的是抽取并推导出有价值、有意义的数据，这些数据最终要提供给各级管理人员，所以输出必须具有习惯的格式，简单易懂地显示、打印出来，或者送给其他处理系统使用。

4. 信息系统的特性

信息系统应具有以下特性：

(1)开放性。

指信息系统与外部环境之间有着信息、物质或能量的交换关系,对外部环境变化具有一定的适应能力。

(2)系统的集成性及信息的集成性。

企业信息系统是由许多子系统组成的,每个子系统完成各自特定的功能,但每个子系统都要服从为信息使用者服务的总目标,因此信息系统是一个整体,具有系统集成性和信息集成性。系统集成性有五个层次:硬件集成,软件集成,数据和信息集成,管理、技术和生产等功能集成,人和组织机构集成。

(3)人-机协作系统。

信息系统是一个"人-机协作"系统,即信息系统中人与机器必须相互密切合作、相互适当配合才能发挥各自的作用,忽视了任何一方,信息系统的目标都不能很好地实现。这是信息系统的重要特点之一,也是信息系统应用上的难点之一。

5. 信息系统的分类

信息系统可以从不同角度进行分类。比如,按信息处理技术分类:可以分为手工信息系统和计算机信息系统;按提供信息的层次分类:可以分为数据处理系统、管理信息系统、决策支持系统,以及专家系统。一般按提供信息层次分类:

(1)数据处理系统。

数据处理系统(Data Processing System,简称 DPS)是以计算机应用技术、通讯技术和数据处理技术为主的,强调业务处理自动化,努力方向在于提高效率、节省人力的信息系统。其属于纯数据处理,一般不涉及任何预测、规划、调节和控制。DPS 往往是其他类型信息系统的基础,它为其他类型信息系统提供数据。

(2)管理信息系统。

管理信息系统(Management Information System,简称 MIS)是在 DPS 基础上发展起来的,利用 DPS 的数据和一系列科学管理方法,实现对生产、经营和管理过程的预测、调节、规划和控制的信息系统。它由很多子系统构成,如企业计划子系统、会计信息子系统、生产管理子系统、人力资源子系统等。随着近几年网络信息技术的迅猛发展,MIS 的功能也在不断地发展与扩充。事实上,制造资源计划(MRP)和企业资源计划(ERP)系统都可认为是企业管理信息系统。只是 MRP 和 ERP 更强调科学管理、资源整合、信息动态共享与系统功能重组。

(3)决策支持系统。

决策支持系统(Decision Support System,简称 DSS)是在 MIS 基础上发展起来的,用于辅助决策的信息系统。它用来计划、分析方案、审查解答和求解误差。DSS 有较好的人机对话方式,不太熟悉计算机的决策人员也能轻松驾驭。一个完善的决策支持系统是以计算机为工具,以大型数据库、方法库和知识库为基础构成的人机系统。它一般不追求全面管理功能,而强调对决策者的支持和辅助决策的作用,如投资决策系统、经营决策系统等。

(4)专家系统。

专家系统(Expert System,简称 ES)是将某一领域的专家们在长期实践中积累起来的知识和经验,特别是根据他们在处理该领域问题时所用过的成功案例编成的一些计算机程序,供决策者使用,以改进决策质量的信息系统。专家系统属人工智能的范畴,是很具研究空间的新领域,它的核心包括存储了大量专家们在某方面的知识、经验的知识库,它能利用知识库中的知识进行推理。为了保持专家系统的专家水平,专家系统还包括一个学习子系统,以便不断更新与补充知识库的知识。我国目前已经研制出医学专家系统、工程设计专家系统等。

1.2 会计信息系统

目前,人们常把基于计算机的会计信息系统,简称为"会计信息系统"或称"会计电算化"。那么怎么理解这些概念呢?下面就若干问题进行讨论。

1.2.1 会计数据与会计信息

1. 会计数据

会计数据是用于描述经济业务属性的数据,它是对企业经济业务发生情况的客观记录。在会计工作中,从不同渠道、不同来源取得的各种原始资料、原始凭证以及记账凭证等上面所记载的数据一般都属于会计数据。根据会计业务处理的特点,会计数据具有连续性、系统性和周期性的特点。但这些会计数据本身并不能作为人们判断和得出结论的可靠依据,它还必须按照一定的加工程序加工成为对会计工作有用的、有价值的会计信息。

2. 会计信息

会计信息是指按照一定的要求或需要,通过一系列专门的会计核算方法,对会计数据加工或处理后提供给企业内外部信息使用者管理决策所需要的各项会计数据,包括资产、负债、所有者权益信息,收入、费用、利润信息,以及其他能以货币表现的信息。由于会计信息在经济管理中有极重要的作用,因此准确、及时是会计信息的基本要求。

3. 会计数据和会计信息的关系

和数据与信息的关系相似,会计信息和会计数据既有密切的联系又有本质的区别。会计信息是通过对会计数据的处理而产生的,会计数据也只有按照一定的要求或需要进行加工或处理,才能成为满足管理需要的会计信息,但二者并没有截然的界限。尽管会计数据和会计信息存在一定差别,但在实际工作中,二者经常被不加区别地使用。因为在会计处理过程中,经过初级加工处理后形成的会计信息,往往又成为后续深度加工的数据来源,因此有时也把会计数据处理称为"会计信息处理"。会计数据和会计信息这种相对关系可以用图1—2表示。

图 1-2 会计数据与会计信息的关系

4. 会计信息的特点

会计信息有如下主要特点：

(1) 会计信息量大、种类多、来源广、用户多。

由于种类多、来源广、用户多（如企业内各级管理人员、政府机关、债权人、股东等），使会计信息处理的要求不同，有些还相当复杂（如成本的计算与分配、合并会计报表的编制等）。因此，会计数据和信息的处理十分有必要用计算机来处理。

(2) 会计信息的处理具有周期性，每个周期的处理方法基本上是一样的。

如每个月的工资计算、资产折旧、每天的凭证处理、每月的银行存款对账、每月结账、打印会计报表，都是可重复的循环。所以会计信息的处理十分适合用计算机来完成。

(3) 会计信息要求客观、真实、公允。

由于会计数据和信息具有客观、真实、公允的要求，因此，对会计数据和信息的收集、处理及结果的输出都必须有严格的控制措施，以保证会计数据和信息的合法、完整、准确、客观真实与可靠。

(4) 会计信息要求可追溯性及可验证性强。

会计信息处理要经过分类、记录、计算等多道环节，处理时要环环紧扣、层层复核，保证每个环节的处理结果都具有可查核性，并可向上追溯其来龙去脉，提供清晰的审计线索。

(5) 会计信息层次多。

会计信息的层次性是由会计信息使用者的层次性决定的。会计信息的使用者有企业外部的，也有企业内部的；有企业高层管理人员，也有一般管理人员。有时不同的信息使用者使用会计信息的目的和要求不同，也就决定了会计信息系统的输出信息也需具有一定的层次性。

1.2.2 会计信息系统

1. 会计信息系统的概念

会计信息系统（Accounting Information System，简称 AIS）是专门用于企事业单位处理会计业务，收集、存储、传输和加工各种会计数据，为投资人、债权人、政府部门提供财务信息的系统。会计的各项活动都与信息有关，取得原始凭证是收集数据，记账凭证和记账是把会计数据转换成会计信息并进行传递和存储，提供账簿和报表是会计信息的输出和使用。可见，会计活动的每个步骤都有信息处理任务，每一步都服从于一个统一的目标，可以说会计活动的整体就是会计信息系统。随着计算机在会计处理中的广泛应用，传统的手工会计信息系统正逐渐被计算机会计信息系统所替代，目前人们把基于计算机应用的会计系统称为"会计信息系统"。以计算机为信息处理手段的会计信息系统，它是一个人机系统，由会计人员、计算机硬件、计算机软件以及系统运行规范等要素组成。

(1) 会计人员。

会计人员是电算化会计信息系统的主体，包括从事会计数据输入的录入人员；从事会计数据审核、控制、使用的会计人员；从事财务管理工作的财会主管人员；从事系统开发、组织和维护的系统设计人员和系统管理员等。会计人员和系统管理与系统开发人员是电算化会计信息系统的有机组成部分，没有一支高水平、高素质的会计人员和系统管理与系统开发队伍,再好的信息系统也难以稳定地、正常地运行。因此,构造一个成功的电算化会计信息系统,人才培训必须放在首位。对一般会计人员和财会主管人员至少要求具备熟练的计算机操作能力;系统管理与开发人员必须是既精通会计业务,又精通计算机技术的复合型人才。

(2)计算机硬件。

计算机硬件是指进行会计数据输入、处理、存贮、传输和输出的各种电子与机械设备。其中,最常用的输入设备有键盘、光电自动扫描输入装置、条形码扫描装置等;数据处理设备是计算机;存贮设备有磁盘、光盘机等;传输设备有调制解调器、电缆、光缆等;输出设备有打印机、显示器等。

(3)计算机软件。

计算机软件包括系统软件和会计软件。其中,系统软件包括操作系统、数据库管理系统等;会计软件是专门用于会计数据处理的应用软件。在会计信息系统中,会计软件是最主要的组成要素,没有会计软件的信息系统就不能称其为会计信息系统。拥有会计软件是会计信息系统区别于其他一切管理信息系统的主要因素。有关会计软件开发的一些文档资料(如系统分析说明书、系统设计说明书、用户操作手册等)也是会计软件的组成部分。

(4)系统运行规范。

系统运行规范是指保证电算化会计信息系统正常运行的各种制度和控制程序,例如,硬件管理制度、数据管理制度、操作人员的运行权限和岗位责任制度、保密制度等。

在以计算机为基础的 AIS 中,会计应用软件是必不可少的,它是会计人员对 AIS 的最直观的认识。应用软件是指服务于某特殊目标的计算机程序,AIS 的各种功能需要通过应用软件来实现。

2. 计算机会计信息系统与手工会计处理系统的异同

两者的共同点:

(1)系统目标基本相同。

其最终目标都是通过会计信息处理实现加强经营管理、参与经营决策、提高经济效益的目的。

(2)遵守相同的会计规范及各项政策制度。

计算机会计信息系统必须严格遵守手工会计处理系统所遵守的所有会计规范和政策制度,不能置会计法规于不顾,会计信息处理手段和工具的变化不能动摇会计处理的合法性和合规性。

(3)遵守相同的会计理论和会计方法。

会计理论是会计学科的结晶,会计方法是会计工作的总结。电算化会计信息系统的实现虽然会引起会计理论与方法上的变革,但是这种变革是渐进型的,而不是突变型的,建立的计算机会计信息系统应当遵循基本的会计理论和会计方法。

(4)信息系统的基本功能相同。

任何一种信息系统都有五方面的基本功能,即:①信息的收集与记录;②信息的存贮;③信息的加工处理;④信息的传输;⑤信息的输出。无论是手工会计处理系统还是计算机会计信息系统,要达到系统目标,都必须具备上述五个功能。计算机会计信息系统的功能由于使用了现代化的工具和科学的管理体制,应当比手工会计处理系统的功能更强。

两者的差别:

(1)运算工具不同。

手工会计处理系统使用的运算工具是算盘、计算器等,计算速度慢、出错率高;计算机会计信息系统的运算工具是不断更新换代的计算机,数据处理过程由程序控制,计算机自动完成,运算速度快、准确率高,并且可存贮大量的运算结果。

(2)信息载体不同。

在手工会计处理系统中,会计信息的载体是凭证、账簿和报表等纸介质,这些会计信息不经任何转换即可查阅;而在计算机会计信息系统中,会计信息被记录在磁盘、磁带等磁性载体中,这些磁性介质中的会计信息是以肉眼不可见的形式存在的。以磁性载体记录和存贮的会计信息具有体积小、查找方便、易于保管和复制迅速等优点。其缺点是很容易被删除或被篡改而不留痕迹,且磁性介质容易损坏而导致信息丢失。因此,建立计算机会计信息系统必须解决好如何保留审计线索,如何保证会计信息的安全可靠性等问题。

(3)会计信息的表示方法不同。

在手工会计处理系统中,会计信息主要用文字和数字表示。而在计算机会计信息系统中,为了使会计信息更便于计算机处理,为了提高系统处理的速度和节省存贮空间,也为了简化汉字输入,大量的会计信息要加以代码化。例如,常见的会计科目、部门、职工、产成品、材料、固定资产、主要客户或供应商等都需以适当的代码来表示。会计信息代码化便于计算机进行数据处理,但却不便于人们对会计信息的阅读、理解和使用,因此,科学合理地进行代码设计是计算机会计信息系统设计的重要内容。

(4)信息处理方式不同。

计算机会计信息系统改变了手工会计处理系统由许多人分工协作共同完成记账、算账、报账的工作方式,也改变了通过账证、账账、账表核对以保证数据正确性的工作方式。各种凭证一经输入,由程序控制计算机自动完成记账、算账、报账及分析工作,许多人分工完成的工作均由计算机集中完成,账、证、表间的核对勾稽关系在计算过程中由程序自动给予保证。各类人员的工作内容也随之发生改变,会计人员的工作由原来的分类、登记、计算转变为输入、复核、处理、查询、打印等计算机操作,这使得会计人员有更多的精力从事对财务活动的分析和控制。同时,由于计算机的信息处理速度和加工深度与手工相比有较大提高,会计工作也由原来的核算转向管理发展。

(5)内部控制制度和控制方法不同。

手工会计处理系统小,为了提高系统处理的会计信息的准确性和可靠性,也为了查错防弊,加强财务管理,需要采用一系列内部控制方法,建立起一整套内部控制制度。其主要措施是通过会计人员之间的职责分离来实现相互牵制,并由人工完成各种核查、核对和审核等工作。在计算机会计信息系统中,由于会计信息由计算机进行集中化、程序化处理,传统的手工会计处理系统中的某些职责分离、相互牵制的控制措施也会失去效用。同时,计算机电磁存贮介质也不同于纸张载体,其数据容易被不留痕迹地进行修改和删除。因此,为了系统的安全可靠,为了系统处理和存贮的会计信息的准确与完整,必须结合计算机会计信息系统的特点,建立起一整套更为严格的内部控制制度。这些内部控制措施除了包括有关数据处理的制度、规定和人工执行的一些审核、检查外,还包括建立在应用系统中由计算机自动执行的一些控制措施。

(6) 信息输出的内容和方式不同。

计算机会计信息系统所能提供的会计信息无论在数量上还是在质量上都远远优于手工会计处理系统。具体表现在:

利用计算机对会计数据进行批处理和实时处理,大大地提高了会计信息处理的及时性,缩短了会计结算周期,可以做到实时结算,从而可以及时地提供日报、月报、季报和年报。会计数据的集中管理可实现一数多用、充分共享、联机快速查询、远程信息交换和网上查询等。通过建立数学模型辅助进行财务管理,全面开展财务分析、控制和预测及决策工作,突破手工处理的局限,扩大了会计信息的应用领域,为会计信息的深加工和再利用提供更加广阔的前景。

(7) 会计档案的保管形式不同。

手工会计处理系统的会计信息是以纸张作为载体进行保存的;在电算化会计信息系统中,会计档案的保存方式变为以磁介质为主,纸介质为辅,因此,不仅要建立纸介质会计档案的管理制度,而且还要建立健全严格的数据备份、数据恢复等与计算机电磁存贮介质相关的数据保管制度,并使会计资料保存的环境在温度、湿度等方面符合电磁介质的要求。

(8) 系统运行环境要求不同。

电算化会计信息系统所使用的计算机、打印机、通讯设备等精密设备,要求防震、防磁、防尘、防潮,所以系统运行环境必须保证计算机硬件的正常运行。

随着计算机应用的不断深入和发展,计算机会计信息系统的应用已经成为我国会计信息系统应用主流,本书后面所指的会计信息系统均为计算机会计信息系统。

3. 会计信息系统的目标

会计信息系统的目标是指会计信息处理活动所要达到的境地或结果。它决定了会计信息系统的性质、职能、任务和结构。会计信息系统目标的设计需要回答这些问题:会计信息的使用者是谁、会计信息使用者需要什么信息、会计信息系统如何提供这些信息?

从外部看,会计信息系统的信息使用者包括投资者、债权人、供应商、客户以及政府机构。投资者关心他们投资的内在风险和投资报酬;债权人关心其本金和利息能否到期得到支付;供应商关心合作是否持续,货款能否收回;顾客关心企业的延续性,未来利益能否得到保证;政府机构关心税收以及对宏观经济影响。从内部看,会计信息系统的信息使用者主要是企业经营管理者和企业员工。经营管理者关心受托责任能否有效、顺利履行,员工关心企业获利能力给他们带来的薪金、福利的持久性。所有这些全都依赖于企业价值创造能力,而企业价值则是衡量这些活动最全面的标准。因此,从会计信息使用者共同关注企业价值以及企业价值创造活动持续性出发,将反映企业价值作为构建会计信息系统的第一层目标。

企业组织往往包含若干业务单位,它们各自面向市场,为客户提供商品与服务。业务单位的价值由其各自所创造的自由现金流量、资本成本、经营的持续时间所决定。所有这些业务单位价值的整合便构成了企业价值,它们的不同业务组合影响企业的整体价值和价值创造的持续性。由此,企业外部利益相关者除了关注企业整体价值外还需要了解各业务单位当前和未来的获利能力,企业内部经营管理者也需要掌握所有业务单位的价值创造情况,进而优化组织结构,促使有限的资源创造的价值最大化。另外,企业价值还取决于企业战略决策、公司治理和理财等一系列价值活动。因此,会计信息系统需要收集企业内外部经济信息,分析行业竞争优势和企业竞争能力,确认每个业务单位竞争地位,辅助企业经营者制定企业竞争战略、财务战略、绩效评估和会计政策。因此,将反映各业务单位价值、分析各业务单位价值创造能力、为企业战略提供决策信息作为构建会计信息系统的第二层目标。

企业价值最终是由业务单位价值链的一系列作业所创造的。经营者需要及时掌握这些作业的会计信息,以便评估这些作业对企业价值增长战略的保障程度;以便能有效规划和实时控制企业运营过程。会计信息系统需要描述这些作业投入与产出,计量这些作业的增值性和价值创造效率,辅助企业经营者制定经营计划与预算、评价经营业绩、控制业务流程、消除无效作业、优化价值链等经营活动。因此,将反映企业业务单位的价值链的作业活动、分析作业价值驱动因素和价值创造能力作为企业经营规划与过程控制提供会计信息构成会计信息系统的第三层目标。

这样,以反映企业价值为起点,自顶向下逐层分解,形成基于企业价值创造的会计信息系统的目标体系。以此构建的会计信息系统不仅能系统地、全面地反映企业价值创造全过程,满足利益相关者的各类决策信息需求,而且使会计从注重核算走向管理与决策。

4. 会计信息系统的特点

(1)综合性。

会计信息是全面反映企业供、产、销和企业管理各个环节的综合信息。企业的活动通常分为两大类,一类是生产活动,另一类是管理活动。在生产活动过程中,各部门都会有某种程度上的会计数据的发生,而在管理活动中又会利用大量的会计信息。因此,会计信息系统应能够综合地反映、监督和控制整个企业生产经营活动。

(2)复杂性。

会计信息系统本身是一个独立的整体,由许多职能子系统组成,如账务处理子系统、工资核算子系统、固定资产核算子系统、存货核算子系统、成本核算子系统等,各子系统在运行过程中进行数据的收集、加工、传递、使用,联结成一个有机的整体。另外,由于会计信息系统全面地反映企业各个环节的信息,它跟其他管理子系统和企业外部的联系也十分紧密。会计信息系统从其他管理信息子系统和系统外界获取信息,也将处理结果提供给有关系统,使得系统外部接口较复杂。

(3)及时性、准确性和可靠性。

通过计算机对会计数据的实时处理,可以及时提供生产经营活动中的最新信息,并大大缩短会计核算周期。同时,会计信息直接关系到国家、企业及个人的经济利益,会计信息应该符合一定的质量要求,包括:严格遵守会计准则(制度)、法规的要求;连续、完整、真实、准确地反映经济业务;及时提供相关的会计信息等。

(4)内部控制严格。

会计信息系统中的数据不仅在处理时要层层复合,保证其正确性,还要保证在任何条件下以任何方式进行核查核对,留有审计线索,防止犯罪破坏,为审计工作的开展提供必要的条件,因而控制的要求更为严格,内容更为广泛。

1.3 会计信息系统的功能结构

一个实用的计算机会计信息系统,通常由若干个子系统(功能模块)组成。每个子系统(功能模块)处理特定部分的信息,各个子系统(功能模块)之间通过信息传递相互支持、相互依存形成一个完整的系统。一个完善的会计信息系统的功能结构在设计时不仅要考虑其功能的要求,还要满足一定的设计原则,以保证会计信息系统功能结构更加合理、更加容易管理和控制。

1.3.1 会计信息系统功能结构设计原则

1. 可拆装性原则

一个好的会计信息系统应允许用户方便地挂装或卸掉某些子系统或模块,而不影响其他子系统或模块的正常运行,也就是说会计信息系统应具有良好的适应性。其适应性一般包括可移植性、可扩充性、可维护性等。可移植性可以使系统或子系统不需做大的修改就能顺利地从一个企业移植到另一个企业应用;可扩充性是指系统能够不断地加挂新的功能,不断地由小到大、由简单到复杂;可维护性可以使系统能够适应各种环境变化。

2. 高内聚低耦合原则

高内聚低耦合原则,就是尽量把联系密切的功能放在一个子系统中,在同一子系统中的诸功能联系越密切,其内聚度越高;把联系不密切的功能放在不同的子系统中,尽量减少不同子系统之间的联系,包括功能调用关系和数据传递关系。各子系统之间联系越少,其耦合度越低。子系统之间高内聚、低耦合的关系,使各子系统之间的接口关系简单明了,对提高系统的适应性有重要作用。

3. 通用化原则

子系统及模块划分要有助于提高系统的通用性,也就是说要尽量把能通用的子系统和功能模块独立出来,把不能通用的子系统和功能模块也尽量独立出来,而对通用的子系统和功能模块都采用外挂的方式与其他子系统联系起来。例如,报表管理子系统就是一个通用子系统,当其他子系统需要对报表进行处理时,就可以通过外挂报表管理子系统的方式来实现。

4. 与管理职能相适应原则

各子系统和功能模块的划分要以管理职能为基础,尽量适应管理业务流程要求,以便在提高管理水平的基础上,对企业的管理方法、习惯、组织机构等不会产生不良的影响。

1.3.2 会计信息系统功能结构

企业会计信息系统的功能结构是随着企业需求的不断发展而逐步进步和完善的。计算机引入会计工作之初,主要是以规范会计核算业务、减轻会计人员繁重的手工劳动为基本目的的。因此这种以解决会计核算为目的的系统其基本构成主要由账务、报表、工资核算和固定资产核算等子系统所构成,结构简单,功能单一。

随着企业管理水平的不断提高,对会计信息系统的要求也越来越高。人们开始从企业经营管理的角度来设计会计信息系统,以便实现会计核算和财务管理一体化的目的。会计信息系统也逐渐演进成集业务处理与会计核算一体化的系统。这种系统可以打破部门界限,使企业各种经济活动信息可以充分共享,使企业各个部门可以及时得到业务处理最需要的相关信息,消除了企业各部门的信息"孤岛"现象,从而实现购销存业务与财务的一体化管理,有效地实现对资金使用和财务风险的控制,提供较充分的分析决策信息,因此受到用户的欢迎。

这种财务业务一体化的会计信息系统的功能结构可以分成三个基本部分,它们分别是:财务、购销存和管理分析,每部分由若干子系统组成。

1. 财务部分

财务部分主要由账务处理(总账)、工资管理、固定资产管理、应付管理、应收管理、成本管理、资金管理等子系统组成。这些子系统以总账子系统为核心,为企业的会计核算和财务管理提供全面、详细的解决方案。

2. 购销存部分

购销存部分以库存核算和管理为核心,包括库存核算、库存管理、采购计划、采购管理和销售管理等子系统。购销存部分可以处理企业采购、销售与仓库管理等部门各环节的业务事项,有效地改善库存的占用情况。

3. 管理分析部分

管理分析部分一般包括:财务分析、利润分析、流动资金管理、销售预测、财务计划、领导查询和决策支持等子系统。目前在我国大多数会计信息系统软件中有关管理分析部分都还显得不够完善,多数子系统还处于准备开发和正在开发的阶段。目前比较成熟的主要是财务分析、领导查询等子系统。有关销售预测和一些简单的决策支持等工作主要依靠诸如报表系统或 Excel 等通用表处理系统提供的分析统计以及图表功能来完成。

会计信息系统各部分功能结构及系统之间的关系如图1—3所示。

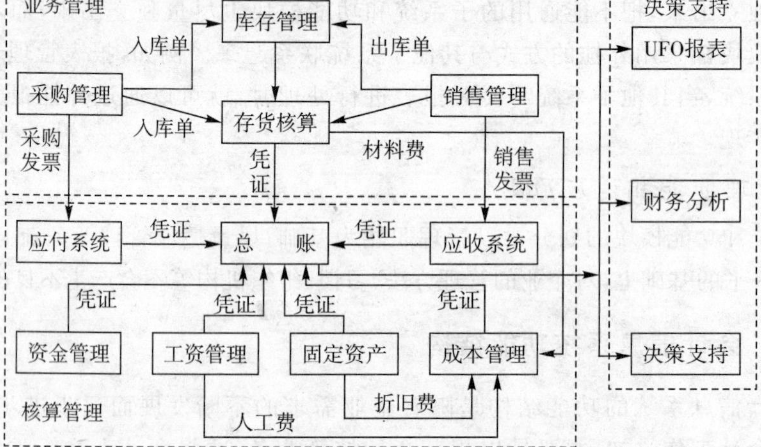

图1—3 会计信息系统各部分功能结构及系统之间的关系

各子系统的功能介绍详情可见其他各有关章节。

由图1—3可以看出，系统以总账为核心，其他子系统往往需要读取账务处理系统的数据进行核算，而且要将处理结果汇总生成记账凭证，送到总账子系统记入总分类账。总账处理系统汇总了企业总结性的经济活动数据，提供综合性的财务信息，直接为报表生成和财务分析子系统提供基础数据。图中的矢线表示子系统之间的联系，以及数据传递的方向。其中，存货核算、应付系统、应收系统、资金管理、工资管理、固定资产和成本管理几个模块与总账之间是靠凭证进行的传递和连接，业务模块之间的传递和连接是靠销售出库单、采购入库单以及采购发票、销售发票进行的，从而可实现物流、资金流、信息流全面管理。

除了以上介绍的基本子系统外，为了适应不同企业的业务处理需要，各种财会软件还设计了一些有针对性的子系统，例如，针对商业企业的商业购销存系统和与某一具体业务处理相结合的子系统，例如，订单管理子系统、智能零售子系统等。

1.3.3 会计信息系统结构选择

不同性质的企业对会计信息系统会有不同的需求，不同的企业可以根据自己的需要灵活地选择会计信息系统的结构，即选择不同的子系统，分期分批组建和扩展自己的会计信息系统，以便以最少的耗费取得最大的效率。下面介绍几种会计信息系统的结构组合方案。

1. 财务应用方案

财务应用方案适用于只希望使用会计信息系统解决企业会计核算与资金管理的企业。采用这一方案的子系统构成为：账务处理、应收管理、应付管理、报表。其扩展子系统为：工资管理、固定资产管理、资金管理、财务分析。

使用方案是：在账务处理及工资管理、固定资产管理子系统中完成日常财务核算；在报表系统编制有关的财务报表；在固定资产管理子系统中进行固定资产的日常管理及折旧的计提；在资金管理子系统中进行企业内、外部存贷款的管理；在财务分析子系统中制定各项支出、费用计划并进行相应的考核。

在这一方案中对往来业务一般有两种基本的处理方法。对于往来业务不多，只需要进行简单的往来管理和核算的企业，可以使用总账系统提供的往来管理功能进行往来业务的处理。对于往来业务频繁，需要进行详细和严格的往来管理的企业则可以使用应收、应付子系统与总账系统集成运行来解决往来管理和核算的需要。

2. 工业企业购销存一体化应用方案

企业购销存一体化应用方案可以全面解决企业会计核算、资金管理和购销存管理的问题。在工业企业一体化解决方案中，系统的标准构成为财务解决方案中的各子系统加上库存管理、采购管理、销售管理、成本核算子系统，以及其扩展子系统采购计划子系统。其使用方案是：财务处理过程与财务解决方案相同，在这一方案中针对工业企业的特点增加了处理购销存业务和成本核算的相关的子系统，从而使财务系统与购销存业务处理系统集成运行，为消除信息"孤岛"现象，及时传递有关信息对购销存业务的处理过程进行控制，从而为强化企业管理提供了有利条件。

3. 商业企业购销存一体化应用方案

商业企业由于没有产品的生产过程,因此商业企业解决方案除了没有成本核算子系统外,系统构成和解决方案与工业企业基本相同。

4. 行政事业单位解决方案

行政事业单位会计核算与财务管理的核心是预算的制定和预算执行情况的统计分析。因此这一方案中账务处理、财务分析与报表子系统是其核心子系统。其扩展系统为工资管理和固定资产管理子系统。在这一解决方案中,财政务预算和执行情况统计分析由财务分析子系统进行处理。在账务处理系统中进行会计核算并根据财务分析子系统中制定的预算进行资金控制。

1.4 会计信息的系统发展

1.4.1 会计信息系统的发展过程

1. 国外会计信息系统发展概况

国外会计信息系统的应用是从第二代计算机出现后就开始起步了。据报道,1954年美国通用电气公司第一次在UNIVC—1计算机上计算自己职工的工资,从而引起了会计处理工具的大变革。但当时因为硬件价格昂贵、程序设计复杂,会计信息系统的普及和推广进展缓慢。随着第三代计算机的大规模生产以及软件开发工具的不断完善,到20世纪70年代,会计信息系统已开始普及,主要是用于核算系统。会计信息系统的发展一直到微型机的出现后,随着软、硬件性能的不断提高以及计算机网络技术的发展,给会计信息化的发展开辟了无限的空间,会计信息系统功能也从单一的核算型向管理、决策型发展,会计信息系统的应用平台也从单机版发展到网络版,以满足电子商务交易的需求。

2. 我国会计电算化发展概况

与国外相比,我国的电算化起步较晚,我国会计电算化从起步至今,大致经历四个发展阶段。

(1)起步阶段(1979~1983)。

在20世纪80年代初期,随着计算机技术在我国的发展与应用,部分单位开始考虑将计算机应用于企业管理工作中,这种将计算机应用于企业管理工作中的尝试首先起始于易于解决的会计核算工作和工资发放管理工作。在这种背景下,部分高校和研究所开始了对会计电算化的理论研究,大致地提出了会计信息系统的结构与主要功能。

这个时期的开发工作进行得非常艰难,应用单位并不完全了解计算机技术,也不能全面地描述自己的业务需求。计算机设计人员和企业财务人员只能在摸索中前进。企业财务人员不知道哪些业务处理由计算机实现比较方便,只能阐述手工记账、算账和形成报表的过程,而计算机人员对计算机技术与会计业务处理的结合尚不能达到融会贯通,这个时期开发的会计软件只能依靠个人的理解,所以其功能仅限于模拟手工业务处理过程。开发软件的平台是在基于DOS系统的dbaseⅢ等小型数据库上进行的,开发出的软件功能比较简单。

(2)第一批商品化会计信息系统开发阶段(20世纪80年代中期至90年代初期)。

在20世纪80年代中期以前定点开发实践中,培养了一批懂计算机又懂会计的复合型人才,他们逐渐认识到靠定点开发是不能解决中国会计信息化的问题的,必须走通用化道路。1988年中国会计学会在吉林省召开了第一届会计电算化学术讨论会,讨论会计信息系统的通用化问题。一批年轻的会计信息系统的开发人员,率先成立多家专门从事会计系统开发与经销的公司。1989年财政部开始组织对会计信息系统进行评审,同时出台了多项对会计信息系统进行规范化管理的政策。此后,各地财政部门也开始组织对会计信息系统进行评审,使会计信息系统向商品化发展起到积极作用。在这期间开发出来的会计信息系统主要是以计算机替代手工会计核算和减轻会计人员的记账工作量为目标,一般称之为"核算型会计信息系统"。推出的第一批商品化软件也主要是基于DOS环境下小型数据库管理系统开发的,软件主要运行在DOS操作系统上,而且以单用户为主。

(3)商品化会计信息系统不断成熟阶段(20世纪90年代中期)。

在第一批商品化会计信息系统的开发与推广应用过程中,技术开发人员在怎样实现计算机处理技术与会计业务处理有机结合方面的认识不断加深,与此同时,会计信息系统应用单位对会计信息系统的功能需求也愈来愈明确,这为进一步完善商品化会计系统产品质量奠定了基础。

由于在第一批商品化软件的开发与应用过程中积累了丰富的经验,20世纪90年代中期前后推出的商品化会计信息系统一般都不再是探索式开发,而是从一开始就进行规范化总体设计,力求克服第一批商品化软件结构上的缺陷,并在功能上作了较大调整。主要功能包括系统管理、账务处理、资金管理、报表、工资、固定资产、采购与应付账款、销售与应收账款、库存管理等。

从会计信息系统的结构与功能来看,20世纪90年代中期前后推出的商品化软件与第一批商品化软件存在以下几个方面的明显差别:

①系统管理与系统设置功能明显增强。这不仅增强了软件的通用性及其对各种业务处理模式的适应性,而且在开发过程中,以系统总体设计为指导,实现了会计信息系统数据关联的整体化与集成化。

②数据共享机制明显增强,提供了系统内数据的一致性控制。如工资计算后自动生成工资费用以及其他工资核算凭证进入账务系统;由固定资产模块录入的固定资产变动信息,也可同时产生自动生成固定资产变动核算凭证自动进入账务系统等。

③将往来核算明确地划分为应收账款管理和应付账款管理,并成为相对独立的模块,加强了对流动资金的管理和对客户与供应信息、信誉和应收、应付的管理。

④将材料管理模块划分成采购与库存管理两个模块,以利于企业对订单、供应商、采购价格、应付账款及其核销的管理,为企业制定科学的资金支付策略提供支持。

从会计开发技术与运行平台来看,20世纪90年代中期推出的商品化软件与第一批商品化软件相比,上了一个台阶。它们使用的是Windows环境下的开发工具,并运行在Windows操作系统上,这些开发工具大大缩短了软件的开发周期,增强了软件的稳定性。而且,20世纪90年代中期的商品化财务软件基本上都具有网络功能,网络结构主要有

F/S(文件/服务器)和 C/S(客户/服务器)两种。网络操作系统有 Netware、Windows NT 和 Unix 等。

(4)会计信息系统向管理信息系统发展阶段(20 世纪 90 年代末至今)。

与 20 世纪 90 年代中期推出的商品化会计信息系统相比,20 世纪 90 年代末推出的大型企业级管理信息系统,不再是仅限于解决企业财务管理问题,而是要对企业的资金流、物流和信息流进行一体化、集成化管理。从软件结构上看,企业管理信息系统各模块不仅能独立运行,而且可以集成一体化运行,真正实现财务管理、供应链管理和决策支持、财务监控的一体化管理,真正做到了数据的无缝连接和传递。

从软件开发平台来看,20 世纪 90 年代后期开发的会计信息系统主要采用 32 位的开发工具,数据库不再使用小型数据库系统,而使用大型数据库系统。网络体系主要采用三层(WEB 服务器/应用服务器/数据库服务器)或多层结构,以克服传统的 C/S 结构易于造成网络瓶颈的现象,并随着计算机技术的不断发展,开发平台和工具也在不断更新,向着更高的新技术发展。

1.4.2 基于网络环境下会计信息化系统的变革之路

现代信息技术,特别是网络技术的发展促进了新经济时代的诞生。网络化、数字化、知识化已成为时代的主旋律。信息时代改变了整个社会的经济结构,打破了传统的企业管理模式,同时,对会计信息系统也产生了巨大的变革性影响。21 世纪的会计信息系统将如何发展,到目前还很难预测。但可以肯定一点的是,变革将构成 21 世纪会计信息系统的主调。

1. 新经济环境对会计信息系统的要求

(1)财务管理集中化,提供信息实时动态化。

互联网时代,企业的经营缩短了时空的距离,普通企业同样可以拥有原来只有跨国公司和大型企业才具有的一些优势和资源。这样,企业经营越来越多地依赖于客户、供应商、合作伙伴及各种虚拟企业,其业务可以分散在全球各地。因此企业的管理者们要求可以随时随地将全球企业的财务信息置于掌握之中,做到财务管理集中化和实时化。

(2)财务与经营业务协同处理,管理信息全面集成。

财务和经营业务如何协同处理一直是企业所面临的重要课题,计算机网络技术的发展使得财务与业务的协同成为可能。财务和业务的协同包括企业内部协同、供应链协同等。企业内部各部门、各地分支机构以及与客户、供应商等每一结点在发生供、产、销、控制、预测等业务活动过程中每时每刻都会有各种信息,并且往往伴有财务信息。要做到协同管理,企业就必须及时将这些信息并行送入财务系统进行处理并将产生的结果反馈给业务系统,以保证财务和业务的协同处理并集成各种管理信息。

(3)财务的国际化。

受全球经济一体化以及电子商务浪潮的影响,财务的国际化问题已是必然选择。中国企业要走出国门,展开国际竞争更要强调财务的国际化。财务国际化的目的就是要提供具有国际可比的会计信息,这需要做好多方面的工作。对财务软件来说,则必须做到与国际会计接轨,符合国际会计准则,支持多国语言,支持多币种和电子结算,真正将财务融入 Internet 时代,解决财务的国际化问题。

2. 发展我国会计信息系统应采取的策略

(1) 加快信息网络的建设,提高企业信息化程度。

新经济环境下会计信息系统的发展首先有赖于企业信息化程度的提高。21世纪,中国企业面临的最大挑战就是利用网络技术实现企业管理和经营上的根本性变革。从企业自身来看,应实现观念上的转变,树立信息化观念和市场竞争的观念。只有观念转变了,才能促使技术的发展,进而使基于 ERP 的会计信息系统的应用真正发挥出其应有的效率。

(2) 构建网络条件下会计信息系统的安全保障体系。

在网络环境下,信息安全、资金安全等都将成为企业财务管理的重要问题。因而,必须采取必要的安全保障措施。首先应从技术上保障,重点加强对信息输入、输出的控制和管理,保证输入数据的合法性和正确性。同时,企业应建立会计信息系统的防火墙,在企业内部财务网络和对外公开信息网络之间设立一道屏障,并对有关的访问用户进行多层认证。此外,要加强核心数据的备份和硬件的维护,防止计算机出现故障导致的信息丢失等。另外,应从法律、政策上进行保障,尽快建立和完善电子商务法律法规,制定网络会计环境下的有关会计准则,规范网上交易的购销及支付、核算行为。

(3) 系统开放,并具有国际水准。

这就要加强软件的更新和完善,使得我国会计软件能够满足现代跨国企业经营和企业集团化发展的需要。软件开发应兼顾西方会计文化,开发出适应全球范围的会计软件。

(4) 大力加强人才培训的力度。

企业应立足于国际水准,培养或聘用一批高级技术人才,他们能够掌握国际先进技术,精通信息技术,理解会计信息系统的管理思想,熟悉会计信息系统的应用,从而可以推动企业电算化事业由"核算型"向"管理型"、"智能型"转变。各基层单位应积极支持及组织会计人员学习和提高会计电算化知识,掌握计算机先进技术,培养复合型人才,为本单位建立高效的会计信息系统创造条件。

3. 会计信息系统的发展

科技的进步和现代化的管理,将促进会计信息系统应用向更高层次的方向发展。

(1) 实时化。

在网络环境下,发生交易的数据通过网络传递直接下载到会计应用程序中,使得从原始单据到生成最终会计信息的过程瞬间就可以完成,所需的会计信息随时都可获得,为会计信息的实时搜集、输入、处理和输出提供条件。

(2) 多元化。

① 会计理论多元化。在网络技术下,会计信息使用者需要的信息多样,使得会计理论、内容、目标呈现多元化特征。会计假设得到扩展,多主体、多币种、不等距会计期间成为可能和必要,计量属性多样化,权责发生制与收付实现制并存,历史成本与重置成本并存。

② 会计方法多元化。计算机强大的运算功能及网络技术的发展使得会计核算能多

种方法并用,以满足不同使用者对信息的要求。

③提供的信息多元化。网络技术提供了多元化会计信息的功能,使多元化会计信息真正成为现实。企业不仅可以提供规范的最低标准会计信息,而且还可以提供所有可能的、以会计方法为基础的会计信息。此外,还能通过对这些所有可能的会计方法的多种组合,推出自己的信息产品。具体来讲,包括收集与提供信息的多元化,处理信息方法多元化和提供信息空间多元化。

(3)集成化。

在网络环境下,企业的管理将变成以知识和信息为核心的管理,这就要求企业信息高度集成,会计信息资源高度共享。网络技术的发展正为这种集成提供了可能,同时,网络使得财务、业务协同,财务与企业内部各部门协同,与供应链协同和与社会有关部门协同,使得会计系统不再是信息的"孤岛",真正实现"数出一门,数据共享"的原则。企业通过网络化的集成管理,可整合企业的财务资源,提高企业的竞争能力。

(4)简捷化。

由于电子计算机具有强大的运算功能,系统由计算机来执行从会计凭证到财务报告全过程的信息处理,人工干预大大减少,客观上消除了手工方式下信息处理过程的诸多环节,如平行登记、错账更正、过账、结账、对账、试算平衡等。此外,计算机也承担起存货计价、成本计算和计提折旧等繁杂的核算工作。因此,相对于手工会计而言,会计电算化的技术性及其复杂程度也大幅度降低,传统的手工会计处理逐渐退出历史舞台。

(5)动态化。

在网络环境下,企业主要在网上进行交易,出现了电子单据、电子货币,也使电子结算成为可能。各种数据实现在线输入,电子货币自动划转,业务信息实时转化,自动生成会计信息,省却了手工方式下将业务资料输入到会计账簿的过程,使得会计核算从事后核算变为实时核算,静态核算变为动态核算,财务管理实现在线管理。财务信息收集处理的动态化使得财务信息的发布和使用能够动态化。信息生成后,将通过财务软件实时反映到企业公共信息平台上,或直接送到有关用户的电子信箱中。这样,信息使用者可以随时了解企业的信息,及时作出决策。

(6)开放化。

基于互联网的会计系统,大量的数据通过网络从企业内外有关系统直接采集。特别是企业外部的各个机构、部门可根据授权进行在线访问,也可以通过Internet进入企业内部,直接调阅会计信息。瞬间沟通使会计信息系统由封闭走向开放,由数据的微观处理逐步登上宏观数据运作的殿堂。会计信息透明度的增强,有效地避免了会计处理的"黑箱"操作,有利于对企业会计信息系统的社会监督和政府监督。

(7)智能化。

电算化会计系统可以理解为一个由人、电子计算机系统、网络系统、数据及程序等有机结合的应用系统。它不仅具有核算功能,而且更具控制功能和管理功能,因此它离不开与人的相互作用,尤其是预测与辅助决策的功能必须在管理人员的参与下才能完成。所以,会计信息化不再是一个简单的模拟手工方式的"仿真型"或"傻瓜型"系统,而是一个人机交互作用的"智能型"系统,它使会计工作由核算型向管理型转移,推动着会计职能向深层次延伸。而网络会计所表现出来的实时性、多元性、集成性、简捷性、动态性、开放性等技术特征,为此提供了坚实的技术基础。

虽然,我国以财务管理为核心 ERP 系统的应用随着网络的应用才刚刚兴起,步伐还比较缓慢,可能存在这样或那样的问题。但是,我们可以相信,随着越来越多的企业 ERP 应用的不断深入,基于 ERP 的会计信息系统应用一定会使企业的管理思想和会计管理工作发生巨大的变化,它将加速企业现代化管理的进程,并会给企业带来巨大的经济效益。

本章小结

数据是指记录下来的事实。即将发生的实际情况通过文字、数字、图表、声音等方式记录下来的就是数据。人们仅仅依据数据并不能够作出什么决策。信息是指经过加工的数据,可以据此进行决策。信息和数据是两个不同的概念,信息和数据又有着密切的联系。

信息应具有一定的质量要求。例如完整性、相关性、可取性、及时性、可理解性、成本小于效益、可比性、一致性等。要根据决策的具体要求,着重对信息的某方面的要求进行选择。

为了完成一个或一些特定的目标,两个或两个以上的相互关联的元素或部分组织起来,这就形成了系统。企业需要信息系统对信息进行收集、加工、传送、保存等。企业的信息系统只有借助于信息技术,才能够更好、更快捷、更准确地收集、加工、传送、保存信息。

会计是一个信息系统。因为会计工作从输入会计数据开始,通过记录、计算、分类、汇总、整理、传递等会计方法对输入的原始数据进行加工,最后以编成会计报表输出决策所需信息终止,这个过程充分说明会计是一个以提供企业财务信息和其他经济信息为主的信息系统。

财务业务一体化的会计信息系统的功能结构可以分成三个基本部分,它们分别是:财务、购销存和管理分析,它完成了将资金流、业务流和信息流共享的任务。

我国会计系统应用起步较晚,但经过了二十多年的发展,现在从功能上讲,基本上和国际已经同步。但从应用上讲,与发达国家的管理相比,还存在一定的差距。

思考与练习

一、名词解释

1. 数据
2. 系统
3. 会计信息系统
4. 实时处理

二、填空题

1. 信息系统的功能主要包括_____、_____、_____、_____和信息输出五方面。

2. 会计信息系统的发展可分为_____、_____、_____、_____四个阶段。

3. 计算机会计信息系统是由_____、_____、_____、_____等基本要素组成。

4. 会计信息系统输出最常见的方式有_____、_____、_____。

5. 对于工业企业来说,计算机会计信息系统主要可划分为_____、_____、销售与应收账款、采购、应付与存货、_____、_____、财务分析等子系统。

6. 对于商业企业来说,计算机会计信息系统主要包括_____、_____、固定资产、_____、报表、财务分析等子系统。

三、判断题

1. 信息和数据是同一概念。
2. 计算机会计信息系统是由硬件系统、软件系统组成的。因此,只要购买了计算机、系统软件和会计软件,就表明企业可以利用计算机会计信息系统完成各种会计工作。
3. 计算机会计信息系统与手工会计处理系统完全不同。
4. 成批处理方式和实时处理方式对计算机会计信息系统来说都是非常有用的。
5. 计算机会计信息系统与手工会计处理系统相比,会计档案存储方式发生了巨大的变化,但就会计档案的安全性来讲,磁性会计档案与纸张会计档案一样安全。

四、选择题

1. 信息是数据加工的结果,它可以用文字、数字、图形等形式,对客观事物的性质、形式、结构和特征等方面进行反映,帮助人们了解客观事物的本质。信息必然是数据,但数据未必是(   )。

   A. 文字   B. 会计数据   C. 图形   D. 信息

2. 计算机会计信息系统是一个人-机相结合的系统,该系统是由人员、计算机硬件、(   )、相关会计规范等基本要素组成。

   A. 会计软件   B. 系统软件和相应财务软件
   C. 程序   D. 系统软件

3. 人工与计算机混合收集方式是指首先财会人员将反映各种经济业务的原始纸张凭证收集、审核和确认,然后通过(   )屏幕将数据直接送入计算机存入凭证文件的一种方式。

   A. 打印机   B. 鼠标   C. 键盘   D. 软盘

4. 会计数据处理的一般流程包括(   )。

   A. 会计数据收集   B. 会计数据存储   C. 会计数据处理   D. 会计信息报告

5. 在计算机会计信息系统中,会计数据处理工作是由计算机自动完成的。目前最常见的会计数据处理方式有(   )。

A. 成批处理　　　B. 实时处理　　　C. 集中处理　　　D. 分散处理

五、问答题

1. 数据和信息的区别是什么？
2. 信息质量有什么要求？
3. 什么是会计信息系统？
4. 计算机会计信息系统和手工会计处理系统有哪些异同点？
5. 财务业务一体化的会计信息系统的功能结构是什么？
6. 我国的会计信息系统的发展特点是什么？

第 2 章　账务处理子系统

□ 学习目标

本章从账务处理流程分析入手,着重阐述账务处理系统的初始设置、日常业务处理、期末业务处理以及账务处理中的辅助核算等内容。通过本章学习,要求学生了解账务处理子系统在整个会计信息系统中的重要地位及账务处理子系统的主要特点,正确理解在计算机条件下账务处理子系统的目标、特点、数据处理流程、功能结构等基本原理,熟练掌握账务处理子系统业务处理过程的基本技术和操作方法,即总账系统的初始设置、凭证的处理与记账、出纳管理、辅助核算与管理以及期末转账与结账、账表的查询与打印等。

2.1　账务处理子系统概述

2.1.1　账务处理子系统在会计信息系统中的地位与作用

一个完整的会计信息系统包括若干个功能相互独立而又相互联系的子系统(如账务处理子系统、工资子系统、固定资产子系统、报表子系统、应收应付子系统、购销存子系统等),其中账务处理子系统是整个会计信息系统最重要的子系统,它在会计信息系统中处于核心地位,与其他子系统有着密切的数据联系。

在实务中,会计工作主要是围绕账务处理子系统而展开的,它涉及整个会计核算中的记账、算账、报账过程。账务处理子系统是以凭证为原始数据,通过对凭证的输入与处理,完成记账、结账、银行对账、账证表查询与打印等账务处理工作的子系统。它包含所有经济业务的会计总括核算,如采购业务、销售业务、投资业务、固定资产、所有者权益等所有会计要素的核算都涵盖在账务处理子系统中。对于小规模的或经济业务比较简单的企业,一个账务处理子系统就能满足企业内部管理和外部信息使用者的需求,而规模较大或者经济业务较复杂的企业,则可以将一些需要明细核算的会计项目,如存货、固定资产、采购和销售往来核算、工资核算等独立出来单独建立一个子系统进行管理与核算,以提供更为详实的明细信息。这些子系统与账务处理子系统存在密切的数据联系,账务处理子系统以总括核算为主,而其他子系统则侧重于明细核算。

2.1.2　账务处理子系统的特点

会计信息系统是由若干个子系统构成的,其中账务处理子系统是核心。账务处理子系统与其他子系统相比,具有如下特点:

1. 规范性强，一致性好

会计是个信息系统，提供有助决策的信息是其首要的职能，因此必须按照公认会计原则规范其信息的生产。这项职能主要落实到账务处理子系统，要求账务处理子系统也必须在世界通用的复式记账原则下，将经济活动产生的数据按照企业会计准则（制度）的规范要求加工处理成相应的账簿文件，最后通过财务报表子系统输出对外报告。

因此，不同的会计软件其账务处理的加工程序与方法可能不同，但按照复式记账法和统一会计制度，同一的输入源（如模拟数据与会计规则）必然会导出相同的结果，这也是评审会计软件或审计会计应用系统的要求。

2. 以总括核算为主，在整个会计信息系统中起核心作用

账务处理子系统以总括核算为主，它所产生的信息具有很强的综合性和概括性。而其他子系统只是局部而详细地反映企业供、产、销过程中某个经营环节或某类经济业务。例如，采购与应付子系统只是反映采购与应付货款核算这一经营环节（采购与应付会计循环）；销售与应收子系统主要反映销售、应收账款核算经营环节（销售与应收会计循环）；存货子系统反映企业存货的进、销、存的管理等。

账务处理子系统与其他子系统存在频繁的数据联结与交流，它是会计信息系统的数据交互平台，它把其他子系统有机地结合在一起，综合而详细地提供企业财务状况与经营成果。

3. 数据处理的正确性，结果的真实性

由于账务处理子系统所产生的账表要提供给投资者、债权人、管理人员、财政部门、税务部门等，因此，必须保证账务处理数据的正确性，保证结果的真实性。正确的报表来自正确的账簿，正确的账簿来自于正确的凭证，只有从凭证开始，对账务处理的各个环节加以控制，才能预防差错的发生。

2.2 账务处理子系统的数据处理流程分析

2.2.1 手工账务处理流程分析

1. 手工账务处理流程

在手工会计账务处理中，会计核算具有整套科学的方法体系。包括：设置会计科目及账户、复式记账、填制与审核记账凭证、设置与登记账簿、成本核算、财产清查、编制会计报表等。这些会计方法是相互联系、紧密结合的。其中前四个方法既是账务处理业务的基础，也是记账、算账的一般方法。为了及时、正确、完整地处理会计业务，不同规模、不同业务量和业务属性的企业，采取了不同的会计核算组织程序，也称"账务处理流程"，概括起来主要有记账凭证核算程序、科目汇总表核算程序、汇总记账凭证核算程序、日记总账核算程序和多栏式日记账核算程序五种。

不同的账务处理程序有不同的核算流程，其差别主要在登记总账的方法和依据不同，其中以科目汇总表核算程序较为常见，图2-1是一个典型的科目汇总表核算程序下账务处理的数据流程图，说明如下：

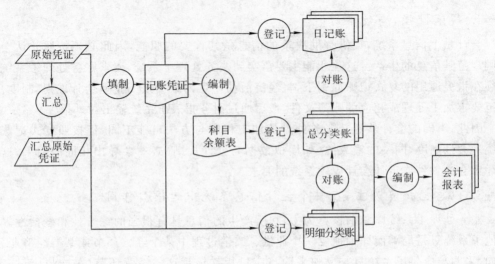

图 2-1 手工科目汇总表账务处理程序下的数据流程图

(1)根据原始凭证、汇总原始凭证填制记账凭证；

(2)根据收款、付款记账凭证逐笔登记现金、银行存款日记账；

(3)根据原始凭证、汇总原始凭证或记账凭证登记明细分类账；

(4)根据记账凭证编制科目汇总表；

(5)根据科目汇总表登记总分类账；

(6)期末处理,即每月月末进行结账,将现金、银行存款日记账和明细账的余额与相应的总分类账余额相核对；

(7)根据总分类账和明细分类账的记录编制会计报表。

2. 手工账务处理流程的缺陷

从上述手工账务处理流程分析中,可以看出流程中的每一过程都需要通过人工编制或干预,这就决定了手工账务处理流程的局限性。

(1)会计信息提供不够及时。

信息的及时性与信息的有用性是相联系的,任何过时的信息,其信息含量将大大降低。会计信息系统的最终产品是会计报表,是通过账务处理子系统对经济业务数据加工处理的结果。由于手工账务处理的工作量很大,手工对会计数据层层汇总、加工的速度很慢,在会计期间结束后往往还要延长一段相当长的时间才能编制出会计报表,这无疑大大削弱了会计信息所起的作用。

(2)准确性差。

在长期的账务处理实践中,为了避免和发现手工会计核算的错误,人们总结出一套特有的方法。如明细账和总账采用平行登记法,以便相互核对发现明细账或总账中的过账错误和计算错误。又如实务中,会计人员在凭证过账后,一般在它上面用铅笔加注"√"号以防止重复登账。但无论会计人员的素质如何,在从记账凭证的编制到报表输出的每一个环节中,转抄错误和计算错误都难以完全避免。而根据复式记账原则,会计账目不允许有一分钱的差错,否则无法平账。会计人员往往为了几分钱的差错,多次进行手工汇总和核对,既费时又费力。特别是在月底,为了尽快报出各种会计报表并保证账表相符,有时不得不根据报表来修改总账,其结果往往出现巨大金额的错报或漏报,从而严重影响到会计信息的准确性。

(3) 数据大量重复登记。

财务报表信息来源于明细账、总账的加工结果,而明细账、总账的数据又来源于记账凭证,因此,从数据流角度来看,将记账凭证数据加工成会计信息要通过明细账和总账两条途径,记账凭证数据被多次转抄(包括二级账、三级账)。如当一笔反映费用报销业务的记账凭证编制完毕后,需要由不同的会计人员在现金日记账、费用明细账、二级账、总账上同时转抄凭证上的日期、凭证号、摘要、金额等数据。同一数据的大量重复登记,不仅造成时间上的浪费,还极易导致数据的不兼容。手工会计核算下时有账证不符、账表不符、账实不符的现象,与数据大量重复登记有直接关系。

(4) 工作强度大。

在其他条件不变的情况下,提高会计信息质量,提供及时、可靠、相关的信息,只能靠加重会计人员的劳动强度或增加会计人员的方式来实现。传统财务部门人员"臃肿"的现象,也是手工进行账务处理的必然结果。

2.2.2 计算机环境下账务处理系统流程分析

使用计算机进行会计账务处理,较之原有手工条件下根据原始凭证编制记账凭证、根据记账凭证登记有关日记账和明细账、按科目分类生成总分类账、根据账簿记录编制会计报表的基本处理程序从表面上看并没有发生变化。但是,由于计算机具有运算速度快、处理能力强、数据处理精度高等优点,在设计计算机账务处理系统时,在数据流程再造方面已经突破了传统手工处理方式,从而使账务处理效率与精度大大提高。

目前,商品化会计软件非常多,如中国的用友公司、金蝶公司、安易公司、浪潮公司,美国的 CA 公司、D&B 公司所提供的会计信息系统都包括账务处理子系统,各公司在设计账务处理数据流程时可能不尽相同,但总的设计思路大同小异。图 2-2 是一个典型的账务处理子系统的数据流程图,说明如下:

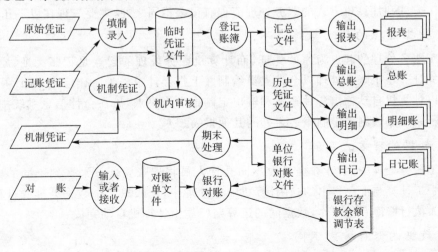

图 2-2 账务处理子系统的数据流程图

①由录入人员通过键盘输入数据。账务处理子系统数据输入一般包括三种情况：一是录入人员直接根据原始凭证输入有关数据，由计算机编制记账凭证后作为凭证录入，同时打印出记账凭证；二是会计人员根据原始凭证手工填制记账凭证，再由录入人员输入计算机；三是某些具有规律性且每月都发生的期末结转业务，或由其他子系统自动转账输出的数据，由计算机根据初始设置生成的记账凭证，这一类凭证统称为"机制凭证"，它不需要录入人员输入数据。

②对记账凭证中未审核的凭证进行审核。无论是手工输入的记账凭证还是机制凭证，都需要经授权的人员进行审核，以确保数据录入的正确性。

③随时用记账凭证文件更新科目余额文件，以便随机查询任意会计科目的当前借方发生额、贷方发生额及期末余额。

④根据科目余额文件和记账凭证文件编辑输出现金日记账和银行存款日记账以及其他各种明细分类账。

⑤根据记账凭证文件和对账单文件中的银行业务进行对账。

⑥根据科目余额文件编辑输出总账。

⑦根据科目余额文件和记账凭证文件生成会计报表。

值得注意的是，在计算机条件下，无须再区分或单独设置总账、明细账和日记账文件，或者说，在计算机条件下，传统的账簿体系已经弱化。这是因为计算机具有强大的数据处理能力，需要查询、打印有关账簿时，由计算机对系统内存放记账凭证文件快速地自动进行处理加工并输出有关的内容。在计算机账务处理中所指的记账操作指的是根据记账凭证文件更新科目余额发生额文件和相应的部门、项目、往来等辅助文件，同时说明记账凭证已进入会计信息系统，不得再对凭证进行修改，从而保证会计数据的安全和完整。

在计算机会计账务处理系统第一次投入使用时，也有类似手工的建账工作，这一工作通过对系统的初始设置来完成。

2.2.3 手工账务处理与计算机账务处理的区别

手工方式和计算机方式的账务处理流程有很多不同之处，主要表现在以下几点：

1. 数据处理的起点与终点不同

手工账务处理的起点为原始凭证，而计算机账务处理的起点是记账凭证、原始凭证和机制凭证。手工账务处理以会计人员编制并上报会计报表为工作终点；而计算机账务处理则以计算机自动输出各种账簿和输出定制报表为终点，另在会计信息系统中单设会计报表子系统来编制除定制报表之外的其他报表。

2. 数据处理方式不同

手工账务处理中，会计数据是由不同会计人员将记账凭证分别登到不同的账簿中，并进行手工计算与汇总得出的；在计算机账务处理中，记账只是个数据处理的过程，不需要由多人执行账簿登记工作，数据间的运算与归集由计算机自动完成。

3. 数据的储存方式不同

手工方式下，会计数据储存在凭证、日记账、总账、明细账等纸张介质中；计算机方式下，账务处理子系统中的会计数据存储在凭证库文件、余额发生额库等数据文件中，在需要的时候,通过查询或打印输出。

4. 对账的方式不同

手工账务处理过程中,为了避免发生记账差错,按复式记账的原则,总账、日记账、明细分类账必须采用平行登记的方法,根据每张凭证及原始凭证登记明细账,利用凭证的汇总数(通过科目汇总表或汇总记账凭证等)登记总账,然后由会计人员定期将总账、明细账、日记账中的数据进行核对,总账、明细分类账或日记账的数据若不相符,说明必然有一方或多方有记账错误,这种方式在手工账务处理中是一种行之有效的查错或纠错方法。而在计算机账务处理中,由于总账子系统采用预先编制好的记账程序自动、准确、高效地完成记账过程,明细账与总账的数据同时产生,只要预先编制好的程序测试正确,计算错误几乎不可能发生,因此,在计算机账务处理子系统中就没有必要进行总账、明细分类账和日记账的对账。但这又出现另一个问题,即当数据录入错误,而在审核过程中又没有发现,那么整个账簿体系的数据都是错误的("垃圾进,垃圾出"),而不像手工方式下可通过账簿的对账发现错误。这说明在计算机账务处理子系统中,数据录入与审核环节相当重要。

5. 会计资料的查询与统计方式不同

在手工账务处理方式下,会计人员或审计人员需要查询某一类会计资料或编制一些简要的统计表,要付出许多劳动;在计算机账务处理方式下,由于计算机具有高速处理能力,会计人员或审计人员只需通过选择各种查询功能,就可以最快的速度完成数据的查询和统计工作。

6. 账务处理的效率、准确性及时效性不同

计算机账务处理的最大优势在于其能够高效、准确和及时地提供信息。由于信息的及时性提高,会计信息的信息含量大大增加,同时也把广大财务人员从繁重的劳动中解脱出来,使他们有充足的时间和精力从事事前预测、事中控制和事后分析等会计管理活动。因此,计算机账务处理替代手工账务处理已成为一种趋势。

2.3 账务处理子系统的编码设计与系统结构

会计科目是会计要素的细化,是对会计对象的具体内容进行分类核算的指标体系。会计科目是会计核算的前提,它可以分门别类地反映企业经济业务核算资料,会计人员可以通过会计科目提供详细或总括的核算信息。本节首先介绍计算机账务处理中有关会计科目的编码设计方法与原理,进而介绍账务处理的系统结构。

2.3.1 会计科目编码设计

1. 会计科目编码设计的意义

在手工账务处理中,会计科目均以文字形式表示,除一级会计科目由制度统一规定代码外,二级以下明细科目均无代码。在计算机账务处理中,这种文字形式的会计科目存在明显的三个缺点:

(1)计算机账务处理系统中,在每一个程序处理过程,几乎都要用到会计科目,而文字(汉字)形式的会计科目名称较长,它除了占用大量内存空间外,还降低了计算机的运行速度。

(2)文字型的会计科目不便于计算机进行分类处理。

(3)文字型的会计科目不便于提高凭证录入速度。

在计算机应用于会计之前,人们就提出会计科目的编码问题。用代码表示会计科目可以简化业务处理,提高查询和登账速度。在计算机应用于会计领域后,对会计科目进行编码化更成为一项必不可少的工作。对会计科目进行编码化处理是计算机账务处理的前提,其目的在于:

(1)保证会计科目的唯一性。

用一个代码唯一地标识一个会计科目,可以避免二义性。因为文字会计科目多一个空格或少一个空格,在手工会计核算中无关紧要,但计算机就会认为是两个不同的科目处理。

(2)简化会计数据的表现形式。

对会计科目进行编码后,每个会计科目有唯一的科目代码,用代码既可表示会计科目,又可判断科目的属性(如资产、负债、所有者权益等)、科目的级别(一级、二级、三级)。对会计科目进行编码可以简化会计数据的表现形式,有利于会计数据的输入、处理、存储和传输。

(3)加快计算机的运行处理速度。

对会计科目进行编码后,计算机对数字编码的识别比文字要快得多,在记账、汇总和输出中,运行的效率和精度都会大大提高。

因此,在账务处理子系统,必须设计一套相应的会计科目代码方案,建立一套科学的会计科目编码体系,这对于提高账务处理子系统的输入效率,保证账务处理子系统的正确性,以及输出详细而又完整的会计报表都有着极为重要的意义。

2. 会计科目编码设计方案

会计科目编码是根据企业会计制度的规定及企业会计科目的设置,按照一个系统的编码方案对各个会计科目确定出一组唯一的代码数字。

(1)编码方式。

会计科目通常采用群码的编码方式,即将会计科目编码分成若干段,每一段有一个固定的位数,第一段表示一级科目编码,第二段表示二级明细科目编码,以此类推,每一段按照一定的标准顺序排列。

(2)会计科目编码体系设置。

会计科目编码体系是指单位内所使用的每一个会计科目都规定一个代码而构成的代码组。会计科目编码体系的设计首先要遵循会计制度的规定,即一级科目编码要按照会计制度的规定设置,这意味着一级科目编码不存在编码设计问题,因为财政部在制定企业会计制度时,对所有一级科目(含少量二级、三级科目)都已经规定了代码(见表2—1)。科目体系的设计实际上就是明细科目编码的设计。

(3)会计科目编码结构。

会计科目编码结构是指会计科目编码各级长度的构成。通常,每一个会计科目的代码按照其级别可分为若干段,每段又由几位数字组成。编码的段数和每段的长度就构成了此科目的编码结构。如"4—2—2—2"结构,它表示科目编码最多可设置四级,一级科目长度为4位,二至四级科目长度都为2位,除一级科目外,其他各级科目最多能设计99个明细或分类科目。当今的会计软件一般都在系统建账或初始设置时要求用户根据企业自身的特点自行设置会计科目的编码结构。会计科目的编码结构一经确定,在日常会计核算中不得随意修改,否则会造成系统的混乱。

表2—1 会计科目名称和编码

科目编码	科目名称	科目编码	科目名称
一、资产类		2 211	应付职工薪酬
1 001	库存现金	2 221	应交税费
1 002	银行存款	2 231	应付利息
1 012	其他货币资金	2 232	应付股利
1 101	交易性金融资产	2 241	其他应付款
1 121	应收票据	2 401	递延收益
1 122	应收账款	2 501	长期借款
1 123	预付账款	2 502	应付债券
1 132	应收利息	2 701	长期应付款
1 221	其他应收款	2 901	递延所得税负债
1 231	坏账准备	三、共同类	
1 401	材料采购	3 001	清算资金往来
1 402	在途物资	3 002	货币兑换
1 403	原材料	3 101	衍生工具
1 404	材料成本差异	四、权益类	
1 407	商品进销差价	4 001	实收资本
1 408	委托加工物资	4 002	资本公积
1 461	融资租赁资产	4 101	盈余公积
1 471	存货跌价准备	4 103	本年利润
1 511	长期股权投资	4 104	利润分配
1 512	长期股权投资减值准备	五、成本类	
1 531	长期应收款	5 001	生产成本
1 601	固定资产	5 101	制造费用
1 602	累计折旧	六、损益类	
1 603	固定资产减值准备	6 001	主营业务收入
1 604	在建工程	6 011	利息收入
1 605	工程物资	6 051	其他业务收入
1 606	固定资产清理	6 061	汇兑损益
1 701	无形资产	6 111	投资收益
1 702	累计摊销	6 301	营业外收入
1 703	无形资产减值准备	6 401	主营业务成本
1 711	商誉	6 402	其他业务成本
1 801	长期待摊费用	6 403	营业税金及附加
1 811	递延所得税资产	6 411	利息支出
1 901	待处理财产损溢	6 601	销售费用

科目编码	科目名称	科目编码	科目名称
二、负债类		6 602	管理费用
2 001	短期借款	6 603	财务费用
2 002	存入保证金	6 701	资产减值损失
2 101	交易性金融负债	6 711	营业外支出
2 201	应付票据	6 801	所得税费用
2 202	应付账款	6 901	以前年度损益调整

注：本表对会计科目作了节略，详见《企业会计准则——应用指南》。

（4）科目编码方法。

编码是指按照一个系统的方案指定数字、字母或其他符号，以区别各项目上的类别。在使用编码方法时，必须使科目编码的设计能够避免重复，可通过以下几种编码方法来进行编码设计。

顺序编码。这是按编码对象顺序排列进行编号的一种方法。在编制顺序码时，每一个编码对象的编码均须比前一个编码对象的数字大"1"。这种方法的好处是简单，且可知道已编码科目的个数；其缺点是使人感到杂乱无章，难以记忆，不能从编码上清楚知道该科目所反映的经济内容。

位数编码。这是将编码的每一位或几位赋予一定的含义而进行编号的一种方法。在编码时，从最高位开始，每一位或几位分别给予不同的分类。以九位编码为例，前四位表示一级科目，前六位表示二级科目，全九位表示三级科目。例如，某企业固定资产设三级明细科目，则"固定资产-甲车间-A设备"，可编码为160 101 001，其中，"1 601"为一级科目"固定资产"的编码，"160 101"为二级科目"固定资产-甲车间"的编码，一级、二级编码是会计制度统一规定的，而"160 101 001"为三级编码，其最后三位数是由企业自行设定的，"001"对应于某种设备。

分组编码。这是按数字顺序分组表示某一基础上的不同类别而进行编号的一种方法。在分组编码时，由某一特定号码至另一特定号码代表某一项目的一定类别名称。例如，某企业固定资产有房屋建筑物、机器设备、交通工具、其他设备等，每类固定资产又可划分为若干细类（型号规格）等，假定采用七位分组编码，对四类固定资产规定一定的编码范围，则编码可设计为：

科目编码　　　　　　　　　　科目内容
1 601 101～1 601 199　　　　固定资产——房屋建筑物
1 601 201～1 601 299　　　　固定资产——机器设备
1 601 301～1 601 399　　　　固定资产——交通工具
1 601 401～1 601 499　　　　固定资产——其他

上述三种编码方法是常见的基本方法，在具体设计企业整套会计科目编码时，不可能只采用其中的一种方法。通常，在进行会计科目编码体系设计时，要结合各企业单位的具体情况，综合运用不同的编码方法，同时还要注意遵循科目编码设计的基本原则。

（5）科目编码设计的基本原则。

规范性原则。一级科目和部分明细科目应根据《企业会计制度》的统一规定进行编码。有些集团公司为了统一账套、会计管理和合并报表的目的，也要求母子公司在设计会计科目编码时考虑集团公司整体的需要。

层次性原则。会计科目具有层次性,会计科目编码也对应要有层次性,以便通过相关科目编码找出它的上级科目编码和下级科目编码。通常以上级科目编码作为该科目编码的前部。例如:

科目编码	科目内容
1 601	固定资产
160 101	固定资产——甲车间
160 101 001	固定资产——甲车间——A设备
160 101 002	固定资产——甲车间——B设备

从上例中可以看出:160 101 的直接上级科目是 1 601,下级科目是 160 101 001、160 101 002 等,9 位编码统一按"4—2—3"排列,层次感较强。

一致性原则。会计科目编码设置要有一定的规律性,相同经济业务内容要有相同的上级编码。例如,"管理费用"科目如果按部门设置二级明细科目,按费用项目设置三级明细科目,则科目编码与对应原科目内容如下:

科目编码	科目内容
6 602	管理费用
660 201	管理费用——办公室
66 020 101	管理费用——办公室——工资
66 020 102	管理费用——办公室——差旅费
66 020 103	管理费用——办公室——办公费
660 202	管理费用——财务部
66 020 201	管理费用——财务部——工资
66 020 202	管理费用——财务部——差旅费
66 020 203	管理费用——财务部——办公费

扩展性原则。会计科目代码在账务处理子系统乃至整个会计信息系统中使用范围广,若代码的长度或代码结构发生变化,对整个系统的影响非常大。随着企业经济活动的不断拓展,会计科目的明细数量也将随之不断发生增减变化。这就要求会计科目要有一定的可扩展性,在一定时期内,在不改变原有方案的条件下可以顺利地增加新科目。例如,"应收账款"二级科目原设定为 6 位,即从 112 201~112 299,意味着可容纳 99 个客户名称,但随着企业业务的拓展,客户数已经超过 99 个,那么这时就要重新设定编码结构,这在实务中是相当麻烦的。如果在设定编码时考虑扩展性,将"应收账款"二级科目设定为 7 位,即从 1 122 001~1 122 999,则意味着可容纳 999 个客户名称,就可以满足需要。

简短性原则。科目编码在保证会计核算需要的前提下,位数越少越好。因为科目编码位数过长,一方面增加数据录入的工作量,而且还容易出错;另一方面也会占用空间。但简短性原则与扩展性原则是相矛盾的,要保证科目编码的扩展性,就要以简短性作为代价。因此,在科目编码设计时,一定要结合企业的实际情况,在考虑一定的扩展性前提下,保证其编码的简短性。

2.3.2 账务处理子系统的结构

账务处理子系统结构是指设计若干功能相对独立的模块,来实现账务处理子系统的目标。功能模块的划分主要依据系统分析中设计的数据流程图、整体设计人员的思路和设计风格。究竟应划分为几个功能模块,目前并没有一个固定的标准。

国内外各专业会计软件公司所设计的账务处理子系统的结构不尽相同,但有一些基本的功能模块是任何会计软件中账务处理系统所必备的,如初始化、凭证处理、账簿管理、账表输出、银行对账等。一个典型的账务处理子系统的结构如图 2-3,其具体功能描述见表 2-2。

图 2-3 总账处理子系统基本功能结构图

表 2-2 账务处理系统功能模块描述

模　块	模　块　描　述
1. 系统建账及账套初始化	系统建账及账套初始化是指由用户根据自己的需要建立账务应用环境,将通用的账务处理系统变成适合本单位实际需要的专用账务处理系统的过程。它提供由用户自由定义科目代码长度、科目级次、凭证类别、常用摘要、记账本位币、会计期间、部门、操作员的功能,同时能够根据需要增加、修改、删除会计科目或选用行业标准科目,等等。
2. 凭证处理功能	凭证处理功能提供了填制各种凭证、凭证的审核及记账的功能。同时可以设置常用摘要、常用凭证样板、红字冲销凭证,等等。
3. 出纳管理	出纳管理为出纳人员提供一个完整的工作环境,它强化企业对货币资金的控制,可完成现金、银行日记账的输出,支票登记簿管理,银行对账,长期未达账审计等功能。
4. 账簿处理	账簿处理提供了现金日记账、银行日记账、总账、余额表、明细账、多栏账、记账凭证、凭证汇总表、任意期间报表(如日报表、月报表、年报表等)账簿的查询及打印等功能。
5. 数量核算	数量核算适用于进行金额和实物数量核算的财产物资科目的业务处理,它提供数量金额式总账及数量金额式明细账的查询及打印功能。
6. 外币核算	外币核算适用于外贸、外贸企业进行多币种的核算。具有汇率管理、外币日记账、外币总账、外币明细账及计算外币汇兑损益等账簿及管理功能。
7. 期末结账	期末结账能自动完成月末分摊、计提、转账、销售成本结转业务,并进行试算平衡、结账等。
8. 个人往来核算与管理	个人往来管理提供借款明细、催款单、余额表、账龄分析报告及自动清理核销已清账等账簿及管理功能。
9. 单位往来核算与管理	单位往来管理可以建立往来客户档案,产生往来明细账及应收应付余额表,能进行往来账自动清理,应收款单、应付对账单输出,进行账龄分析、往来账支持外币及数量核算,并且能按部门统计往来明细与汇总和按业务员统计往来明细与汇总等功能。

10. 部门核算与管理	部门核算提供部门名称对照表的定义,进行部门收支分析,产生部门收入费用明细账。
11. 项目核算与管理	项目管理以项目为中心为使用者提供各项目的成本、费用、收入、往来等汇总与明细情况以及项目计划执行报告等。可用于核算科研课题、专项工程、产成品成本、旅游团队、合同、订单等。它能进行项目档案管理,自动产生项目总账、明细账、项目统计表等账表。
12. 预算管理	预算管理提供预算编制.预算与实际比较分析,预算可至部门、项目。可进行科目、部门、项目的预算执行分析。在填制凭证时可以进行预算提醒。

2.4 账务处理子系统的初始设置

账务处理子系统是一个通用性较强的系统,为了使其能够在各行各业应用,现代商品化会计软件在开发过程中,重点考虑的是系统的通用性,即不同行业账务处理和财务管理的一般特征。同时,为了适应各单位的需要,系统提供了初始设置功能,允许企业根据本单位的会计核算业务和财务管理的具体情况,通过初始化功能来实现或满足本单位的会计业务处理需要。这些设置工作统称为"初始化工作"。

初始化设置是账务系统应用的前提,只有在进行了初始化设置后,账务处理系统才能开始投入运行。一些重要的初始化项目完成后,一般不再重新设置或修改,如需要修改应在年末结账后进行。初始化需要设置的项目较多,主要包括:账套设置、操作人员及权限设置、会计科目设置、凭证类型设置、初始余额录入、汇率管理等。

2.4.1 账套设置

账套设置模块的功能是建立核算单位,即在系统中为本企业建立一套核算账套。账务处理子系统中的核算账套实际上是相互关联的账务数据构成的数据文件。一般单位只有一套账。具体设置账套时,根据系统的提示对账套进行参数的定义。

账套参数定义的内容主要包括:账套(账套号、账套名称、单位名称、企业性质等)、会计科目编码方案(即各级科目的编码位长、位数)、启用日期、记账本位币、会计主管姓名。

1. 账套

核算单位是会计核算的主体,具有独立的完整的账簿体系。在进行初始设置时,一般由用户自行定义核算单位名称,以便在显示和打印账簿和报表时使用。

一般财务软件允许同时为999个核算单位记账,且每个核算单位都有一套独立的完整的账簿体系。核算单位的一套独立的完整的账簿体系称为"账套"。实际上,账套是相互关联的业务数据构成的一系列的数据文件。每个账套用一个代码表示,称为"账套号"。账套号不能重复,每一个号码与核算单位名称是相互对应的。

2. 编码方案

为了便于对经济业务数据进行分级核算、统计和管理,系统提供对存货、往来核算单位、会计科目、外币核算等定义编码方案的功能。如果企业的存货较多,且类别繁多,则应对存货进行分类管理;如果企业的往来单位较多,应对往来单位进行分类管理;如果往来单位较少,存货种类较少,可以不进行分类。一旦选择要分类的项目,则在进行基础信息设置时,先设置分类项目,然后才能设置相应的档案。

3. 启用日期

启用日期是指由原会计信息处理系统到新会计信息处理系统的交接日期,即新设置的账套被启用的时间。规定启用日期就是为了便于确定IT环境下账务与业务处理的起点,保证证、账、表数据的连续性。

2.4.2 科目设置

科目设置是指将单位会计核算中使用的科目逐一地按要求描述给系统,并将科目设置的结果保存在相关文件中的过程。会计科目不仅是计算机进行会计数据处理的依据,而且是账务处理系统与具体经济业务相联系的纽带。因此,科目设置的合理与否对系统应用至关重要。

通用账务处理系统允许用户灵活地设置会计科目和代码。在建立账套过程中,系统一般会让用户根据本企业的行业特征选择是否预设一些基本的科目,用户在初始化科目设置时再进行补充、修改或删除。

会计科目设置的主要内容包括会计科目代码、名称、会计科目类型、对应账户的格式。此外,多数账务处理系统为满足企业进行部门或项目核算考核的要求,会增加一些辅助核算功能,如部门核算、项目核算、个人往来等,因此,当设置的会计科目涉及辅助核算的内容时也应在辅助核算功能中标识。

会计科目设置是一项系统和细致的工作,应由具有建账权限的操作人员进行,设置时从一级科目开始逐级设置下级的分类和明细科目。图2-4是一个科目设置的用户界面。

图2-4 会计科目设置界面

1. 科目设置的基本内容

(1)科目代码。

科目代码是指定义单位所有科目代码。一级科目要按会计制度规定的统一代码录入,二级及明细科目由会计人员根据系统的总体编码要求录入。

(2)科目名称。

科目名称指的是会计科目的名称。设置时可以是汉字也可以是西文字符,但不能为空。一级科目名称应与会计制度规定的正式名称一致,明细科目的名称尽可能与上一级科目体现一种归属关系。

(3)科目类型。

科目类型是指会计制度规定的科目类型,包括资产、负债、所有者权益、成本、损益五种。

(4)余额方向。

余额方向是指科目余额是在借方还是在贷方。一般资产类在借方,负债类在贷方。

(5)辅助核算。

应根据核算和管理的需要设置科目,确定是否进行辅助核算,如部门、项目、外币、日记账或银行账、个人往来、单位往来等。如果某一科目定义了辅助核算功能,那么在其后的凭证录入中,如果录入的科目出现了辅助核算的科目,系统自动要求录入辅助核算的相关信息。

2. 辅助核算的科目设置

(1)日记账。

日记账用于标识需要生成日记账形式账簿的会计科目,如现金、银行存款等。系统含有此类科目的凭证记账时会自动将其发生额记入总账、明细账及相应的日记账。

(2)银行账。

银行账指需要进行银行对账的会计科目,一般指银行存款类会计科目,不需要对账或不能够对账的科目不能设为银行账。设为银行账的科目在输入记账凭证时,系统将要求输入相应的结算凭证方式和结算凭证号。记账时,系统自动将结算方式、结算号、金额、收付方向、业务日期等内容记入银行辅助账,以便与银行对账单核对。

(3)数量金额账。

对需要进行数量核算的科目,只需在设置会计科目时在"数量核算"一栏中输入相应的数量核算单位,系统会自动为该科目设立数量金额类账。

(4)外币账。

涉及外币的账户,除记录记账本位币金额外,还需记录相应的外币金额。设为外币类的科目还应在"外币名称"一栏中设置与科目编码相对应的外币币种。

(5)个人、单位往来辅助账。

账务处理系统为个人往来业务和单位往来业务提供了两个不同的解决方案:

模仿手工的处理方式。会计科目设置与手工处理科目设置相同,即在其他应收款、其他应付款科目下按费用类别设置二级科目,在二级科目下按往来的个人或单位再设置明细科目。在这种方式下,这些科目不必设置辅助核算类别。其缺点是造成会计科目数量繁多,不利于款项的清理和统计分析,因此只适用于个人或单位往来业务较少而且相对固定的企业使用。

辅助核算方式。利用系统的辅助核算功能将有关科目设成个人往来类或单位往来类。在这种方式下,设置会计科目不再按个人或单位设置明细科目,而是将其归入辅助账来核算与管理。如单位人员多且差旅费借支与报销业务频繁的企业,可采用设置"其他应收款——差旅费借支"科目,并将其设成个人往来类别,以便使用账务处理系统的辅助功能加强个人往来业务的核算和管理,同时也减少了频繁设置会计科目的工作量。

(6)部门辅助核算账。

为了加强管理、提高经济效益,许多企业单位都实行了部门考核,考核标准主要包括收入和费用两项指标。因此,账务处理系统提供了部门核算辅助功能,即对收支类业务,除了需要按类别进行核算外,还需要按部门进行核算。如"管理费用"科目下,首先要按类别分成管理人员工资、办公费、差旅费、业务招待费等项目进行核算,然后还需要对每个费用项目在不同部门间进行核算。如果一个单位有10个部门需要进行部门考核核算,管理费用类别项目有10个,那么在管理费用下就应设置100个明细科目。这种核算方式在手工条件下工作量是相当大的,但在计算机条件下,利用系统提供的部门核算辅助功能,却能轻而易举地实现,即在设置管理费用科目时只设置管理费用的类别,并将各类别定义为部门核算类。

(7)项目核算账。

项目核算是为了解决围绕一个专门的核算对象,将与该对象相关的所有收入、支出进行专项的核算而设置的功能。比如,企业的基建工程通常要进行专项核算和管理,在账务系统中将该工程涉及的科目设为项目核算类;又如,制造企业为了加强管理,经常需要分产品计算其成本、收入和利润,也可以将每种产品看成一个项目,在系统中把有关的成本、收入以及库存等科目设成项目核算。其科目设置方法与部门核算相似。

(8)受控系统。

受控系统是指当账务处理子系统与其他系统集成运行时,指定该科目与哪个子系统进行数据关联与共享。在账务处理子系统独立运行的情况下,该项目应设置为空。

3. 科目设置应注意的问题

(1)设置会计科目时,应先建高级科目,再建其下级科目。

(2)辅助账必须设置在末级科目上才有效,如果上级科目设辅助账,而末级科目未设,则系统将不予确认。

(3)一个科目可以同时设置两种辅助核算,如部门与项目核算组合、部门与往来核算组合、项目与银行核算组合等。

(4)账务系统所有科目由用户根据本单位的实际情况和业务特点设置,设置时用户可以任意修改或删除。

(5)设置完成投入运行后,还允许用户增加少量同级科目或对某些项目进行修改,但不允许删除或修改任何已经使用的会计科目。

(6)年度结账后,可以对科目进行适当调整,并应调整相应的科目余额。

(7)科目设置应认真仔细地一次完成,设置好的科目可以打印输出科目一览表供用户日常查询。平时不要随意使用设置科目功能,以免损坏或丢失数据。

2.4.3 其他初始化设置

1. 凭证类别设置

由于各企业业务量的大小不同或会计管理模式存在较大差异,使用的记账凭证类别往往不同。有些企业只使用单一的记账凭证,所有凭证按顺序统一编号;有些企业为了便于单独反映货币资金的收付情况和日常凭证管理,往往对货币资金的收付业务编制专用记账凭证,分成收款凭证、付款凭证和转账凭证三类,每类凭证单独编号;还有些企业再细分成现金收款凭证、银行收款凭证、现金付款凭证、银行付款凭证和转账凭证五类,每类也是单独编号。为了适应不同企业的需要,账务处理子系统一般提供凭证类别设置,凭证类别设置通常需要设置类别字、类别名称和限制条件。设置限制条件是为了防止凭证用错或防止录入错误。如收款凭证,借方必须是现金或银行存款;付款凭证,贷方必须是现金或银行存款。凭证类别设置完成后,一般在年度内不能修改或删除。

2. 结算方式设置

结算方式是指企业经营过程中使用的收款与付款结算,如电汇、信汇、支票等结算方式。企业在进行会计业务处理时,资金的流入和支出大部分是通过银行进行的。一般情况下,银行的各种结算方式相对稳定,且种类有限。为了便于管理和提高银行自动对账的效率,账务处理系统为用户提供了定义设置与银行资金结算方式设置的功能,用来建立在经营活动中所涉及的结算方式。

3. 外币汇率设置

在企业存在外币业务的情况下,需要将发生的外币业务折算成本位币记账,因此需要输入对应外币的折算汇率和折算方法。外汇汇率管理设置功能即用于输入各种外币的记账汇率。外汇汇率折算通常需要设置外币名称、固定汇率或浮动汇率等,以便在凭证录入涉及外币项目时,将外币金额自动折算成本位币记账。

4. 初始数据录入

为了保证会计数据的连续性和继承性,账务处理子系统在第一次投入使用前的最后一个初始化工作是初始数据的录入。有两种录入初始数据的方法:一种是直接录入开始使用月份各科目的月初余额;另一种是录入年初余额和一月份至启用计算机系统月份的各月发生额。前一种方法工作量小,但不能统计一年累计发生额,后一种方法则相反。

初始数据(余额或发生额)的输入一般由最低一级科目开始,上级科目的余额与发生额由系统自动进行汇总。一般情况下,资产、费用类科目余额在借方,负债、所有者权益、收入、利润类科目余额在贷方。如果是数量金额类科目还应输入相应的数量和单价;如果是外币类科目还应输入相应的外币金额与记账汇率;如果某一科目已经设置了辅助核算功能,则应输入辅助核算类别的明细初始余额。

在所有数据录入系统完毕后,应该由计算机自动进行试算平衡,只有当系统通过平衡校验后,才能表示所装初始数据正确无误。这时,系统也会关闭初始余额录入功能,表明账务处理子系统可以投入正常使用了。

2.5 账务处理子系统的日常业务处理

在初始化设置工作完成后,就可以进行日常业务的账务处理工作。账务处理系统的日常业务处理主要包括记账凭证的输入、审核、修改和记账等。计算机大量的人机操作工作都集中在凭证处理这一环节,也就是说,要将企业发生的业务制成会计凭证,并将凭证准确无误地录入到计算机,因此,凭证处理是账务处理的最关键环节。由于日常会计工作中需要处理的凭证数量很多,这些凭证数据都要依靠手工方式通过键盘输入计算机,因此,如何正确、快速地输入凭证是凭证处理的重点。

2.5.1 凭证输入

记账凭证是登记账簿的依据,在实行计算机处理账务后,电子账簿的准确性与完整性完全依赖于记账凭证,因而,必须确保记账凭证输入的准确性与完整性。

1. 记账凭证的类型与输入方式

(1)记账凭证的类型。

在计算机账务处理系统中,记账凭证按其来源不同有两种类型:

①手工记账凭证。指根据原始凭证编制的手工录入计算机中的记账凭证。这是账务处理系统日常业务处理最常见到的凭证。

②机制记账凭证。指由计算机系统自动生成的凭证。又可分为两种类型:一种是实现计算机处理的会计信息系统中其他子系统向账务处理系统通过自动转账功能传递的记账凭证数据;另一种是指账务处理系统根据系统内已有的数据产生的记账凭证,如期末业务处理时根据设置的转账凭证模板由系统自动生成的各种摊、提、结转凭证等。

(2)记账凭证的输入方式。

由于记账凭证的来源不同,将其输入账务处理系统的方式也就不同。对于手工记账凭证,只能采用人工键盘输入的方式。由于手工记账凭证在日常会计处理中占有相当的数量,因此手工记账凭证输入是账务处理系统最关键的环节。在实际工作中,手工记账凭证有两种输入方法:一种是用户直接在计算机上根据审核无误的原始凭证填制记账凭证(即前台处理);另一种是先由人工编制记账凭证,而后集中输入(即后台处理)。用户采用哪种方式,应根据本单位实际情况。一般来说,业务量不多或基础较好的用户可采用前台处理方式,而第一年使用或在人机并行阶段,则比较适合采用后台处理方式。

对于机制凭证,一般由其他子系统和账务处理系统内的自动转账凭证模块,根据会计处理的要求,按统一格式编制记账凭证,然后自动传输到凭证管理模块,经人工审核确认后由系统自动进行相应的账务处理。有的会计软件还专门建立通用转账子系统,用以汇集各业务处理子系统的数据,按统一格式编制记账凭证,然后自动传输到账务处理系统。

2. 记账凭证的基本内容和输入控制

记账凭证是数据的载体,虽然通用会计软件设计记账凭证的格式各有差异,但其中应包含的基本内容大同小异。这些基本内容构成记账凭证数据主体,也是一张完整的记账凭证必不可少的,如日期、凭证编号、摘要、借贷方科目和金额以及制单人和审核人等。账务处理子系统一般都有设计相应的输入控制措施,以防止基本内容的遗漏或者逻辑错误。一张基本格式的通用记账凭证格式如图 2—5 所示。

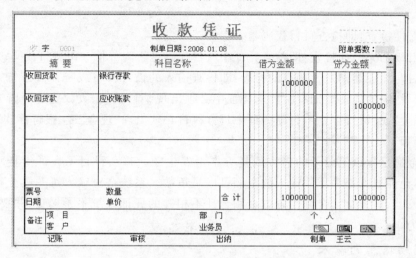

图 2—5 通用记账凭证录入界面

为保证输入质量和提高凭证的输入速度,各种通用账务子系统在凭证输入时,都提供了大量的方便输入和防止差错的控制功能。下面按凭证输入的顺序,对凭证中各基本内容和相应的控制机制作一介绍。

(1) 凭证日期。

增加一张新空白凭证,系统通常将进入系统的当天(计算机系统日期)作为默认的凭证日期。用户可以根据需要对日期进行修改,但修改是有限制条件的。为了保证会计业务的连续性和账簿的序时性,通常只允许对本月内的日期进行修改。

(2) 类别。

这是指凭证类别,如果在初始化中定义了分类记账凭证,即收、付、转三类或现收、现付、银收、银付和转账五类。则每增加一张新凭证,系统都会通过类别栏等待用户输入凭证类别。

(3) 凭证编号。

凭证编号是记账凭证的标识,按会计制度要求,不同类型凭证每月分别从"1"开始连续编号,不能有重号或漏号。因此,当选定好凭证类别后,系统会检查出该类凭证最后一张凭证号,自动加"1"后生成当前记账凭证的凭证号。凭证号不能为空且必须唯一,系统也会自动管理凭证编号。

(4) 附单据数。

这里单据数是指记账凭证的原始单据张数。

(5) 摘要。

输入本笔分录的业务说明,其摘要要求简洁明了。和手工编制凭证一样,摘要是凭证录入过程中工作量较大的环节,它可以以手工方式逐字输入汉字,也可以使用系统提供的常用摘要库功能,参照选择输入或用助记符输入。

(6)科目。

可以输入科目编码、中文科目名称、英文科目名称或助记码。科目必须一次性输入到设定的最低一级科目。为了保证输入正确,系统自动对输入的会计科目进行必要的检验,包括:

①存在性检查:即检查科目代码是否存在。

②科目级别完整性检查:即检查凭证中科目代码是否为最低一级科目代码。

③科目与凭证类别是否相符的检查:即检查输入的借方科目或贷方科目与凭证类型是否相符。特定的凭证类别有时要求凭证中必须出现某科目,如收款凭证中借方科目必须出现"现金"或"银行存款",付款凭证中贷方科目必须出现"现金"或"银行存款"。

(7)金额。

这里金额是指该笔分录的借方或贷方本币发生额。每一科目不允许借贷双方都有金额,也不允许双方都为零。输入的金额可以是负数。系统会对输入每一笔分录的金额进行平衡校验,借方金额合计与贷方金额合计不相等的凭证系统不予接受,并要求改正,直至相等为止。

3. 辅助信息的输入

在账务系统初始化中设有辅助核算的会计科目,输入时系统会在相应位置或新设窗口要求输入辅助信息的内容,如部门、项目、个人往来、单位往来、数量、外币、银行对账等。不同的辅助核算数据有不同的输入要求。

(1)辅助核算为"部门核算"。

如果辅助核算为"部门核算",则系统会要求录入人员输入部门代码,或根据部门代码文件显示部门代码对照表供录入人员选择,并将结果保存起来,以便将该笔经济业务归集到某个部门。

(2)辅助核算为"项目核算"。

如果辅助核算为"项目核算",则系统会要求录入人员输入项目代码,或根据项目文件显示代码、名称等内容,供录入人员选择,并将结果保存起来,以便将该笔经济业务归集到某个项目上。

(3)辅助核算为"个人往来"。

如果辅助核算为"个人往来",则系统会要求录入人员输入往来个人,或根据个人往来文件显示往来个人名单,供录入人员选择,并将结果保存起来,以便将该笔经济业务归集到某个往来个人上。

(4)辅助核算为"单位往来"。

如果辅助核算为"单位往来",则系统会要求录入人员输入往来单位代码和业务员名字,或根据往来单位通信录文件显示往来单位名单,供录入人员选择,同时输入该笔业务的业务员名字,并将结果保存起来。

(5)辅助核算为"银行账"。

如果辅助核算为"银行账",则系统会提示录入人员输入票据日期、结算方式、结算号等,并保存起来,以便对账时使用。

(6) 辅助核算为"数量金额账"。

如果辅助核算为"数量金额账",则系统会提示录入人员输入数量和单价。录入人员输入数量和单价并选择发生额方向后,系统自动按"数量×单价"计算出金额,填入相应的栏目中,并保存起来。

(7) 辅助核算为"外币核算"。

如果辅助核算为"外币核算",则系统会提示录入人员输入外币金额和汇率。如果在初始化设置中选用固定汇率,则系统会自动取出当月月初汇率作为当前汇率,并且不允许录入人员重新输入或修改;如果在初始化设置中设置了浮动汇率,则系统会取出月初汇率,并允许修改。录入人员输入外币金额和汇率并选择发生额方向后,系统自动按"外币金额×汇率"计算出本位币金额,填入相应栏目中,并保存起来。

2.5.2 凭证审核与修改

1. 凭证审核

根据计算机会计管理工作的规定,输入计算机的记账凭证必须进行审核。这是因为尽管账务处理系统在凭证输入过程中设计了大量的校验功能,但一些人为的非逻辑性错误难免发生,例如:记账凭证的科目代码输入串户;凭证借贷方金额同时发生错误,且错误金额相同;借贷方金额方向输反;借方金额输入贷方或贷方金额输入借方。类似这些非逻辑性输入错误,系统是很难检测的。因此,账务处理系统都设置一道审核程序,要求独立的审核人员对录入人员输入的记账凭证逐单进行审核。记账凭证的审核应由具有凭证审核权限的操作人员进行(在初始化人员设置中规定),按不相容职务应分离的内部控制要求,审核人和录入人员不能是同一个人。

审核凭证一般有两种方法:

(1) 静态屏幕审核法。

静态屏幕审核法是指计算机自动依次将未审核的凭证显示在屏幕上,审核人员通过目测等方式对已输入的凭证进行检查。审核人员认为错误或有异议的凭证,应交给填制人员修改后,再审核。如果审核人员认为没有错误则可按签章键,这样审核人员的姓名即显示在凭证上的审核人位置,表明该凭证已通过审核。这是一种常用的审核方法,但这种方法受审核员熟练程度的影响较大,而且长时间目测易引起视觉疲劳,效率比较低。

(2) 二次输入校验法。

二次输入校验法是将同一凭证输入两次,通过计算机比较两次输入的凭证是否相同,从而检查输入错误的一种审核方法。重复输入时录入人员最好由不同的人担任,因为同一个操作员由于某种习惯会重复同一错误,这样在检查时就不易发现错误。采用这种方法可以检查出多输或漏输的凭证、数据不一致的凭证,查错率较高,但很费时,不适用于会计业务量大的企业。

审核凭证模块应具备的控制功能,包括:

- 审核人和制单人不能是同一个人;
- 凭证一经审核,就不能被修改、删除,只有被取消审核签字后才可以进行修改或删除;

- 取消审核签字只能由审核人自己进行；
- 作废凭证或已标错的凭证不能被审核；
- 无论是手工凭证还是机制凭证都要经过审核程序。

2. 凭证修改

在输入凭证过程中，尽管系统提供了多种控制手段，但错误凭证是难免的。为了更正错误，账务处理系统提供了修改错误凭证的功能，由有修改记账凭证权限的人员进行。账务处理系统针对不同的错误凭证提供了三种不同的修改方法：

(1)输入计算机，但没有审核的记账凭证发现错误，可以直接由录入人员利用凭证修改功能进行修改。这种修改可以不留痕迹。

(2)输入计算机，已通过审核人审核，但是还没有记账的记账凭证发现错误，这种情况应该由审核人在凭证审核模块中取消审核，然后再由录入人员在凭证修改功能中进行修改。这种修改也可以不留痕迹。

(3)输入计算机，已通过审核并已记账的记账凭证发现错误，则不能利用凭证修改模块进行修改。根据会计制度的规定，这种错误凭证的修改必须留有痕迹。因此只能采用红字冲销法或蓝字部分补充登记法来进行修正。对于涉及银行存款科目的错误凭证，为了计算机自动对账的需要，最好采用红字冲销法。

2.5.3 记账

计算机账务处理系统中，会计人员只需使用记账模块，记账工作便由计算机自动、准确、高速地完成。记账工作可以在编制与审核一张凭证后进行，也可在编制一天的凭证后记一次账，甚至可以多天记一次账。计算机账务处理系统中的记账过程基本是自动完成，除意外情况，大多数不需要进行人工干预。不同的数据处理流程，其记账模块的记账步骤也不相同，其基本过程如下：

1. 记账凭证的检验

虽然记账凭证在输入和审核时已经经过多次检验，但为了确保会计数据的正确，系统在登账时仍将对记账凭证进行一次会计科目存在检查和平衡校验，这是为了防止因为病毒感染或非法操作导致已审核记账凭证错误造成对整个系统数据的破坏。如果发现不平衡凭证或错误凭证，系统会将不平衡或错误的凭证类别和凭证号显示在屏幕上，同时停止记账。

2. 数据保护

记账工作涉及系统内多个数据库，记账过程一旦发生意外（如突然断电、病毒发作等），会使记账所涉及的数据库受到影响甚至破坏，因此系统需要设计数据保护功能。记账前系统首先将有关数据库在硬盘上进行备份，一旦记账过程出现意外，系统将停止记账并自动利用备份文件将系统恢复到本次记账前状态。

3. 选择记账凭证

开始记账时，系统首先要求用户选择要记的凭证范围，包括月份、凭证类别、凭证编号等。系统一般给出凭证编号的最大范围作为默认值，一般记账月份不能为空，凭证类别可用通配符"*"(或者为空)表示所有类别凭证,系统自动将各类已审核的记账凭证全部进行记账。

4．开始记账

做完上述工作,系统自动将选定范围的记账凭证登记到机内相应账簿文件中(包括部门、项目、往来、外币辅助核算账簿文件),并进行汇总工作,计算出各个科目最新的本月发生额、累计发生额和最新的当前余额。

5．结束记账工作

完成记账工作,在记账凭证库文件中删除已记账的记账凭证,并将结果显示给用户,关闭所有的文件。

2.6 账务处理子系统的期末业务处理与账表输出

账务处理子系统除上节的日常业务处理内容外,还包括期末业务的处理。期末业务是会计部门在每个会计期末都需要完成的特定业务,主要包括会计期末的摊提结转业务、对账、结账和编制会计报表。这些业务数量不是太大,但处理较复杂而且繁琐。由于期末业务处理的主要数据来源于系统内部数据,而且期末业务处理一般都具有较强的规律性,如摊提结转业务。因此,账务处理系统对期末业务的处理都是由计算机根据用户的设置自动进行的。本节主要介绍期末的摊、提、结转、对账和结账业务,会计报表的编制将在报表子系统中介绍。

2.6.1 期末摊、提、结转业务的处理

1．摊、提、结转业务及其特点

期末摊、提、结转业务是所有单位在月底结账之前都要进行的固定业务,这类业务是把某个或某几个会计科目中的余额、部分余额或本期发生额结转到一个或多个会计科目中,每月都要重复进行。这类业务主要包括:

(1)"费用分配"的结转,如工资分配等;

(2)"费用分摊"的结转,如制造费用、辅助生产分配等;

(3)"税金计算"的结转,如增值税等;

(4)"提取各项费用"的结转,如提取福利费等;

(5)"期末收入、费用的结转",如收入转利润、费用转利润等。

摊、提、结转业务有如下几个特点:

(1)期末转账业务大多数都在各个会计期的期末进行。

(2)与一般业务不同,期末摊、提、结转业务大多数只有会计人员自己编制的会计凭证,没有具体反映该业务的原始凭证。

(3)期末摊、提、结转业务大多数要从会计信息系统内提取数据,因而要求在进行摊、提、结转业务前将其他具体业务登记入账。

(4)期末摊、提、结转业务具有严格的处理顺序,如果处理顺序发生错误,分配、计提和结转的结果也将是错误的。基本的业务处理顺序是:无形资产、递延资产摊销→工资、

折旧费用的分配与计算→其他待摊、预提费用的摊提→辅助生产成本的结转→制造费用的结转→生产成本的结转→库存商品成本的结转→销售成本、费用、收入的结转。

(5)摊、提、结转生成的记账凭证也必须经过审核才能记账。对这些自制会计凭证的审核主要是检查分配、计提、结转是否正确。如果发现错误,计算机账务处理系统一般不提供修改功能,修改这类凭证的错误只能通过修改自动转账设置来完成。

2. 自动转账的设置

上述提到的期末摊、提、结转业务几乎每月都会有规律性地重复出现,填制转账凭证中的摘要、借贷方科目、数据来源和计算方法基本不变,对这类会计业务可以利用账务处理系统的自动转账功能来提高账务处理的准确性和效率。此外,在网络化会计信息系统中,其他子系统每月都以凭证的方式或其他方式向账务处理系统传递数据,如固定资产子系统的计提折旧凭证,工资子系统传递的工资费用分配凭证等,也是通过自动转账模块来实现数据的关联与共享。

账务处理子系统中的自动转账功能是通过设置两个子模块——定义自动转账业务模块和生成转账凭证模块来实现的。定义转账业务模块包括定义转账序号、转账摘要、凭证类别、会计科目、借贷方方向、数据来源和计算公式等。

自定义自动转账设置主要用于企业的摊、提业务结转。由于每个企业日常的摊、提业务不尽相同,因此,大多数需要预先设置。而对于期间损益结转,大部分企业都要进行,而且结转的项目也类似,因此,系统一般预先设置了期间结转分录,用于在一个会计期间终了将损益类科目的余额结转到本年利润科目中,从而及时反映企业的盈亏情况。期间损益结转主要是对于管理费用、销售费用、财务费用、销售收入、营业外收支等科目的结转。其预先设置好的分录如图2—6所示。

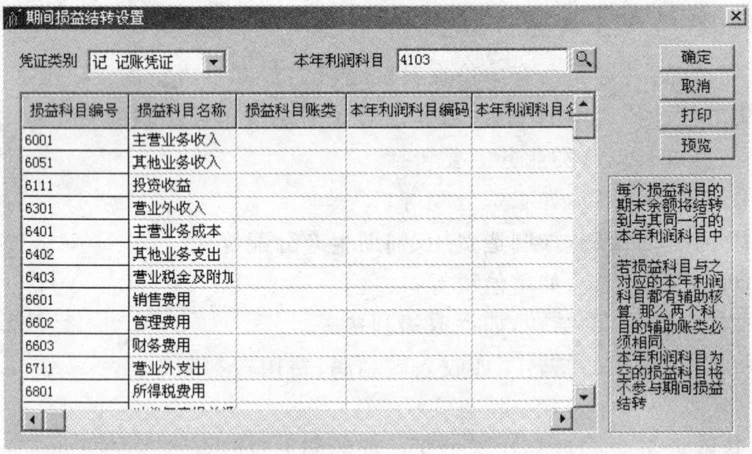

图2—6 期间损益界面

2.6.2 期末对账

对账是对账簿数据进行核对,以检查记账是否正确,以及账簿是否平衡,其目的是为了保证会计信息的正确性和可靠性。期末对账主要是通过核对总账与明细账、总账与辅助账数据来完成账账核对的。一般来说,实行计算机记账后,只要记账凭证录入正确,计算机自动记账后各种账簿都应是正确的。

但需要说明的是：手工账务处理方式下的对账和计算机账务处理系统的对账具有明显的区别。在手工账务处理过程中，会计数据要从记账凭证和汇总凭证转抄到总账、明细账和日记账册中，在转抄的过程中必然会出现抄错的现象，从而造成账证不符、账账不符、账实不符等错误，而只有通过对账确认账账相符、账证相符和账实相符（通过现金、存货等盘点）后，才能进行最后结账工作。因此，手工账务处理中，对账是一个非常重要的程序。

计算机账务处理系统利用计算机数据处理速度快、精度高等特点对会计业务数据进行处理，在正常的情况下，一般不会出现账账不符或账证不符的现象。而且，在计算机账务处理系统中，所谓的账簿实际上已经"弱化"，所有的数据都集中存放在记账凭证库和相应的科目余额/发生额库中，用户在需要时可从这些数据库中临时加工处理生成各种账簿输出，只要确保原始记账凭证输入不发生错误，那么所输出的各种账簿也不会出现错误。因此，计算机账务处理系统不存在手工意义上的对账问题。但由于非法操作或计算机病毒或其他原因有时可能会造成某些数据被破坏，因而引起账账不符。为了保证账证相符、账账相符，应经常进行对账，至少一个月一次，一般可在月末结账前进行。

2.6.3 期末结账

在手工账务处理中，都有结账的过程，即计算和结转各个会计科目的本期发生额和期末余额，同时结束本期的账务处理工作。在计算机账务处理系统中也应有这一过程，以符合会计制度的要求。然而，计算机账务处理与手工账务处理的结账稍有不同：手工账务处理通常是每月月末结一次账，而计算机账务处理在每次记账时实际上已经结出各科目的余额和发生额。计算机账务处理系统的期末结账只是表明本月的数据已经处理完毕，不再增加新的凭证。期末结账工作只能在系统对账之后进行。

期末结账应注意如下事项：
① 上月未结账，则本月不能结账；
② 上月未结账，则本月不能记账，但可以填制、审核凭证；
③ 本月还有未记账凭证时，则本月不能结账；
④ 已结账月份不能再填制凭证；
⑤ 结账只能由有结账权限的人进行；
⑥ 如果是结 12 月的账，则必然产生下年度的空白账簿文件，并结转年度余额；
⑦ 结账前最好做一次备份。

2.6.4 账表输出

账务处理系统的目标是产生各种账簿和报表，因此，账务处理子系统中都设有账表输出模块，该模块的功能是根据企业管理及会计制度的有关要求对账务数据文件进行排序、检索和汇总处理，最后输出所需的账表，包括屏幕显示输出、打印机打印输出和其他输出。

1. 账表输出的方式

账务处理子系统中的账表输出方式有三种：

(1) 通过屏幕直接显示输出。

其输出的内容包括凭证、账簿、报表以及各种辅助项目的查询,使用的频率很高。

(2) 通过打印机打印输出。

通常凡能够在屏幕查询的内容都可以打印,但考虑打印输出的速度和成本,一般只有那些有必要或会计档案所要求的资料才通过打印机输出。打印输出又可分为套打和完全打印,套打是指采用一定格式印好的专用打印纸进行打印工作,其打印速度快,成本低,但打印技术要求高,常用于打印账页和凭证;完全打印是指全部内容都由打印机打印,这种方式简单,但打印速度较慢。

(3) 通过软盘或网络输出。

这种方式通常用于数据备份或向其他信息系统传递会计资料。

2. 记账凭证输出

记账凭证是账务处理系统最主要和最基本的数据来源,因此系统中记账凭证的数量往往很多。为了提高查询的速度,记账凭证输出时一般要给出限定条件,通常允许的条件有:日期、凭证类别、凭证编号、科目代码、摘要关键字、发生额等,查询可按单个条件,也可按条件组合进行查询。最常用的查询限定条件是凭证编号,因为在一定会计期间内每张凭证的凭证编号是唯一的,查询速度快而准确。

由于多数企业在使用账务处理系统时都采用输入手工编制记账凭证的方法,因此记账凭证的输出主要是对凭证的查询,一般只在查证某些关键问题时才对凭证进行少量打印。但对于直接在计算机上根据原始凭证编制记账凭证的企业,按会计制度规定,所有的凭证都必须全部打印输出。需要注意的是,作为会计档案保存的记账凭证应该是审核后的记账凭证,因此打印的记账凭证应是审核后的记账凭证。

3. 账簿输出

账簿输出分总账输出、日记账输出、明细账输出和日报单输出。每种输出均有查询和打印两种输出方式。查询输出与凭证输出类似,使用时用户需要输入查询条件,系统根据用户输入的条件在屏幕上显示需要的账簿内容,当需要打印输出时,可按屏幕上的打印功能键,即可将用户需要的账簿内容打印出来。账簿输出的格式由科目设置中的账类所决定,可以输出三栏式、数量金额式、复币式、多栏式等用户需要的各种账簿。

由于现行会计制度规定计算机账务处理的企业也要按手工记账那样保存纸质记载的会计凭证和账簿,因此,多数账务处理系统还设置了单独的账簿打印功能供用户打印全部结账后的账簿。使用这种打印功能,用户不能选择打印范围,而是统一按系统已经设定好的符合制度要求的格式内容打印账簿。此外,为了减少明细账的打印工作量,一些通用账务处理系统设置了"满页打印"的功能,某些明细科目不足一页的部分可留待以后满页时打印。

重要的日记账如现金日记账和银行存款日记账必须日日打印输出,有些日记账可以按旬、月或季打印输出,但为了体现其日记账的特点,一些账务处理系统专门设置"日报表"模块,将管理所需的各种科目的数据作为日报表输出,以便及时准确地为管理提供信息。

2.7 账务处理子系统的辅助核算

辅助核算是账务处理系统中一个很重要的内容,它是会计软件设计逐步走向成熟的标志。如果说账务处理系统的日常核算只是完美地替代传统的手工核算的话,那么辅助核算则拓展了会计信息系统的功能,使会计信息系统由核算型软件向管理型软件过渡。

2.7.1 出纳管理

出纳管理是会计核算工作最基础的内容之一。按照内部控制的要求,任何企业都要单独设置出纳岗位,出纳负责现金和银行存款的核算与管理工作。在出纳人员的诸多工作中,支票的管理和银行对账是两个比较繁琐但又细致的工作。为了辅助出纳工作,在账务处理子系统内通常也设置了相应的出纳管理功能,包括输出日记账与资金日报、支票管理、银行对账、输出对账结果等。

1. 支票管理

在手工条件下,出纳通常需要建立支票领用登记簿,用来登记支票的领用和核销情况。为此,账务处理子系统提供了支票管理功能,以供出纳详细登记支票的领用人、领用日期、预计金额(或限额)、支票用途、支票号、核销日期等。支票领用登记簿常见格式如表2-3所示。

表2-3 支票领用登记簿

支票管理:							
		领 用 支 票					
领用日期	领用部门	领用人	支票号	预计金额	用途	核销日期	

(1)当有人根据支票申请单领用支票时,出纳登记领用日期、领用部门、领用人、支票号、预计金额和用途等。

(2)支票使用后,经办人持原始单据到财务部门报销,会计人员据此填制记账凭证。当在系统中录入该凭证时,系统要求录入该支票的结算方式和支票号,在填制完该凭证后,系统自动在支票登记簿中核销日期一栏填上报销日期,表明该支票已经使用并已报销。

(3)支票登记簿中的核销日期栏,一般由系统自动填写,但对于有些已报销而由于其他原因以致系统未能自动填写报销日期的支票(如系统初始化时未设银行辅助核算功能),这时出纳也可以手工填写报销日期。

(4)有些支票领用后,并没有使用而退回出纳处,这时出纳要在用途一栏用手工填写"作废"字样和退回日期,以示该张支票并未使用。

2. 资金日报表

负责账务工作的企业管理层相关人员可能需要随时掌握企业在某时点的资金状况,

因此要求出纳能够随时报出现有的资金存量和去向。在手工条件下，出纳编制资金日报要花一定时间，尤其在企业开户银行很多的情况下。为了帮助出纳及时、准确地编制资金日报，账务处理子系统提供了随时输出现金、银行存款日记账和资金日报的功能。资金日报常见的格式如表2—4所示。

表2—4 资金日报

资金日报								
日期：2007年8月1日								
科目代码	科目名称	币种	方向	昨日余额	今日借方金额	今日贷方金额	方向	今日余额

3. 银行对账

银行对账是企业出纳最重要的工作之一，也是企业货币资金管理与核算的主要内容。企业除了通过银行存款日记账对企业银行存款收发业务进行序时核算外，还要定期将银行存款日记账与银行对账单进行核对，借以检查银行存款账实是否相符，以便及时发现和更正错账。

银行对账至少每月完成一次，对于银行存款收支业务较多的企业，则需要核对数次。在对账过程中，企业账面的存款余额经常与银行送来的对账单上的存款余额不一致，当然不能断言这就是错账，因为在银行结算过程中，无论是银行还是企业，都有可能存在未达账项。

所谓未达账项，是指由于结算凭证的传递和办理转账手续需要一定的时间，致使企业和银行之间一方出现尚未记账的款项。其中，企业的未达账项，如已托收的销售货款，银行一方已记入该企业的银行账户，企业一方尚未收到收款通知而尚未入账；银行已代企业支付有关费用（如水电费、邮电费等）而付款通知尚未送到企业，因而企业未将已付款从日记账中扣除。银行的未达账项，包括企业收到的转账支票已送往银行，企业已登记银行存款的增加而银行一方尚未记账；企业已开出支票并已登记银行存款的减少，而持有支票一方尚未去银行办理取款或结算，因而银行尚未入账等。

要确定未达账项，就必须定期进行银行对账工作，将银行和企业双方均已入账的部分予以剔除，余下的便是双方的未达账项。对账一般以支票号、金额为标志，对银行和企业双方所登记的发生额逐笔进行核对，双方账中的支票号和金额均相同，便认为是双方的已达账项。此外，由于上月对账单中可能存在未达账项，如不将它再与本月日记账核对，就会影响本月对账的正确性。因此，一般是将本月日记账先与上月对账单核对，再与本月对账单核对。这样核对的结果才能真正反映未达账项。

银行对账过程是：初始化对账单录入—录入银行对账单—对账—查询打印银行存款余额调节表等。

（1）初始化对账单录入。

录入初始化对账单是对账的前提条件。它的作用是将系统对账功能启用前手工业务处理的银行存款余额调节表输入计算机，以保证数据的连续性和完整性。输入时，如果企业有多个银行账户需要对账,则首先选择需要对账科目(在会计科目设置中进行),录入初始余额,然后按屏幕显示的格式逐项输入。录入结算单据号时应与填制记账凭证时输入的位长相同,因为这是计算机自动对账的依据。初始化对账单录入完成后,系统将自动校验余额是否平衡,如果不平衡,系统会提示要求修改,直至平衡为止。

(2)银行对账单录入。

每月或定期将银行送达企业的对账单逐笔输入到计算机中,这是银行对账的必备工作。录入时不应该图省事而将几笔业务的发生额相加作为一笔业务输入。如果银行结算业务较多,录入对账单也是一项很繁琐的事情,但还是要仔细认真,尤其是对账依据的数据更不能输错,如票据号、金额、日期等。

目前,大多数银行都是以书面的形式将对账单交给企业,因而对账单录入程序不能少。但随着银行电子化程度的提高,银行完全有能力以软盘或通过计算机网络传递的方式将对账单交给企业。如果这样,银行对账单录入应该增加"获取银行对账单"模块,以接收电子数据形式的对账单。只要将数据格式进行转换,并保存在"对账单"文件中,就可以省去对账单的录入程序,对账效率将大大提高。

(3)对账。

银行对账的目的是为了查找特定账户的银行存款日记账与银行对账单不符的原因,防止有意或无意的错误,并标示未达账项,输出银行存款余额调节表。

在计算机账务处理系统中,对账方式通常分为自动对账和手工对账。

①自动对账。自动对账模块的功能是由计算机自动在银行日记账和银行对账单之间寻找完全相同的经济业务进行逐笔核对或勾销。所谓完全相同的经济业务是指经济业务发生的时间、内容、摘要、结算方式、票据号、金额等完全相同。由于同一笔经济业务在银行和单位分别由不同的人记载,经济业务发生的时间、摘要等不可能完全一样,因此,比较经济业务相同的依据是:

- "支票号+金额"相同,即企业银行日记账和银行对账单中的支票号和金额完全相同的记录;
- "结算方式+支票号+金额"相同,即企业银行日记账和银行对账单中的结算方式、支票号和金额完全相同的记录。

由于自动对账是以企业银行日记账和银行对账单双方对账依据完全相同为条件,所以为了保证自动对账的正确和彻底,企业和银行必须保证对账数据处理的规范化和合理化。如银行日记账和银行对账单的结算方式、票据号要统一口径,如果对账双方不能统一规范,系统就无法识别。

②手工对账。它一般作为自动对账的补充。如果银行存款日记账和对账单上有多项金额相同的账项,系统无法自动判断,而将其全部标记为未达账项,这时,就需要用手工对账。会计人员根据其自身的判断在对账屏幕上进行手工勾销,并做勾销标记。

(4)输出银行存款余额调节表。

对账完毕,系统将自动生成"单位未达账项"、"银行未达账项",检查余额是否相等并编制"银行存款余额调节表"。用户可以通过显示屏幕查看是否彻底消除虚假的未达账项,检查完毕可通过打印机输出余额调节表,作为会计档案保存。输出的银行存款余额调节表格式如图2—7所示。

图 2-7 银行存款余额调节表

2.7.2 部门核算与管理

为了提高管理水平和经营效率,越来越多的企业实行加强财务管理、细化会计核算工作的政策,将企业经营的总体目标进行层层分解,落实到每个职能部门,并在此基础上明确分类核算和管理。有些大型企业采用事业部制,即按产品、地区、市场或顾客类别分别建立生产经营事业部,总公司在重大问题上集中决策和调控,各事业部独立经营,每个事业部都是一个利润中心,即实行独立核算、自负盈亏。更多的企业是按职能划分部门,实行经费包干制度,对部门的收入与费用实行二级、三级、四级甚至更多级的核算与管理。因此,为考核各部门的经营业绩和管理绩效,实行按部门独立核算,在现代企业管理中显得尤为重要。

从理论上讲,无论是手工账务处理还是计算机账务处理,完成部门核算都是没有问题的。但是,如果部门很多而且分得很细,那么手工账务处理的工作量就会急剧膨胀,从成本效益考虑,实行部门核算是不足取的,甚至有时候是根本不可能的。但是,由于计算机处理数据的高效性、准确性和快捷性,使得这种多层次的交叉核算成为可能,而且很容易实现。

在计算机账务处理系统中,如果用户进行了准确的部门核算与管理初始化设置,在日常业务处理时当遇到要求进行部门核算的业务(科目为"部门核算"类),系统会进一步提示用户输入相应的部门,那么在记账时,系统就可以自动生成部门核算管理的数据。

1. 部门核算

(1)输出部门核算账。

会计人员可通过屏幕显示或打印输出的部门核算账有总账和明细账。

①部门总账。系统可根据用户指定的部门核算科目和会计期间,输出该部门核算科目(会计科目初始化中定义)在指定期间内各部门的期初余额、借贷方发生额及期末余额;也可以根据用户指定的部门和会计期间,输出该部门在指定期间内对应各部门核算科目的期初余额、借贷方发生额及期末余额。

②部门明细账。系统可根据用户指定的部门核算科目和会计期间,输出该部门核算科目在指定期间内分部门的明细账;也可以根据用户指定的部门和会计期间,输出该部门在指定期间内对应各部门核算科目明细账;还可通过指定部门核算科目、部门和会计

期间,输出该科目和该部门下指定期间内的明细账。根据建立会计科目时所定义的账页格式,明细账具体格式有金额式、原币金额式、数量金额式、原币数量式和多栏式。具体输出明细账时,用户可选择输出格式。

(2)核对部门账。

系统将自动检查部门核算明细账与部门核算总账是否相符,部门核算总账与总账是否相符,并输出相对结果。

2. 部门管理

部门核算模块不仅为会计部门深入核算企业内部各部门的收入情况及各项费用的开支情况提供了方便,而且通过部门核算产生的核算数据,为企业及部门对部门业务的管理和各项费用的控制提供信息。

(1)部门收支明细表。

部门收支明细表是对各个部门或部分部门指定期间内的收入情况和费用开支情况汇总分析的报表。统计分析的数据可以是发生额或余额。

(2)部门计划执行报告。

部门计划执行报告是各部门的实际执行情况与计划数据的对比报表。通过部门计划执行报告,可以为管理者提供各部门完成计划的执行情况。部门计划执行报告主要有两种数据方式:一是各部门在某部门核算科目下的实际发生额与计划发生额的对比数据;二是各部门在某部门核算科目下的余额与计划的比较数据。用户在具体使用时可自由选择。

2.7.3 项目核算与管理

在实务中,企业经常需要单独核算某些项目(如课题、工程项目、产品、合同订单等)的收入、成本、费用以及往来情况等。传统的账务处理方法是按具体的项目单独开设明细账进行核算,这样必然会增加明细科目的级次,使科目体系变得异常庞大,也给会计核算和管理资料的提供带来极大的困难。而且,许多工程项目和投资项目是跨年度的,与正常会计核算的日历年度不一致,而核算项目的目的是希望反映整个项目的财务状况,与正常会计核算的口径不同也给同一会计要素的确认与计量工作带来困难。因此,传统手工会计核算无法满足项目核算和管理的要求。借助于计算机处理数据的特点,现在的计算机账务处理系统通常都增加了项目核算与管理的功能模块。通过该模块,不仅可方便地实现对收入、成本、费用的项目核算,而且为项目的收入、成本和费用的监控管理提供了快速方便的辅助手段。

计算机账务处理系统辅助核算实现项目核算与管理的基本思路是:在账务处理系统初始化会计科目设置时,将需要按项目核算与管理的科目(如收入、成本、费用等)的性质定义为"项目类核算",将具体项目从科目体系中剥离出来,在项目核算与管理模块中定义有关项目。在进行日常业务处理凭证录入时,当凭证科目的发生为"项目类"时,系统将要求录入人员选择项目代码;记账后,即可在项目核算与管理模块中查询各种项目核算与管理所需的账表,也可以打印输出。

1. 项目定义

项目定义模块包括定义项目大类、定义具体项目和录入项目期初数与计划数等功能模块。

(1)定义项目大类。

定义项目大类的功能是将若干项目划分为若干类,并将各类项目类号、名称输入计算机,并保存在项目文件中,如大类可分为科研项目、工程项目等。每个项目大类都有一个项目代码,如 KYXM、GCXM。项目大类类似于会计科目最高级。

(2)定义具体项目。

定义具体项目的功能是在定义完项目大类后,定义每一项目下的具体项目,以对各个个体项目做进一步细化。如工程项目大类中,可具体再细分为厂房扩建项目、技改项目、办公楼装修项目等。定义具体项目应该包括:项目代码、项目名称、开工日期、完工日期、项目性质、项目负责人等。

(3)录入项目期初数与计划数。

录入项目期初数与计划数功能是将每一项目的期初余额与计划数输入计算机。由于项目期初数及计划数是与科目和项目相关的,所以录入时,应逐个科目地录入,即先录入一个科目下所有项目的期初余额和计划数,再输入下一个科目所有项目的期初余额和计划数。

项目定义是第一次使用项目辅助核算功能的用户首先要进行的工作,若在今后的使用中需要增加或修改项目核算的内容,可调出项目文件再进行定义。但要注意未完工项目已定义的内容不能再修改或删除。

2. 项目核算

(1)项目账输出。

账务处理系统的项目辅助核算可提供如下三种类型的项目账:

①项目总账:反映某项目大类中的各个具体项目对应各个科目的各期发生额和余额的账簿。

②某科目的项目明细账:指某项目核算科目下,各基础上的明细数据,可输出三栏式和多栏式两种格式。

③某项目的项目明细账:指某具体项目对应各个科目下的明细数据。

(2)项目账核对。

项目账核对是系统提供的进行项目账自动对账的功能。通过该功能系统检查核对项目账间是否相符,项目明细账与总账是否相符等,并输出核对结果。

3. 项目管理

和部门管理一样,项目管理是核算型软件向管理型软件过渡的又一典型功能。项目管理实际上是为对某项业务的分项管理提供管理信息资料,包括如下的内容:

(1)项目统计表。

项目统计表反映各项目在各个对应科目下的期初余额、借贷方发生额及期末余额的汇总报表。通过此汇总报表,可为管理者提供各项目的进展情况及各项目的开支情况,以便对项目进行管理和控制。该功能可以统计所有项目在所有对应科目下的余额和发生额情况,也可根据用户的选择,输出部分项目在其对应的部分项目核算科目下的余额及发生额情况。

(2)项目执行计划报告。

项目执行计划报告是各项目的实际执行情况与计划数据的对比报表。它可以为管理者提供各项目完成计划的执行情况。项目执行计划报告主要有两种数据方式:一种是各项目在对应科目下的实际发生额与计划发生额的对比数据;另一种是各项目在对应科目下的余额与计划的对比数据。用户可以自由选择输出。

2.7.4 个人往来核算

个人往来是指企业与单位内部职工发生的往来业务。在手工账务处理中,采用的方法一般是一级科目设置往来总账科目(如其他应收款、其他应付款),通过二级和三级等明细科目,开设部门和往来个人等各类明细科目。如果企业员工较多,必然造成设置的科目体系过于庞大,因而不利于核算和管理。如单位管理职能部门有员工50人,这些人经常会发生预支费用和报销的业务,为核算个人往来以反映这些员工借支和报销的情况,就必须按人头设置多个明细个人账户,如:

```
1 221              其他应收款
122 101            其他应收款——预支差旅费
12 210 101         其他应收款——预支差旅费——张三
12 210 102         其他应收款——预支差旅费——李四
……
12 210 150         其他应收款——预支差旅费——王五
```

对个人往来业务较少的企业,上述手工核算方式可以满足单位个人往来核算与管理的要求,但对于往来业务较多、往来核算与管理要求高的企业来说,手工核算方式不能满足其要求。因此,计算机账务处理系统通常增设了个人往来辅助核算功能。

用户在完成了个人往来核算与管理所需的设置后(会计科目的初始化设置),在进行日常业务处理凭证输入时,若遇到已定义的往来核算业务(如"其他应收款"、"其他应付款"或"个人往来"科目),系统会自动提示用户输入往来个人的代码或姓名及其所在的部门代码或名称;记账时,系统就自动生成个人往来核算与管理的数据。

个人往来核算与管理包括如下功能:

1. 个人往来核销

(1)逐笔核销。

逐笔核销功能是计算机自动找出客户编码完全相同、发生额相等、借贷方向相反的业务(即一对一业务),自动勾销两记录,并做"勾销"标志。

(2)全额核销。

全额核销功能是计算机自动找出客户编码完全相同、借贷方发生额合计相等的(一对多或多对一的业务,即全额相等业务)若干条记录,并做"勾销"标志。

(3)手工核销。

手工核销功能是根据会计人员输入的个人编码,计算机自动找出该个人的全部往来业务,会计人员根据自己的判断逐笔进行核销,并做"勾销"标志。

对于往来金额相同但由于其他原因计算机不能自动核销的业务,可以使用手工核销功能完成部分核销工作,以便实现对上述自动勾销功能的进一步补充和修改的目的。

一般来说,会计人员首先使用逐笔核销、全额核销的方式,将满足条件的业务由计算机自动完成核销工作,对于不能由计算机完成核销的那些业务才使用手工核销完成,这样可以大大提高往来账的对账效率。

2. 个人往来账输出

个人往来账输出包括个人往来明细账输出和个人往来余额表输出。

(1) 个人往来明细账。

系统可提供用户指定的部门和会计期间输出个人往来明细账,也可以根据用户指定的科目和会计期间输出个人往来明细账。

(2) 个人往来余额表。

系统可提供用户指定的会计期间内某科目某部门下所有人的发生额和余额表,也可以提供用户指定的会计期间内某部门往来个人的各往来科目的发生额或余额表,或提供会计期间内某个人往来核算科目下所有人的发生额和余额表。

3. 个人往来账龄分析

个人往来账龄分析是指对个人往来款余额的时间分布情况进行账龄分析,以便及时了解个人往来款项的资金占用情况,及时进行催款或支付款项。对于超过一定账龄的款项,系统一般能提供打印催款单,以便及时地清理个人借款。

本章小结

账务处理是会计信息系统的核心,同时也是企业会计管理的基础,其工作量在整个会计核算过程中占很大比重。基本的会计信息必须经过账务处理,对经济业务的数据加工才可以获得,因此,必须对账务处理子系统的目标、结构、功能及主要处理过程有一个全面的了解。本章着重详细介绍了账务处理子系统的初始设置、日常业务的凭证处理与记账、期末业务处理以及账务处理子系统中的辅助核算等内容。在学习本章时,要深刻领会账务处理子系统的重要地位以及计算机条件下与手工条件下账务处理的区别;认真理解在计算机条件下账务处理子系统的目标、特点、数据处理流程、功能结构等基本原理,正确掌握账务处理子系统业务处理过程及其基本操作技术与方法,尤其是系统的初始设置、凭证处理及辅助核算与管理等。

思考与练习

一、名词解释

1. 会计科目编码
2. 位数编码
3. 账务系统初始化
4. 逐笔核销

二、填空题

1. 会计信息系统是由若干个子系统构成的,其中最重要的子系统是_____子系统,它在会计信息系统中处于核心地位,与其他子系统有着密切的数据联系。
2. 会计科目编码设计的基本原则有_____、_____、_____、_____、_____。
3. 账务处理子系统初始设置中科目设置的基本内容,主要包括_____、_____、_____、_____和辅助核算设置等。
4. 账务处理子系统日常业务处理主要包括_____、凭证的审核、修改和_____。
5. 账务处理子系统期末业务处理主要包括_____业务的处理、_____、_____和账表输出四类内容。
6. 账务处理子系统的辅助核算通常有_____、_____、_____和_____等。

三、判断题

1. 账务处理子系统以明细核算为主,在整个会计信息系统中起核心作用。
2. 在手工条件下,账务处理分别设置总账、明细账和日记账以实现明细核算和对账平衡,而在计算机条件下,传统的账簿体系已经弱化,就无须再区分或单独设置总账、明细账和日记账文件了。
3. 在对企业整套会计科目进行编码时,只能采用顺序编码、位数编码和分组编码三种编码方法中的一种,不能交叉使用。
4. 账务处理子系统功能模块的划分,目前仍无一个固定的标准,但通常都会设置初始化、凭证处理、账簿管理和账表输出等基本模块。
5. 凭证的审核人与制单人不能是同一个人;对于经审核发现错误需要修改的凭证,可由审核人员经制单人同意后直接修改。
6. 上月未结账或者本月还有未记账凭证时,本月不能结账。

四、选择题

1. 下列各项属于手工条件下账务处理缺陷的有( )。
   A. 提供信息不及时　　B. 准确性差　　C. 数据大量重复登记　　D. 工作强度大
2. 对会计科目进行编码化处理的意义在于( )。
   A. 保证会计科目的唯一性　　B. 简化会计数据的表现形式
   C. 使所有会计科目形式美观、格式统一　　D. 提高计算机的运行处理速度
3. 属于账务处理子系统功能的有( )。
   A. 初始设置　　B. 期末处理　　C. 账簿管理　　D. 凭证管理
4. 关于账务处理子系统会计科目的设置,下列各项表述正确的有( )。
   A. 先建立上级科目后,方能再建立其下级科目。
   B. 一个科目不可以同时设置两种辅助核算。
   C. 科目设置后一旦使用,便不能修改或删除,但可以增加其下级科目。
   D. 年度结账后,可以对科目进行适当调整,并应调整相应的科目余额。
5. 关于对错误记账凭证如何进行修改,下列各项表述不正确的是( )。

A. 已录入尚未审核的错误记账凭证,可由制单人直接修改。

B. 已录入且已通过审核,但尚未记账的错误记账凭证,应由审核人先取消审核,再由制单人进行修改。

C. 已录入且通过审核,并已记账的错误记账凭证,最好采用补充登记法或红字冲销法进行更正。

D. 对于发现有错的记账凭证,可以由制单人根据需要直接修改或采取画线更正法进行更正。

6. 期末摊、提、结转业务的处理,下列选项中处理顺序正确的是(　　)。

A. 工资、折旧费用的分配与计算→其他待摊、预提费用的摊提→辅助生产成本的结转→制造费用的结转→生产成本的结转→库存商品成本的结转→无形资产、递延资产摊销→销售成本、费用和收入的结转

B. 无形资产、递延资产摊销→工资、折旧费用的分配与计算→销售成本、费用和收入的结转→其他待摊、预提费用的摊提→辅助生产成本的结转→制造费用的结转→生产成本的结转→库存商品成本的结转

C. 无形资产、递延资产摊销→工资、折旧费用的分配与计算→其他待摊、预提费用的摊提→辅助生产成本的结转→制造费用的结转→生产成本的结转→库存商品成本的结转→销售成本、费用和收入的结转

D. 其他待摊、预提费用的摊提→无形资产、递延资产摊销→工资、折旧费用的分配与计算→辅助生产成本的结转→制造费用的结转→生产成本的结转→库存商品成本的结转→销售成本、费用和收入的结转

五、问答题

1. 账务处理子系统的特点有哪些?
2. 计算机账务处理与手工账处理有哪些不同?
3. 通用账务处理子系统一般具备哪些功能模块?各模块具体的功能是什么?
4. 在凭证处理过程中和期末结账时应分别注意哪些问题?

第3章 报表子系统

▢ 学习目标

通过本章的学习,使读者了解会计报表分类和范围,掌握会计报表的流程分析,熟练掌握会计报表系统的功能和日常处理,理解报表处理系统编制资产负债表和现金流量表的基本思路。

会计报表子系统不同于其他子系统,会计报表系统不是对交易或事项直接处理,而是侧重于系统输出或信息生成,即加工和报告由其他子系统处理产生的资料和信息。随着互联网的不断普及,财务报告正在走向数字化。

3.1 报表系统概述

3.1.1 会计报表概念及作用

会计报表是以日常会计核算资料为依据,总括地反映会计主体在一定时期内财务状况和经营成果及现金流量的书面文件。编制会计报表的主要目的是为报表使用者提供其决策所需要的信息。

企业编制会计报表,对于改善企业外部有关方面的经济决策环境和加强企业内部经营管理,具有重要作用。具体来说,会计报表的作用主要表现在以下几个方面:

(1) 企业的投资者(包括潜在投资者)和债权人(包括潜在债权人)为了进行正确的投资决策和信贷决策,需要利用会计报表了解本企业有关经营成果、财务状况及现金流动情况的会计信息。

(2) 企业管理者为了考核和分析财务计划或预算完成的情况,总结经济工作的成绩和存在的问题,评价经济效益,需要利用会计报表了解本企业有关财务状况、经营成果和现金流动情况的会计信息。

(3) 国家有关部门为了加强宏观经济管理,需要各单位提供会计报表资料,以便通过汇总分析,了解和掌握各部门、各地区经济计划(预算)完成情况,各种财经法律制度的执行情况,并针对存在的问题,及时运用经济杠杆和其他手段,调控经济活动,优化资源配置。

3.1.2 会计报表系统的特点

会计报表系统与会计信息系统其他子系统相比,具有以下特点:

(1) 输入数据量少。

一般情况下,个别会计报表的编制不需要输入数据,使用的是账务处理子系统的账簿文件数据,如余额(资产负债表)和发生额(利润表)等。汇总报表的编制需事先采集个别会计报表的数据,然后输入会计报表系统,但如果采用的是软盘报送或电子邮件方式,则"输入"便不再是一般意义上的输入,而是靠"数据传输"来完成数据的"输入"任务。合并报表的编制需要输入母子公司间发生关联业务的抵消会计分录,但这与账务处理子系统的凭证输入量相比业务较少。

(2) 不设置报表数据直接修改功能。

在会计信息系统与其他子系统中对输入数据设置障碍数据的修改功能,以保证输入数据的正确性。《会计核算软件基本功能规范》第四章第 34 条规定:"对根据机内会计凭证和据以登账的相应账簿生成的各种机内会计报表数据,会计核算软件不能提供直接修改功能。"这样的规定同样是为保证"输入数据"的正确性。由于报表数据生成的特殊性,报表数据的变动只能依其数据来源的变动而变动。

(3) 输出信息规定性强。

会计报表系统必须提供会计报表的打印输出功能,打印输出的会计报表的格式和内容应当符合国家统一会计制度的规定。会计报表分析使用的财务指标也有一定的规定性,如比率分析指标主要是财政部公布的评价企业的财务指标。会计报表系统信息的输出是为满足经营管理和经济预测、决策的需要,输出信息具有一定的规定性,便于报表使用者对信息的理解和使用。

(4) 通用性更强、适用面更广。

通用的会计报表系统完全采用自定义的方法编制会计报表和进行报表分析,包括报表格式的自定义,报表数据来源的自定义,分析指标的自定义等。由于采用用户自定义规定数据的生成过程,所以可用会计报表系统构造各种需要的报表。

(5) 图表并用进行报表分析。

会计报表系统在报表功能的基础上,利用图形分析,对报表中的数据进行分析和控制,提高了财务工作的自动化程度,将企业的经营管理提高到了一个新的层次。

(6) 灵活方便。

利用计算机的数据处理特性,可对大量数据进行快速查阅,可在不同年度不同会计期间的数据库中根据协议随意提取其中有用的内容,并依据需要进行任意组合。

3.1.3 会计报表的分类

会计报表可以按照不同的标准进行分类,具体分类如下:

(1) 按经济内容不同,可分为财务状况报表和经营成果报表。财务状况报表是反映会计主体在一定时期财务状况的报表,主要包括资产负债表和现金流量表。经营成果报表是反映会计主体在一定时期内收入、费用和经营状况的报表,利润表就是一张经营成果报表。

(2) 按报送对象,可分为外部报表和内部报表。外部报表是会计主体按照有关法规编制的对外公开报送的会计报表。如资产负债表、利润表、现金流量表等。内部报表是会计主体根据单位自己的需要编制的会计报表,限于在会计主体内部使用,如销售分析表、成本分析表等。

(3)按编制的时间不同,可分为月报、季报和年报。月报是在月份终了编制的会计报表。季报是在季度终了利用相关资料编制的会计报表,它介于月报和年报之间。年报是在年度终了后编制的反映企业在一年内情况的报表,如资产负债表、利润表、现金流量表、所有者权益变动表等。一般来说,月报简明扼要,反映及时;年报综合详细,反映全面;季报介于两者之间。

(4)按编制单位,可分为单位报表和汇总报表。单位报表是指由独立核算的基层单位编制的会计报表。汇总报表是指由上级主管部门汇总所属基层单位及本部门的会计报表编制而成的会计报表。

此外,如果企业对外投资达到被投资企业资本一定比例,或者实质上拥有被投资企业的控制权,则应当编制合并会计报表。合并会计报表是将被投资企业和本企业视为一个整体而编制的会计报表,它反映投资企业与被投资企业作为一个整体的财务状况、经营成果等方面的资料信息。

3.1.4 报表软件简介

目前,国内报表软件众多,其制作方法归纳起来分为三种:

1. 专用报表软件

专用会计报表软件是系统或行业为特定需要设计开发的报表软件,它将会计报表的种类、格式和编制方法固定在程序中。计算机在会计应用的初期,受系统开发环境、开发技术方法的限制,会计报表的生成是通过程序直接实现的,按表头、表体、表尾顺序生成并打印报表。由于生成的会计报表是固定的格式,所以当报表格式和内容变化时必须通过对程序的修改来完成,系统使用者对程序设计人员过于依赖。如果用户没有专门的程序员,对应用程序的维护就非常困难;若有程序员维护,系统的使用还是很方便的,用户只管用就可以了。采用固定报表设计的软件,通常是开发单位自己使用、自己维护,根本没有考虑或很少考虑通用性的问题,因此不能成为商品化软件。

2. 通用报表软件

随着计算机在会计中应用的普及,如何促进报表软件标准化、通用化、商品化成为一个新的课题。商品化软件的特点就是软件即是商品。要想使报表软件商品化,就必须使其通用,能满足大多数用户的需求,而标准化是通用化的基础。使固定报表软件脱离专用软件,走向商品化道路,就是要按照报表编制的规范化要求,使报表数据处理方法通用,由此推动会计电算化的普及。固定报表的局限在于每增加一张报表都要编制相应的报表程序,用户脱离程序就难以生成需要的报表。如果每个用户的报表维护都要求软件商执行"再次开发"的功能,会计软件的商品化就难以实现了。因此通用报表处理软件的产生正是顺应商品化的形势诞生的。通用报表处理软件采用接近财会人员工作习惯的非过程的或引导式对话方法定义报表的格式和表内数据的生成方式。根据现有系统数据,如账簿数据库,向用户提供利用已有数据库定义报表的功能,用户不必使用计算机高级语言编制程序,就可以生成需要的报表,即通过报表定义的通用,实现报表处理的通用。虽然目前国内流行的通用报表软件很多,但系统定义过于抽象复杂,系统体积过于庞大,部分功能不适用,或用户难以增加需要的功能等问题依然普遍存在,在实际使用中,影响了财务处理子系统和会计报表系统的衔接。然而,通用报表软件对会计软件商品化的推进作用是不可否认的,随着通用软件开发的不断成熟,这些缺陷将逐渐被克服。

3. 电子表软件

现在流行的电子表软件有 Excel、Lotus 等。电子表并不完全是为了处理会计业务设计的,它是一种纯粹的表处理系统,只要工作中有表,就可以使用电子表软件进行处理。所以电子表早已进入办公室,为办公自动化发挥了巨大的作用。电子表软件提供了非常强大的运算功能和编辑功能,有一个很大的函数集,并且可以方便地进行表间运算;将表格和表中数据视为一体,避免了通用报表软件报表格式和表内数据分别定义的繁琐,表内数据更可以在表内、表间按需要移动。电子表还有图形功能,可以将表中数据以图形的方式表现出来,增加报表分析的直观度。使用电子表软件同样具有账务处理子系统与会计报表系统数据的衔接问题,但是要加强对报表数据直接进行编辑修改的控制。

上述三类报表软件各有所长,在实务中应根据不同情况作具体选择,或结合使用,以扬长避短。目前许多商品化软件都采用将会计软件与 Excel 联系的所谓"捆绑式"的处理方法。这种方法是在会计软件中提供公开的数据接口,通过取数公式使用户可以方便地在 Excel 中通过数据接口或使用数据取数公式从账务处理系统中调取数据。利用 Excel 强大表处理功能和数据分析统计及图形处理功能,用户可以方便编制所需要的各种会计报表,并进行会计数据的分析和统计处理。会计报表软件的发展方向是利用 Excel 等几乎成为工业标准的通用电子表格软件作为开发环境进行深层次的开发,这样能缩短开发周期,并能随 Excel 等升级而自动获得更强大的功能。

3.2 会计报表的流程分析

按照编制单位划分,会计报表可以分为单位报表(或称"个别报表")、汇总报表和合并报表。单位报表是由自主经营、独立核算的基层单位根据自身的账簿记录编制的会计报表。汇总报表是由上级公司或行政管理部门根据所属企业报送的会计报表,连同本单位的会计报表,对报表各项目进行汇总而编制的会计报表。合并会计报表是以母公司和子公司组成的企业集团为会计主体,在母公司和子公司单独编制的个别会计报表的基础上,由母公司编制的综合反映企业集团经营成果、财务状况及其现金和现金等价物流入与流出情况的会计报表。

3.2.1 个别会计报表编制

1. 会计报表的编制流程及数据来源分析

在手工操作方式下,会计报表的编制方法如下:首先制作或取得表的格式(空表),然后根据表内项目和填表要求,到具体的账(表)中获取数据,经过分析、计算,填到表中,不断重复这样的过程直到报表数据全部填列完毕为止。填制完成的报表经过审核确认无误后,盖章送需要的部门。在手工会计信息系统中,书面记载的会计账簿数据是编制个别会计报表的依据。会计账簿中的余额和发生额是个别会计报表的直接数据来源。以三张主要会计报表为例,资产负债表数据有以下几种填列方法:(1)直接根据总分类账户余额填列;(2)根据若干个总分类账户余额分析计算填列;(3)根据明细分类账余额填列;(4)根据若干个明细分类账户余额分析计算填列;(5)根据报表项目之间的关系计算填列。利润表数据要根据账户的发生额及报表项目间的关系分析计算填列。现金流量表数据则根据资产负债表和利润表有关项目、账户的发生额和余额分析计算填列。根据内部管理需要编制的辅助管理报表数据是依据会计凭证、会计账簿数据和相关数据填列的。

计算机会计报表系统在编制会计报表方面的主要任务如下:
(1)提供各类报表的格式设计和数据来源公式定义的功能;
(2)自动根据预设的报表格式和数据公式,从源数据库中提取数据,进行数据处理,以生成报表数据;
(3)向用户提供各种报表信息的查询功能;
(4)按照预定格式输出各种报表。

《会计核算软件基本功能规范》第27条规定:"会计核算软件应当提供符合国家统一会计制度规定的自动编制会计报表的功能。通用会计核算软件应当提供会计报表的自定义功能,包括定义会计报表的格式、项目、各项目的数据来源、表内和表间的数据运算和核对关系等。"

在计算机系统中,会计报表编制的流程可分为三个步骤:报表格式的设置、报表的数据处理、报表的输出。图3-1是计算机系统会计报表编制的基本处理流程图。

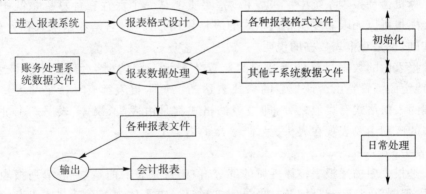

图3-1 计算机系统会计报表编制的基本处理流程

在电子数据处理环境中,数据是以文件的形式存放的,计算机会计信息系统按核算与管理的功能划分为若干个子系统。无论以什么样的数据处理技术进行会计数据处理,会计的基本原理、本质的东西是不会变的,否则会计就不会成为一门独立的学科并随经济的发展而发展。因此,以手工方式或电算化方式编制的会计报表,其数据的基本来源是一致的,对于按规定编制的会计报表的格式与内容的要求也是相同的。在计算机会计信息系统中,账簿数据是以账簿文件的形式表现的,账簿文件存放在磁性介质上,账簿文件是经账务处理子系统的处理而生成的。在账务处理子系统中以审核后的记账凭证文件的数据"更新"账簿文件数据的形式登记相应账簿,机内结账后的账簿文件成为会计报表系统编制会计报表的依据。账务处理子系统与会计报表系统的接口是账簿文件(也称科目余额文件或余额文件)。在使用账簿文件时,一方面要防止在账务处理之后、报表编制之前对账簿数据的修改而使报表数据失真的行为;另一方面要确保会计报表数据的依据就是账簿数据。通用会计报表软件的数据来源通常采用用户自定义方式,一般是为每一个报表项目定义一个数据传递公式,当报表项目需要调整变动时,这种方式无疑给用户提供了重新制表的余地,同时从某种程度上减少了软件维护的工作量。但是采用这种方式也对会计报表数据的真实可靠性带来了负面影响,自定义虽有别于报表数据修改功能,客观上却因为人为因素起到了修改的作用。其一,对个别企业来说,经营者可以根据自己的利益需要修改正确的已定义的数据传递公式;其二,对个别不法者来说,这也是一个机会。因此,对于通用会计报表软件,加强内部控制和严格审计应引起足够的重视。综上所述,可将计算机会计信息系统会计报表的数据来源归纳为:

(1)来源于计算机会计信息系统的账务处理子系统;

(2)来源于计算机会计信息系统会计报表子系统本身(如报表项目间的运算结果和报表间报表项目的运算结果);

(3)计算机会计信息系统外部数据输入。

2. 会计报表的格式设计

利用计算机编制会计报表的方法与手工编表的方法从本质上讲是一样的,只不过编表步骤的绝大部分内容是在计算机系统通过人机对话形式自动实现的。

在计算机中编制会计报表,首先要对报表的格式进行分析设计(即先制作出空表)。

在计算机会计报表系统中,"报表格式"实质上是一个保存在计算机系统中的模板,使用这个模板可以无限制复制相同格式的表格供用户使用,它是数据录入和计算机处理的数据基础,也是对报表数据的说明。

会计报表中的数据只有处于特定的位置才表示一定的财会信息,才能被人们所理解,这种特定的位置是由会计报表的格式表达的。每张报表都有其特定的表格格式,但不同报表的表格格式有类似之处,即报表的格式都是由表头、表体、表尾三个部分组成,不同报表的区别主要表现在表头、表体、表尾的内容上。

(1)表头。

表头是报表中描述报表整体性质的部分,位于每张表的前端,一般填列报表的标题、报表编号、编制单位、编制日期及计量单位等栏目。表头体现了会计基本假设的要求,表达了报表的框架,即编制单位体现会计主体假设,编制日期体现持续经营和会计分期假设,计量单位体现会计货币计量假设,栏目表达了报表横向有哪些数据项目、每个数据项目的文字说明以及具有特定格式的位置的宽度。栏目中的文字内容用于说明报表填制的方法和各项数据的含义,如资产负债表中,资产、行次、年初数、期末数、负债及所有者权益、行次、年初数、期末数等,文字说明可以有一层或多层,如为多层,上下之间有分隔线。

(2)表体。

表体是报表的主体,由横向的若干行和纵向的若干列组成。将报表中不同行和列的相交处称为表元或单元,表元是表体中填写数据的基本单位。任何一个报表都有行号和列号。如果把报表看成是一个行、列相关的数组,则表元就可以用报表编号加坐标(X,

Y)表示,例如,资产负债表中货币资金的年初数就可以表示为会工 01(6,3)。在处理复杂表格时,需要将数个单元合并起来构成一个大单元,这种由若干个基本单元构成的作为一个部分处理的单元称为组合单元,又称为合并单元。在对报表进行格式编辑或属性设置时,将组合单元看作一个基本操作单位。在报表定义时,有时需要对部分单元作相同的格式或属性设置,这时将若干单元看成一个区域来操作,这个区域称为单元区域。单元区域通常用开始单元至结束单元组合名称来表示,如自第二行第二列至第二十行第二列的一个单元区域表示为"B2:B20"。表内数据称为表元值,如货币资金的年初值称为表元会工 01(6,3)的值。表内的数据来源称为数据源,数据源可以是一个常数或字符,也可以是账表数据文件中的数据或经过处理后的结果,还可以是运算公式或函数。好的报表软件还能将其他软件中的数据作为自己的数据源。

(3)表尾。

表尾指报表表格线以下对主体内容进行辅助说明的部分。报表下部的附注、说明既有固定的文字说明,也有少量的数值数据。一般报表都有责任人签章和报出日期,有些报表还有一些实质性或说明性文字。

通过报表软件在定义报表格式时,要对报表进行整体安排,如报表的标题及说明放在哪行,报表的项目是简单式还是嵌套式(如分析报表中的财务指标要求按每一会计期间的差异额和差异率等分项列示)、是否使用表线、用何种表线,表中数据是固定数据还是可变数据,用何种字形、字体等。

通常设计一个定长或可变长的表头、表尾全屏编辑区,然后在此编辑区内进行具体定义。一般采用如下步骤定义报表格式:(1)定义报表的尺寸;(2)设置报表各列的宽度;(3)画表格线;(4)登录表头;(5)设置表元风格;(6)输入表尾辅助文字信息。

报表格式的修改,可以按照报表整体格式的修改和对表内数据格式的修改两种方式进行。

3. 报表数据来源的定义

报表内需要填制的数据可以分为两类:一类是常数,如资产负债表中第 1、2、5、6 列的内容,可以在定义报表格式时逐个表元直接填入;另一类是变动数据,通常从账(表)中获取数据,或将获取的数据进一步加工生成。通用报表软件通常用公式或函数来定义报表的数据来源,说明从什么地方取数、取什么条件的数据、数据要经过什么样的处理等。下面将说明变动数据的数据来源的定义步骤。

(1)确定表元的数据源。

变动数据可由以下途径获取:从账务处理系统总账、明细账的发生额和余额取数;从同一报表文件不同报表的数据和其他报表文件数据取数;从本表取数;从系统外部取数,包括直接按键输入、以软盘传入或通过通讯线路传递等;从其他会计软件取数等。

(2)确定取数所要满足的条件。

如期初借方余额、期初贷方余额、借方发生额、贷方发生额等。

(3)确定计算方式。

在通用报表软件中,计算方式是以公式或函数来定义或解释上述步骤的。

通用报表软件中的公式分为运算公式和非运算公式。

①运算公式。运算公式是在编制报表时,确定表元的数据来源的公式。其主要的作用是,在报表生成的过程中,通过设定的运算公式,系统从公式描述的数据库文件中提取指定的数据,进行表达式指定的运算,将运算结果放入表元中。

运算公式由以下基本部分构成:表元及坐标,表示表元在表中的位置;运算符,包括"+"、"—"、"*"、"/"、"="等;表达式,将常量、变量、函数用运算符连接起来。

例如,总账 ZZ 与资产负债表 BS 及财务比率分析表 F 中的数据有如下关系:资产负债表中货币资金 BS(6,3)的数据为总账中库存现金、银行存款和其他货币资金三个账户(1 001 为"现金"总账科目代码,1 002 为"银行存款"代码,1 012 为"其他货币资金"总账科目代码)借方余额之和,财务比率分析表中流动比率 F(1,1)的数据为资产负债中流动资产 BS(19,1)除以流动负债 BS(20,5)的比值。BS(6,3)的运算公式为:

$$BS(6,3)=ZZ(J1\ 001+J1\ 002+J1\ 012)$$

F(1,1)的运算公式为:

$$F(1,1)=BS(19,2)/BS(20,5)$$

上述定义中,BS 表调用了 ZZ 总账的数据,F 表又调用了 BS 表的数据,ZZ、BS、F 形成了传递调用的联系,这种联系又称为调用链,在报表中一旦建立了调用链,当总账 ZZ 的数据变化时,表 BS 和 F 中的数据亦会作相应改变。

运算公式分为取数公式和统计、计算公式。例如,有的会计报表软件设置了如下公式:

- 取数公式;
- 报表内的计算公式;
- 本表其他页取数计算公式;
- 其他表取数计算公式。

②非运算公式。非运算公式包括审核公式和舍位平衡公式。

审核公式是报表数据之间关系的检查公式。它主要用于报表数据来源定义完成后,审核报表的合法性;报表数据生成后,审核报表数据的正确性。如上述资产负债表中 BS(36,4)=BS(36,8),即检查资产负债表中资产总计是否等于负债及所有者权益总计。

当以货币单位元(或其他计量单位)为单位的报表通过进位计算变成以千元、万元为单位的报表时,原报表的平衡关系可能被破坏,应进行调整,使得报表经舍位后仍能保持平衡关系。操作人员要将舍位平衡的要求告诉计算机系统,即在报表中定义舍位平衡公式,计算机系统可按用户的要求自动、快捷地进行计算、测算,并生成舍位后的报表。

为简化报表数据来源定义,通用报表软件一般将报表编制中比较固定的处理过程作为独立的模块,向用户提供针对性较强的函数。报表函数有以下基本要素:

- 源数据库文件,确定报表数据的基本来源;
- 字段名或项目名,确定要从数据库文件中取指定的数据;
- 取数条件,确定要从数据库文件中取指定的数据;
- 计算方式,确定是否计算和如何计算。

通用会计报表软件一般都提供财务函数,财务函数起到会计报表系统和账务处理系统之间传递数据的桥梁作用。财务函数的应用实现了账表一体化,使用财务函数定义表元链接公式,系统自动将账务处理系统的数据传递到会计报表中。但是,不同的会计报表系统提供的财务函数并不相同,且只限于提取与会计报表系统配套的账务处理系统中的数据。

4. 会计报表的生成

报表格式定义和数据来源的定义只说明了表和数据之间的关系,会计报表的生成就是根据各报表数据的生成方法,具体计算每个表元的数值并填入目标表的过程。通用报表软件使用一个通用的报表程序,对所有报表进行一次操作。有些通用报表软件,将报表生成功能与报表输出功能结合在一起。

在会计报表系统中,大量的年度或月度数据是以表页形式分布的,正常情况下,每次只能看到一张表页。如果要对每个表页的相同行或列区域的数据进行比较,可以利用"数据透视"功能,将多张表页相同位置的数据显示在一个平面上,即将立体形式展开成平面形式,形成一种类似报表的"虚表"显示在平面上,以便对比分析。

需要说明的是,现金流量表与其他会计报表(如资产负债表和利润表)的编制方法不同,且其自身主表与附表的编表基础也不同。因此,若要解决期末编制"现金流量表"的困难,最好的办法是在经济业务发生、会计数据输入计算机系统时,就将与现金流量变化有关和与现金变化无关的数据进行分类,以便计算机系统在编制"现金流量表"时直接在表中将涉及"现金及现金等价物"项目的数据分类列示。具体的做法是:现金流量表数据可以采用"双轨制"的方法生成,即在账务处理系统中分别按照"权责发生制"和"收付实现制"输入与"现金及现金等价物"相关的科目数据,并在输入与"现金及现金等价物"相关科目数据的同时,输入与现金流量表项目相对应的标识。这样,在会计报表系统中,就可以直接生成现金流量表数据。

采用通用表处理方法,应该注意以下几个问题:

(1)会计报表勾稽关系与会计报表生成的顺序。

会计报表勾稽关系又称为会计报表间的勾稽关系,反映出会计报表体系中各报表内部和会计报表之间的内在关系。下面以工业企业向外报送的会计报表为例,说明会计报表之间的勾稽关系对会计报表生成顺序的影响。

利润表反映企业一定期间的生产经营成果,所有者权益变动表是反映构成企业所有者权益的各组成部分当期的增减变动情况的报表,资产负债表反映企业某一特定日期的财务状况,现金流量表反映企业一定时期内现金和现金等价物的流入和流出信息。

会计报表中的数据之间存在严格的数量上的勾稽关系:

①每种报表表内各类数据存在勾稽关系。

②会计报表之间存在的数量勾稽关系。资产负债表、利润表及所有者权益变动表之间的数量勾稽关系。

③资产负债表"未分配利润"项目期末数等于该项目年初数加减利润表"利润总额"项目本年累计数(如为盈利则加,如为亏损则减);

④资产负债表"未分配利润"项目期末数等于利润表的附表利润分配表"未分配利润"项目本年实际数;资产负债表"未分配利润"项目年初数等于利润表的附表利润分配表"未分配利润"项目上年实际数。

现金流量表的编制手法不一,但均可以资产负债表和利润表的数据为基础,并在此基础上对有关项目进行分析和编制调整分录。现金流量表与其他会计报表之间的主要数量勾稽关系如下：

现金流量表主表中现金及现金等价物净增加额＝附注中现金及现金等价物的净增加额＝资产负债表中现金及现金等价物项目期末数—期初数

现金流量表附注中的净利润＝利润表税后净利润

现金流量表主表中经营活动产生的现金流量净额(采用直接编制法)＝附注中经营活动产生的现金流量净额(采用间接编制法)

因此，上述会计报表应按以下顺序生成：

    利润表及附表(利润分配表、主营业务收支明细表等)
        ↓
    资产负债表及附表(应交增值税明细表等)
        ↓
    现金流量表

(2)会计报表数据的修改。

对会计报表的数据进行修改要视具体情况而定，不属于报表编制方法的修改，应通过记账凭证进行调整；如果确定属编制方法的问题，则通过报表数据来源的重新定义进行修改，不能对报表数据直接修改。

(3)利用商品化会计报表软件提供的报表模板应注意的问题。

许多商品化报表软件提供了预制的若干行业的标准报表格式，即将常用的报表格式和报表的数据来源定义好(如资产负债表)，用户若没有特殊需要，可以直接使用。商品化报表软件中报表模板的使用，由于省略了会计报表的定义过程，为报表软件的使用者带来了很大方便。使用报表模板的一般步骤如下：

①进入报表系统，选择"报表模板"方式，新建一张表格；

②选择本企业所在的行业，并选择建立的报表名称，如资产负债表，由此按照系统提供的标准格式建立一张资产负债表，并定义表元公式；

③如果企业所需的报表格式与标准格式有差异，就应修改已建立的报表格式；

④如果企业所需的报表数据来源公式与标准报表数据来源公式有差异，则应修改已建立报表的数据来源公式。

由于通用的商品化报表软件中的样板报表内容是根据会计报表编制的一般原理定义的，用户应该根据本单位账户体系设置的实际情况做适当的修改。应当引起注意的报表项目的定义是：

①应当分析填列的报表项目，如"一年以内到期的非流动资产"、"一年以内到期的非流动负债"等项目的定义；

②应根据明细账数据填列的报表项目，如"应收账款"、"应付账款"等项目的定义。

依据会计报表编制要求，资产负债表中资产类项目"一年以内到期的长期投资"应根据长期投资一级账户所属的明细账户期末余额中存续期已不足一年的部分计算填列，"长期投资"应根据长期投资账户期末余额减去一年内到期的长期投资项目数额后的差额填列。负债类项目的"一年以内到期的长期负债"和"长期借款"、"应付债券"、"长期应付款"、"其他长期负债"等项目的填列亦然。如果在科目设置时没有设置关于"一年以内到期的长期投资"和"一年以内到期的长期负债"明细科目,而在报表项目来源定义时,只根据一级科目数据填列,则报表的分类信息披露就不准确,进而会影响企业偿债能力的分析。

目前我国通用的商品化软件,在账务处理系统中设置了辅助核算功能(如往来核算、单位核算等)。例如,在手工核算方式下,应收账款按不同的购货单位或接受劳务的单位设置明细账,进行明细核算。在编制资产负债表时,报表上的"应收账款"项目依据应收账款明细账的借方余额填列,当应收账款明细账出现贷方余额时,要列示在资产负债表的负债项目上,即"应付账款"项目。而在计算机系统中,在科目设置时,不再为应收账款设置按不同的购货单位或接受劳务的单位的明细科目编码,将应收账款一级科目的性质定义为"往来核算",将明细科目从科目体系中剥离出来。由于按不同的购货单位或接受劳务单位设置的明细科目不在科目体系(会计科目是账户的名称)之中,而资产负债表中的数据定义是按科目体系设置的,并且"应收账款"项目应该依据应收账款明细账的借方余额填列,而不是直接依据应收账款一级科目(总账科目)数据填列,因此将低估企业的资产和负债,提供的不真实的财务状况信息。有些企业在设置并应用"往来核算"编制资产负债表时,要做债权、债务的重分类调整。

3.2.2 会计报表的汇总

1. 汇总会计报表与汇总表

在讨论汇总会计报表编制方法之前,有必要对汇总会计报表和汇总表加以区别。

汇总会计报表是上级公司或主管部门根据单位会计报表和本身的会计报表汇总编制而成的会计报表,是同种报表不同单位的汇总。汇总会计报表的编制,通常是按照隶属关系,采取逐级汇总的办法。这里的单位会计报表是指独立核算单位编制的会计报表。汇总会计报表的编制涉及多个会计主体,如母公司和分公司、行政主管部门和基层单位,汇总会计报表要由总公司或行政主管部门来编制。编制汇总会计报表将报表数据在不同的会计主体之间进行传递,然后按照一定的重要条件进行汇总,汇总处理时,还要将母公司与分公司、行政主管部门与基层单位之间的往来款项、资金划拨与利润交换项目进行抵消。

汇总表是一个会计主体将不同时期的同种报表进行汇总。同种报表不同时期的汇总,主要用于观察一段时间内数据项目的累积值。这里不涉及其他会计主体,报表汇总所需数据由会计主体会计信息系统产生,汇总表的编制由该会计主体本身进行,数据只在系统内传递,而且报表汇总纯属表间数据简单加总,一般不存在报表抵消情况。如管理费用汇总(也有称管理费用明细汇总表或管理费用明细表),将管理费用年度内或季度内各月按管理费用明细项目进行汇总,各月管理费用的明细项目是管理费用汇总表的数据来源,通过汇总可以得到各季度或年度管理费用各明细项目的汇总数据。在完全成本法下,管理费用要按成本对象进行分配,因此,涉及管理费用的报表数据通常由会计信息系统的成本子系统生成与输出。会计制度改革后,按照制造成本法核算成本,期间费用(管理费用、营业费用等)不再进行分配,直接由收入抵补,由此将期间费用的核算纳入账务处理子系统,期间费用报表的生成与输出纳入会计报表系统,之所以将期间费用表放在会计报表系统中还有一个原因就是这些期间费用表大多是利润表的附表。

当前流行的通用报表软件一般都能完成汇总会计报表和汇总表的编制,但在理论与实务的研究中有必要将两者区分开来,以进一步探讨各自的特点,深入挖掘系统功能。相对说来,汇总会计报表的编制比汇总表的编制要复杂一些。同种报表不同时期的报表存放在一个报表文件中,对这些报表进行汇总,实际上是将按照同一格式管理的多张报表进行立体方向的叠加,用户只要使用会计报表系统提供的报表汇总命令,报表系统就会自动进行汇总,生成汇总表。同种汇总表不同单位的汇总,主要将总公司及下属分公司的有关报表叠加,或将上级主管部门及下属单位的有关报表叠加,生成汇总会计报表。

2. 汇总会计报表的数据来源分析

为充分发挥会计报表的作用,要定期向投资者、债权人、有关的政府部门及其他报表使用者提供会计报表信息。国有企业会计报表报送上级主管部门后,上级主管部门要将所属单位上报的会计报表汇总编制成汇总会计报表。汇总会计报表是总括反映所属单位财务状况、经营成果和财务收支情况的书面文件,汇总报表的编制,通常是按照隶属关系,采用逐级汇总方法。汇总会计报表各项目数据,是根据所属单位的会计报表与汇总单位本身的会计报表分析、计算、汇总填列而来。大部分汇总报表项目,可以根据所属单位和下一级主管部门上报的会计报表的相同项目直接汇总填列,这类数据在基层单位编制个别会计报表时是直接根据账簿资料填列的;各级主管部门在将本部门的会计报表与所属单位上报的会计报表汇编时,要将上下级之间的款项往来、资金和利润划拨等项目互相抵消,不能重列,所以,部分汇总报表项目要重新根据报表项目之间的关系计算填列。

无论主管部门和基层单位的会计数据是否由计算机处理,计算机会计信息系统汇总会计报表的数据来源都是经主管部门和基层单位各自会计信息系统生成的会计报表。基层单位要以某种方式(如报软盘或报报表或网络传输)上报其会计报表,主管部门要将其自身的会计报表传输到需要汇总的数据文件里。

3. 汇总会计报表的编制方法

在手工操作方式下,要先由各基层单位编制出符合要求的会计报表,上报到主管部门,再由主管部门对这些会计报表及自身编制的会计报表进行加总,得到汇总会计报表。下面讨论计算机系统汇总会计报表的编制要经过的具体步骤。

(1)基层单位。

①生成基层单位会计报表。如果基层单位以手工操作方式进行会计数据处理,且配有单纯的表处理软件,则要将手工制作的报表数据录入到表处理系统中,再对机内报表进行审核,做好报表数据上报的准备。

如果基层单位以电算化操作方式进行会计数据处理,那么单位会计报表就如本节所讲述的方法编制生成。

如果基层单位没有以任何计算机系统生成或输出会计报表,则手工编制的会计报表也要审核无误,以备上报。

②上报基层单位会计报表。只要基层单位使用计算机报表处理软件,就应将审核无

误的会计报表输出到软盘或其他设备上,上报给主管部门。

如果基层单位没有使用计算机报表处理软件,但单位有计算机设备,应将手工编制的经审核无误的会计报表按照主管部门要求的报表格式,输入软盘,上报给主管部门。

如果基层单位根本就没有计算机设备,则要将手工编制的经审核无误的会计报表,直接上报给主管部门。

(2)主管部门。

①初始化。由主管部门按规范化要求指定基层单位上报的会计报表的格式,制作出汇总会计报表的样本。在报表中应有编制好的审核公式,便于主管部门锁定,保证从主管部门直接取得的报表格式不能再被修改(主管部门可以将锁定格式的报表软盘发给基层单位,由基层单位填入数据后再上报给主管部门),基层单位自制的会计报表的格式也应按统一规定的格式要求,以便汇总单位将相同格式的主管部门单位报表和基层部门报表统一汇总。

②采集基层单位数据。采集基层单位数据有几种方式,从软盘追加数据,手工数据采集,通过网络传输数据等。

③报表审核。将采集到的基层单位会计报表数据连同汇总单位本身的数据传递到汇总数据文件中,按照事先编制好的审核公式进行自动审核,以最后确认汇总会计报表的依据是否正确无误,防止报表数据采集过程中出现的差错对汇总会计报表数据造成不良影响。

④报表汇总。按照输入的报表汇总的条件进行汇总,如要输入汇总报表的编号和日期,以便于将一定会计期间不同编号的报表汇总,生成汇总会计报表。

⑤报表查询。通过输入查询条件(如报表编号)查询汇总会计报表或单位会计报表,并将会计报表显示在屏幕上,可翻页查看。

⑥报表打印。可设置打印预览功能,打印输出汇总会计报表及各单位会计报表。

3.2.3 会计报表的合并

会计报表的合并,是以母公司和子公司形成的企业集团作为一个会计主体,由母公司编制出综合反映企业集团整体经营成果、财务状况及其变动情况的会计报表的过程。

1. 合并会计报表和汇总会计报表的区别

先通过合并会计报表和汇总会计报表的对比,了解合并会计报表的内容。合并会计报表和汇总会计报表有以下区别:

(1)编制的目的不同。

汇总会计报表的目的主要是满足国家有关行政部门掌握了解整个行业或整个部门所属企业的财务经营情况的需要;合并会计报表则主要是为了满足公司的所有者、债权人及其他有关方面了解企业集团整体财务状况和经营成果的需要。

(2)确定编报范围的依据不同。

汇总会计报表的编制范围,主要是以企业的行政隶属关系为确定依据,即企业是否归其管理,是否属于其下属企业作为确定编报范围的依据,其下凡属企业均包括在汇总会计报表的编报范围内;合并会计报表是以母公司对另一企业的控制关系作为确定编报范围的依据,凡是通过投资关系或协议关系能够由其控制的企业,均属合并会计报表的编报范围。

(3) 编制方法不同。

汇总会计报表主要采用简单加总方法编制,合并会计报表必须抵消内部投资、债权债务等内部会计事项对个别会计报表的影响后编制。相对说来,合并会计报表的编制方法更复杂。母公司为了编制合并会计报表,应当统一母公司和子公司的会计报表决算日和会计期间,统一母公司和子公司所采用的会计政策。

2. 合并会计报表的数据来源分析

如果企业对外投资达到被投资企业资本的一定比例,或实质上拥有被投资企业控制权,则应当编制合并会计报表。合并会计报表是反映投资企业与被投资企业作为一个整体的财务状况、经营成果等方面的文件。合并会计报表的数据来源有两部分:一是母公司个别会计报表,根据母公司各自账簿生成;为抵消母公司与子公司、子公司相互之间发生的经济业务,在子公司之间账簿记录核对的基础上根据母公司和子公司的账簿记录及相关资料编制。在计算机会计信息系统下,合并会计报表的数据来源是母子公司各自会计报表系统产生的会计报表数据及企业集团内部交易核对后需编制的抵消会计分录。母公司的会计报表数据可由系统自动传输到执行合并的数据文件,子公司的会计报表数据可以上报或传输到母公司会计报表系统,目前抵消会计分录多由人工输入的方式进入会计报表系统,如果企业集团各公司间联网,就可通过网上账簿记录核对自动生成抵消会计分录,减少人工干预。

3. 合并会计报表的编制方法

手工操作方式下编制合并会计报表应遵循的程序:

(1) 编制合并工作底稿,作为合并会计报表编制的基础。

(2) 将母公司、子公司个别会计报表的数据通过人工合并工作底稿。

(3) 在合并工作底稿中将母公司与纳入范围的所有子公司会计报表数据加总,计算出个别会计报表各项目加总数据。

(4) 编制抵消分录,抵消母公司与子公司、子公司与子公司相互间发生的经济业务对个别会计报表的影响。

(5) 计算合并会计报表各项目合并数。

(6) 将合并工作底稿中计算出各项目的合并数,进入合并会计报表相应项目内,分别得到正式的合并资产负债表、合并利润表、合并利润分配表等报表。

使用计算机作为数据处理工具编制合并报表的程序与手工编制程序基本一致,一般要经过以下步骤:

(1) 建立合并工作底稿。

这也可以说是初始设置,在系统中建立合并报表工作底稿的格式,并输入底稿的工作项目,为填入数据做准备工作。需要注意的是,工作底稿的项目不应简单转抄个别会计报表中的报表项目,因为有些工作底稿项目在个别会计报表上没有列示,如合并差价、少数股东权益等。工作底稿项目的设置应满足最后生成合并会计报表项目的需要。

(2) 数据采集。

接收个别会计报表数据,将个别会计报表数据传输到工作底稿数据文件中。数据采集的方法可参见汇总会计报表数据采集功能。

(3)输入抵消分录。

《合并会计报表暂行规定》中规定,为编制合并会计报表,子公司应向母公司提供如下资料:

①子公司所采用的与母公司不同的会计政策;

②与母公司及母公司的其他子公司的业务往来、债权债务、投资等资料;

③子公司利润分配有关资料;

④子公司所有者权益变动的明细资料;

⑤其他编制合并会计报表所需要的资料。

子公司向母公司提供以上资料的直接目的是为母公司与子公司之间、子公司与子公司之间相互核对,通过企业集团内部交易的核对,编制抵消会计分录。

上述核对工作若由手工进行,既繁琐又复杂,容易产生误差。这项工作可交由电脑来完成,设计一个类似于银行对账的功能,将母公司与其子公司需要核对的数据分别全部输入系统,以一个公司对各个公司的往来交易逐笔勾对的方式进行核对,对于核对相符的内部交易才能编制抵消分录。

将抵消分录输入工作底稿数据文件之后,要对抵消分录进行平衡核验和审核,以保证输入的抵消分录的正确性,还要将每笔抵消分录单独保存在一个数据文件中,以备查询。这是因为抵消分录在工作底稿上是按项目列示的,对于涉及一个项目的各笔抵消分录,在工作底稿上只能列示该项目的合计数,要想了解每笔分录的编制,只能到分录文件中查询。

(4)定义合并公式。

按照工作底稿上数据之间的关系定义编制合并会计报表所需要的计算公式。例如,合计数为个别会计报表项目数据的简单加总;合并数要按照各类项目合并的规定,具体设计定义计算公式;工作底稿某些项目要按照项目之间的数据关系以计算或传递公式加以定义等。

(5)报表合并。

根据上述定义,系统经过计算,生成由公式定义的工作底稿项目数值;再通过"取数"操作,生成合并会计报表。

(6)报表查询。

查询母公司个别会计报表、抵消会计分录、合并会计报表、工作底稿等。

(7)报表打印。

打印输出合并会计报表及抵消会计分录。

3.3 报表系统的功能模块

3.3.1 报表设置基本概念

在讨论报表功能模块之前,需要先来认识一下与报表结构定义以及报表设置相关的几个基本概念。

1. 固定表和可变表

按照输出的报表与所定义的报表模板的关系,可以把报表区分为固定表和可变表。固定表是指输出报表不随经济业务或统计数量的变动而改变表格长度的报表,而可变表是根据业务统计与管理的需要可改变报表格式或表格长度的报表,如商品销售明细表、商品盘点表等,在这类报表中,编制完成并输出的报表长度是不固定的。所以,在定义这类报表时无法预定所生成报表的行数。

2. 格式状态和数据状态

通常,软件提供对报表进行格式设计的格式状态和报表进行数据处理的数据状态两种界面模式。在格式状态下,用户可以对报表尺寸、表头结构、表体内容、数据属性、单元公式等进行一系列设置与调整,但只能看到报表格式,而不能看到报表数据。在数据状态下,用户能够通过系统允许的方式管理报表的数据,如输入数据、审核报表指标、报表汇总等。在数据状态下一般不能修改报表格式,但能看到包括格式、公式、数据等方面的报表内容。

3. 单元格式和数据属性

单元格式是指报表内单元内容的格式,包括字体、字号、对齐方式、颜色图案等格式特性。而数据属性主要指单元内容的性质,反映单元中存放的是数字还是字符。科学设置单元格式和数据属性使设计的报表更符合阅读习惯,更加清晰美观。

4. 直观的报表格式设置方式

很多报表系统采用了类似于电子表处理软件(如 Excel)界面,在屏幕显示的网格上可以直接填充文字、设置格式,当报表的行、列、文字、字体等不合适时,也可以直接在整张表上改动,这种方式属于直观的报表格式设置方式。直观设置方式具有"所见即所得"的特性。目前流行的 Windows 界面的报表系统一般采用直观的报表格式设置方式,而非直观的报表格式设置方式已经被淘汰。

使用报表系统编制一张新报表时,报表的编制过程为:新建报表、定义报表格式、定义报表取数公式、定义报表钩稽关系、报表编制、报表审核、报表输出。

3.3.2 新建报表

在报表处理系统中,报表是以文件形式存放的。因此,报表处理系统提供了创建新报表文件的功能。

3.3.3 报表格式定义

报表格式就是报表的样式,报表处理系统提供了格式设计功能,如设置表尺寸、画表格线、调整行高列宽、设置字体和颜色等。报表格式定义类似于手工条件下设计并绘制一张等待填写的空白表格,如果不同会计期间对表格格式的要求不变,则一次设计的表格同模板一样可以被不同会计期所使用。如果有两张报表的结构或格式完全一致或大部分一致,为了降低表格格式定义的工作量,可以使用复制功能将先前已经定义好的报表格式复制过来,然后再对复制过来的格式略加修改就可以了。

通常在报表功能界面上,利用软件提供的功能可以进行报表格式定义。主要包括以下内容:
- 定义报表尺寸。定义报表尺寸即设定报表的行数和列数。
- 定义报表标题、表头、表尾和表体中的项目名称、行次。
- 定义报表外观。包括前景色、背景色、网格色、字体、字号、行高等。
- 定义单元格属性。包括文本对齐方式、数字格式、边框等。

许多通用报表软件都提供了类同 Excel 的报表处理功能,表头、表尾、表体格式任意指定,十分灵活,能够方便灵活地设计报表。

3.3.4 报表取数公式定义

报表取数公式定义是根据报表与账簿、报表与报表及报表与其他系统之间的关系,将报表编制方法通过取数公式加以描述。

定义报表取数公式是实现计算机自动处理报表数据的关键步骤。报表中的数据根据其来源可以分为三类:从账务处理系统或其他系统取数据;经计算得到的数据;人工输入的外部数据。对于前两种数据来源,系统提供了报表数据生成所需要的函数,如账务取数函数、运算函数等,并提供了定义报表编制公式的功能。公式是由操作符和操作数组成的表达式。操作符可以是加+、减-、乘*、除/、乘方^、括号()。操作数可以是常数、表元系统定义的各种函数。

为了便于用户进入报表公式,报表处理软件提供了公式向导功能。进入公式向导界面,根据各报表单元填列数据的要求,按照系统的提示,逐项选择回答从何处取数、哪一个会计期间、借方还是贷方、发生额还是余额等,系统就可自动生成所需要的公式。

3.3.5 报表勾稽关系定义

报表勾稽关系定义也叫报表审核公式定义。审核公式是根据表内及表间数据的勾稽关系定义的,利用审核公式可以检查报表数据的正确性。在审核公式中,除了使用计算机公式允许使用的运算符外,还可以使用大于(>)、小于(<)、不等于(≠)等逻辑运算符。在一般财务软件中的"报表勾稽关系定义"功能,都设有"勾稽关系"界面,包括以下内容:

公式名称:指所定义的勾稽关系的名称。如资产负债表是否平衡公式。

表达式:指条件两边表达式,可按公式向导定义表达式。

计算机结果:指条件两边表达式的计算结果。

比较关系:指左、右两边条件的比较关系,可以为=等于、>大于、<小于、>=大于等于、<=小于等于、≠不等于等逻辑运算符。

条件不满足时的提示:指条件不满足时用户希望提示的信息,如"资产负债表年初数不平!"

3.3.6 报表编制

报表编制是根据用户定义的报表格式和报表取数公式生成填有数据的会计报表的过程,对于已经定义好报表格式和报表取数公式的报表,只需运行报表编制(计算)功能就可以自动生成所需要的报表。

3.3.7 报表审核

报表编制完成后,可以执行报表审核功能对报表进行审核。报表审核是根据事先定义的报表数据勾稽关系来检查报表数据的正确性。报表处理系统可按照已经定义好的审核公式对报表进行审核,当报表数据不符合勾稽关系时,屏幕上出现错误提示信息,提示用户进行修改。

3.3.8 报表汇总

报表汇总是结构相同、数据不同的报表经过简单叠加生成一张新表的过程。主要用于同表不同时期汇总和同表不同部门汇总。进行报表汇总时,参与汇总的报表结构必须相同,否则得到的汇总表将无意义。一般来说,这些结构相同的参与汇总的报表可以来自总公司下属的各个分公司,也可以来自一个公司的不同时期。

报表汇总功能不能用于编制合并报表。合并报表是以母公司和子公司组成的企业集团为一个会计主体,以母公司和子公司单独编制的个别会计报表为基础,由母公司编制的综合反映企业集团财务状况、经营成果及现金流量的会计报表。编制合并报表时需要将各个子公司之间的内部往来、内部投资等数据予以抵消,而不是各子公司报表的简单叠加。编制合并报表需要使用具有编制合并报表功能的软件。

3.3.9 报表输出

报表处理系统可以查询和打印输出各种会计报表。在计算机环境下,报表查询工作变得方便快速。用户只需要输入查询条件,系统就会根据查询条件,快速查出所需要的会计报表,并将查询结果显示在屏幕上供使用者查看。报表处理系统除了提供查询功能外,还提供打印功能。选择报表打印功能后,根据系统提示进行操作就可完成打印工作。

3.4 资产负债表的编制

按照《企业财务会计报告条例》的规定,年度、半年度财务会计报告包括会计报表、会计报表附注、财务情况说明书。企业的会计报表应当包括资产负债表、利润表、现金流量表及相关附表。会计报表的各个组成部分是相互联系的,资产负债表主要提供财务状况的资料,利润表主要提供企业的经营业绩,现金流量表则提供企业一定会计期间内现金和现金等价物流入和流出的信息。会计报表附注是为了便于会计报表使用者理解会计报表的内容而对会计报表的编制基础、编制依据、编制原则和方法及主要项目等所作出的解释。财务情况说明书至少应对下列情况作出说明:企业生产经营的基本情况、利润实现和分配情况、资金增减和周转情况、对企业财务状况、经营成果和现金流量有重大影响的其他事项。

会计主体要编制的会计报表按照不同的标志可以进行不同的分类,掌握会计报表的分类有助于理解、编制和分析会计报表。按照会计报表的报送对象划分,可以分为外部报表和内部报表。

外部报表是企业向外提供给政府部门、其他企业和个人使用的会计报表,这类报表的格式、内容、报送时间、报送方式等都有统一规定,如上述按照我国现行会计制度规定的报表。内部报表是为了企业经营管理的需要,编制适应企业内部经营管理需要不对外公开的会计报表,也称管理报告。这类报表不规定统一的格式,也没有统一的指标体系,报表的格式和数据来源可因企业不同而不同,甚至同一企业在不同的时期也可能不一样。因此,这类报表的编制比较灵活,在计算机会计信息系统会计报表系统以外的其他子系统中也有这类报表的编制。

3.4.1 资产负债表的基本格式

资产负债表是反映企业某一特定日期财务状况的会计报表,它是根据资产、负债和所有者权益之间的相互关系,按照一定的分类标准和一定的顺序,把企业一定日期的资产、负债和所有者权益各项予以适当排列,并对日常工作中形成的数据进行高度浓缩整理后编制而成的。它表明企业在某一特定日期所拥有或控制的经济资源、所承担的现有义务和所有者对净资产的要求权。我国资产负债表的基本格式如表 3-1 所示。

表 3-1 资产负债表

会企 01 表

编制单位: 年 月 日 单位:元

资产	行次	年初数	期末数	负债和所有者权益 (或股东权益)	行次	年初数	期末数
流动资产:				流动负债:			
货币资金	1			短期借款	34		
交易性金融资产	2			交易性金融负债	35		
应收票据	3			应付票据	36		
应收股利	4			应付账款	37		
应收利息	5			预收账款	38		
应收账款	6			应付职工薪酬	39		
其他应收款	7			应交税费	40		
预付账款	8			应付利息	41		
存货	9			应付股利	42		
一年内到期的长期债权投资	10			其他应付款	43		
其他流动资产	11			一年内到期的非流动负债	44		
				其他流动负债	45		
流动资产合计	12			流动负债合计	46		
非流动资产:				非流动负债:			
可供出售金融资产	13			长期借款	47		
持有至到期投资	14			应付债券	48		
投资性房地产	15			长期应付款	49		
长期股权投资	16			专项应付款	50		
长期应收款	17			预计负债	51		
固定资产原价	18			其他长期负债	52		
减:累计折价	19			递延所得税负债	53		

资产	行次	年初数	期末数	负债和所有者权益	行次	年初数	期末数
固定资产净值	20			非流动负债合计	54		
减:固定资产减值准备	21			负债合计	55		
固定资产净额	22						
生产性生物资产	23			所有者权益(或股东权益):			
工程物资	24			实收资本(或股本)	56		
在建工程	25			资本公积	57		
固定资产清理	26			减:库存股	58		
无形资产	27			盈余公积	59		
商誉	28			未分配利润	60		
长期待摊费用	29			所有者权益(或股东权益)合计	61		
无形资产及其他资产合计	30						
递延所得税资产	31						
非流动资产合计	32						
资产总计	33			负债和所有者权益(或股东权益)总计	62		

3.4.2 资产负债表的编制方法

我国企业资产负债表各项目数据的来源,主要通过以下几种方式取得:

根据科目全额计算填列。资产负债表各项目的数据来源,主要根据总账科目期末余额直接填列,如"应收票据"项目,根据"应收票据"总账科目的期末余额直接填列。

根据总账科目余额计算填列。资产负债表某些项目需要根据若干个总账科目的期末余额计算填列,如"货币资金"项目,根据"库存现金"、"银行存款"、"其他货币资金"科目的期末余额合计数填列。

根据明细科目余额填列。资产负债表某些项目不能根据总账科目的期末余额或若干总账科目的期末余额计算填列,而是需要根据有关科目所属的相关明细科目的期末余额计算填列,如"应付账款"项目,根据"应付账款"、"预付账款"科目的所属相关明细科目的期末贷方计算填列。

根据总账科目和明细科目余额分析计算填列。资产负债表上某些项目不能根据有关总账科目的期末余额直接或计算填列,也不能根据有关科目所属相关明细科目的期末余额计算填列,需要根据总账科目余额分析计算填列,如"长期借款"项目,根据"长期借款"总账科目余额扣除"长期借款"科目所属的明细科目中反映的将于一年内到期的长期借款部分分析计算填列。

根据科目余额减去其备抵项目后的净额填列。如"应收账款"项目,根据"应收账款"科目的期末余额减去累计提取的坏账准备后的净额填列。

根据表中不同行次期末数计算填列。如"流动资产合计"、"非流动资产合计"、"资产总计"、"流动负债合计"、"非流动负债合计"、"负债合计"、"所有者权益合计"等项目。

资产负债表的"年初数"栏各项目数字,应根据上年末资产负债表"期末数"栏内所列数字填列。

3.4.3 使用报表处理软件编制资产负债表

按照报表处理软件的一般程式编制资产负债表,首先要对资产表进行报表格式定义和报表取数公式定义。但是,资产负债表是企业对外报送的会计报表,企业会计制度对资产负债表的格式做了规定,因此,报表处理系统一般都提供了资产负债表模板,该模板已经定义好了资产负债表的格式和取数公式。在实际工作中,用户只要确认报表处理系统的报表编制(计算)功能,就可自动生成当期资产负债表。

使用报表处理软件编制资产负债表关键是报表取数公式的定义。为方便用户定义报表取数公式,报表处理软件提供了各种取数函数,包括账务取数函数和其他函数等。从前面讲述的资产负债表的编制方法可以看出,资产负债表中资产类项目的数据主要取有关科目的期末借方余额,负债类项目和所有者权益项目取有关科目的期末贷方余额。一般来讲,报表处理系统都提供了强大的"公式向导"功能,利用公式向导功能可以方便灵活地定义取数公式。

3.5 现金流量表的编制

3.5.1 现金流量表的编制基础

现金流量表反映企业一定期间内现金的流入和流出,表明企业及其现金等价物的能力。现金流量表是以现金为基础编制的财务状况变动表。这里的现金是指企业库存现金、可随时用于支付的存款以及现金等价物。

库存现金。库存现金是指企业持有可随时用于支付的现金限额,即与会计核算中"库存现金"科目所包括的内容一致。

银行存款。银行存款是指企业存在金融企业随时可以用于支付的存款,即与会计核算中"银行存款"科目所包括的内容基本一致,区别在于:存在金融企业的款项中不能随时用于支付的存款,如不能随时支取的定期存款,不作为现金流量表中的现金,但提前通知金融企业便可支取的定期存款,则包括在现金流量表中的现金范围内。

其他货币资金。其他货币资金是指企业存在金融企业有特定用途的资金,如外埠存款、银行汇票存款、银行本票存款、信用证保证金存款、信用卡存款等。

现金等价物。现金等价物是指企业持有的期限短、流动性高、易于转换为已知金额的现金、价值变动风险很少的短期投资。现金等价物虽然不是现金,但其支付能力与现金的差别不大,可视为现金。现金等价物通常指购买在3个月或更短时间内即到期或即可转换为现金的投资。

3.5.2 现金流量表基本格式

编制现金流量表的目的,是为会计报表使用者提供企业一定会计期间内有关现金的流入和流出信息。企业一定时期内现金流入和流出是由各种因素产生的,如工业企业为生产产品需用现金支付购入原材料的价款,支付职工工资,购买固定资产也需要支付现金。现金流量表首先要对企业各项经营业务产生或运用的现金流量进行合理分类,通常

按照企业经营业务发生的性质将企业一定期间内产生或运用的现金流量归为以下三类:

经营活动产生的现金流量。经营活动是指企业投资活动和筹资活动以外的所有交易和事项,包括销售商品或提供劳务、经营性租赁、购买货物、接受劳务、制造产品、广告宣传、推销产品、缴纳税款等。

投资活动产生的现金流量。投资活动产生的现金流量是指企业长期资产的购建和不包括在现金等价物范围内的投资及其他处置活动。

筹资活动产生的现金流量。筹资活动产生的现金流量是指导致企业资本及债务规模和构成发生变化的活动,包括吸收投资、发行股票、分配利润等。现金流量表格式如表3-2所示。

表3-2 现金流量表

会企03表

编制单位: 年度 单位:元

项　目	行次	金额
一、经营活动产生的现金流量:		
销售商品、提供劳务收到的现金	1	
收到的税费返还	2	
收到的其他与经营活动有关的现金	3	
现金流入小计	4	
购买商品、接受劳务支付的现金	5	
支付给职工以及为职工支付的现金	6	
支付的各项税费	7	
支付的其他与经营活动有关的现金	8	
现金流出小计	9	
经营活动产生的现金流量净额	10	
二、投资活动产生的现金流量:		
收回投资所收到的现金	11	
取得投资收益所收到的现金	12	
处置固定资产、无形资产和其他长期资产所收回的现金净额	13	
处置子公司及其他营业单位收到的现金净额	14	
收到的其他与投资活动有关的现金	15	
现金流入小计	16	
购建固定资产、无形资产和其他长期资产所支付的现金	17	
投资所支付的现金	18	
取得子公司及其他营业单位支付的现金净额	19	
支付的其他与投资活动有关的现金	20	
现金流出小计	21	
投资活动产生的现金流量净额	22	
三、筹资活动产生的现金流量:		
吸收投资所收到的现金	23	
借款所收到的现金	24	

项 目	行次	金额
收到的其他与筹资活动有关的现金	25	
现金流入小计	26	
偿还债务所支付的现金	27	
分配股利、利润或偿付利息所支付的现金	28	
支付的其他与筹资活动有关的现金	29	
现金流出小计	30	
筹资活动产生的现金流量净额	31	
四、汇率变动对现金的影响额	32	
五、现金及现金等价物净增加额	33	

制表人：　　　　　　会计主管：　　　　　　单位负责人：

3.5.3 手工现金流量表的编制方法

现金流量表是以现金为基础编制的，而日常会计核算以权责发生制为基础。因此，现金流量表反映的内容不能按科目余额或发生额直接填列，必须根据有关科目记录分析填列。

我国现金流量表的编制方法是主表采用直接法编制，但在现金流量表的补充资料中还要单独按照间接法反映经营活动现金流量的情况。直接法是通过现金收入和现金支出的主要类型反映来自企业经营活动的现金流量。间接法是以本期净利润为起算点，调整不涉及现金的收入、费用、营业外收入等有关项目的增减变动，据此计算出经营活动的现金流量。

在具体编制现金流量表时，可以采用工作底稿法和 T 形账户法。两种方法出发点不同，编制过程也有差异，但无论哪一种方法都是以利润表和资产负债表数据为基础，对每一项目进行分析并编制调整分录。在调整分录中，有关现金和现金等价物的事项，分别记入"经营活动产生的现金流量"、"投资活动产生的现金流量"、"筹资活动产生的现金流量"有关项目。借记表明现金流入，贷记表明现金流出。可见，手工编制现金流量表是一项繁琐的工作。

3.5.4 使用报表处理软件编制现金流量表

现金流量表是以现金为基础编制的，通过对手工现金流量表的编制方法进行分析可以看出，编制现金流量表的关键是要确定"经营活动产生的现金流量"、"投资活动产生的现金流量"、"筹资活动产生的现金流量"有关项目的现金流入和流出数额。为此，报表处理软件根据计算机系统工作的特点，确定编制现金流量表的基本思想。使用报表处理软件编制现金流量表，会计人员可以在经济业务发生后，往账务处理系统输入数据时，将与现金流量表项目有关的数据进行分类，以便编制现金流量表时进行分类汇总。这样处理也解决了期末编制现金表工作量大、易于出错的问题。使用报表处理软件编制现金流量表一般有两种处理方式：一种是凭证录入时指定现金流量；另一种是利用 T 形账户指定现金流量。

1. 凭证录入时指定现金流量

这种方式的基本思路是:在凭证输入时,指定现金流量项目及其数额,期末编制现金流量表时,报表处理系统从账务处理系统提取现金流量表各项目的数据,生成现金流量表。

采用这种处理方式,在凭证录入时可以指定具体的现金流量项目。凭证录入时,系统会通过现金流量科目的设置来进行判断,提示用户进行现金流量项目的指定。

在凭证录入时指定现金流量科目,才能在日常会计核算中,发生与现金流量有关的经济业务,输入凭证时确定该业务对应的现金流量及其金额。

设置好现金流量项目并指定了现金流量科目后,在录入凭证时,就可以对有现金流量的凭证指定现金流量。在账务处理系统的凭证录入界面,一般会有一个"流量"按钮,录入涉及现金流量的会计分录后,单击"流量",可以弹出"现金流量指定"界面,具体指定现金流量项目。

在凭证输入时,指定了现金流量项目及其金额后,期末编制现金流量表时,报表处理系统就可以从账务处理系统取到现金流量表各项目的数据,从而生成现金流量数据。

2. 利用T形账户指定现金流量

利用T形账户编制现金流量表的基本思路是:在凭证录入时,不指定现金流量,编制现金流量表时,按编表期间生成现金类科目的T形账户,通过现金类科目T形账户的对方科目来确定现金流入和流出的分类,编制现金流量表。

利用T形账户编制现金流量表的基本步骤如下:

指定现金类科目(现金及现金等价物)。

提取数据。从账务处理系统中提取现金类凭证数据。

在T形账户中逐项指定现金流量。对于现金科目T形账户中的数据,根据凭证的业务记录,逐项指定现金流量项目。

输出现金流量表。把所有与现金流量有关的业务记录逐项指定现金流量项目后,就可以输出现金流量表了。

这种方法把指定现金流量表项目的任务集中完成,而不在每次输入凭证时指定,需要有专门的功能模块来实现。利用T形账户编制现金流量表时,对现金流量表补充资料部分的编制,可利用软件提供的"附表项目"处理功能,对补充资料中各项目(即附表项目)进行指定,将净利润调节为经营活动的现金流量。在具体指定附表项目中,可调出相应的凭证,通过查看凭证,可指定附表项目。

3.6 报表分析

编制会计报表的目的是为信息使用者提供与决策有关的信息。由于会计报表信息的综合性强,内在关系复杂,且本身具有一定的局限性,必须进行会计报表分析,才能对会计报表信息进行有效利用。会计报表分析是对会计报表信息再加工。运用会计报表数据对企业过去的财务状况和经营成果及未来前景进行评价分析,通过对会计报表的分析,将反映历史状况的数据转变为预计未来的有用信息,为报表使用者进行经济预测和决策提供可靠的依据。

3.6.1 会计报表分析的内容

1. 评价企业财务状况及经营成果

利用会计报表分析,说明企业短期偿债能力、长期还本付息能力、企业盈利水平的高低及创利能力的大小;企业资本结构、投资效益、资产使用效率的高低及运营能力的强弱等,并进一步分析企业的财务状况及经营成果变动的原因。

2. 考核企业经营管理业绩

利用会计报表有关指标及分析计算,考核财务计划的完成情况、企业经营业绩的变化情况;将本企业与同行业平均水平或先进水平进行对比,找出差距和经营上的不足,以便采取防范与改进措施。

3. 为经营决策提供依据

任何有助于管理部门更有效地管理企业的信息都是企业内部各管理部门所必需的,如果能及时提供本企业的报表数据,如净资产报酬率、每股盈利等数据,对管理当局的一些重大投资决策将有相当大的影响;又如在会计报表的基础上,向管理当局报告企业资产利用效率(如存货周转率、应收账款周转率等)数据,有助于管理当局修订或调整相应的采购政策、赊销政策等。

会计报表分析是以会计报表为主要依据,还需要利用财务计划、会计凭证和会计账簿等资料进行综合分析。

对于一个通用报表处理系统来说,仅仅完成报表编制、查询和报告是不够的,还应该具有对报表数据和其他会计数据进一步加工和分析的功能,以便满足企业管理人员进行预测和决策、事中控制、事后评价等管理活动的信息需求。为此,报表处理系统还提供了一定的报表分析功能。

报表处理软件可以计算各种主要财务指标,根据财务分析的基本原理和方法,提供对企业财务状况、损益情况进行分析的功能。在具体分析时可以采用结构分析、比较分析、趋势分析、比率分析等分析方法,并对分析结果以文字、数字、图形等多种形式显示输出。

3.6.2 报表分析的基本方法

进行报表分析需要运用一定的分析方法,主要包括结构分析法、比较分析法、趋势分析法、比率分析法。

结构分析是将财务报表中个别项目数值与全部项目总和进行比较。结构分析可以揭示部分与整体的关系,通过不同时期结构比率的比较还可以揭示其变化趋势。

比较分析能对企业同口径(指标名称相同、计算方法相同)指标在任意两个会计期间进行比较,以反映其增减变动情况。

趋势分析可将两个或两个以上连续期的相同财务指标或有关比率进行持续比较,从而了解和把握经济业务的变化规律和发展方向。如资产总计、流动资产合计、银行存款等在年度内月份之间、季度之间和年度之间的变化趋势。

比率分析是利用财务报表中相关数据的比率来揭示企业的财务状况和经营成果,如资产负债率是反映偿债能力的比率。

3.6.3 主要财务指标

报表处理系统一般都设置了能反映企业财务状况、资金运作能力、偿债能力及盈利能力的财务指标。通过对这些指标的分析,可以了解企业的财务状况和经营成果。

3.6.4 财务状况分析

财务状况分析是对企业截止报告期的资产、负债及所有者权益的结构、比例及变化趋势等情况进行分析。对企业的财务状况进行分析可以采用结构分析、比较分析、趋势分析、比率分析等方法。

企业生产经营活动各具特色,在实际工作中,企业可能需要按自己的方式设置分析内容,因此,报表处理系统还提供了自定义报表分析功能。自定义报表分析功能中,可以根据企业的需要设置分析指标,进行报表分析。

报表分析可以在会计信息系统中利用报表处理子系统提供的分析功能进行分析,也可以利用工具软件进行分析。

3.7 会计报告信息披露

3.7.1 上市公司会计报告信息披露格式的变化

电子文档是企业通过网络向信息用户发布会计报告的方式之一。美国证监会1995年规定所有上市公司用磁盘、光盘或计算机网络接口向其电子数据收集、分析与检索系统(Electronic Data Gathering, Analysis and Retrieval, EDGAR)提交通用的会计报告,EDGAR系统与互联网连接,为上网用户便捷获取财务信息创造了条件。我国强制要求上市公司进行网上会计报告的披露始于2000年,中国证监会在《关于做好上市公司1999年度报告工作的通知》中要求:"上市公司在刊载年度报告摘要时,应将年度报告登载于中国证监会指定的国际互联网站上。上交所上市公司指定披露的网址为:http://www.sse.com.cn;深交所上市公司指定披露的网址为:http://www.cninfo.com.cn。"我国许多企业在自己建立的网站主页上公布的内容主要是年报、中报、临时公告和其他财务信息(自愿披露)。企业发布财务信息通常采用以下几种文件格式:Adobe可移植文档格式(Portable Document Files,PDF)、超文本标记语言格式(Hyper Text Markup Language,HTML)、文本文件格式(TXT)、MS Office文档格式(DOC,XSL等)等等,比较流行的方式是HTML和PDF文件格式。

以HTML格式制作的电子财务报告,在信息的组织上具有书面报告不可比拟的优点。财务报告的各个组成部分可以通过超链接有机地结合起来,使用者通过点击不同主题下的链接直接转到需要的部分,这种阅读方式是传统书面报告无法提供的。但是在将原始格式文件转化为HTML文件时需要重新进行格式设计,通过浏览器打印出来的文件并不是原始文件的原貌，而是需要针对不同的浏览器专门设计文件的显示格式。

Adobe Acrobat 的应用使会计报告以电子形式发布的内容与纸质版本一致。我国大多数上市公司目前披露的会计报告都运用 PDF 技术把纸质会计报告转变成电子版本。会计报告的编制者需要将相关数据从使用的财务软件取出并录入 Word 文档或其他格式文档，然后再转化为 PDF 格式。会计报告的使用者如果需要查询某上市公司的数据，必须先安装 Adobe Acrobat 软件才能阅读，从上市公司的会计报告中找到自己所需的数据，将其输入 Excel 表格或其他分析表格中再进行计算或分析。对于会计报告的编制者和使用者来说，都需要重新输入数据，既浪费时间和人力，又增加了出错的风险。

我国证监会从 2002 年 5 月开始《上市公司信息披露电子化规范》标准的制定工作，该标准最终确定采用 XBRL 的技术规范。XBRL 是 eXtensible Business Reporting Language 的缩写，中文译为"可扩展商业报告语言"，是一种基于互联网技术的新型企业财务报告语言。按照 XBRL 国际组织的定义，XBRL 是企业网络财务报告编制、发布、数据交换和财务报表及其所含信息分析的一种标准方法。开发 XBRL 的目的是提供一个全球企业报告供应链的架构，规范网络环境下会计报告的披露和信息的交换标准，使财务结果的报告和分析更方便、可靠。

3.7.2 XBRL 简介

开发 XBRL 的理念源起于美国的一名注册会计师 Charles Hoffman。1998 年 4 月，Charles Hoffman 对 XML（eXtensible Markup Language，XML，中文译为"可扩展标记语言"，是一种定义明确、自我描述的、可扩展的、标准化的交换数据方法）用于电子发布财务信息开展调查研究，并着手开发 XML 的财务报表和审计工作表。

1998 年 7 月，Charles Hoffman 向 AICPA（美国注册会计师协会）高新技术工作组的负责人 Wayne Harding 报告了 XML 格式财务报告的潜力。1998 年 8 月，Wayne Harding 邀请 Charles Hoffman 向 AICPA 高新技术工作组介绍 XML 的基本情况，高新技术工作组制定了"产品计划书"，建议 AICPA 开发基于 XML 格式财务报表的系列原型。Wayne Harding 于 1998 年 10 月向 AICPA 委员会呈送了"产品计划书"，AICPA 要求准备业务计划以考察 XML 的案例，尤其是基于 XML 的财务报表，此项目的名称为"可扩展财务报表标记语言"（eXtensible Financial Reporting Markup Language，XFRML），这些业务计划于 1999 年 6 月完成。

1999 年 7 月，AICPA 董事会决定资助 XFRML 的开发，并组织成立 XFRML 指导委员会，成员包括 AICPA、五大会计师事务所、微软等。XFRML 主要针对财务信息，如年报、中报、季报、总账数据和审计工作表。同年 10 月 13 日，XFRML 测试用的原型构建完成，同时创建了 10 家虚拟公司的资料，以测试 XML 为基础的财务报表。根据 XBRL 应用于报告的特点和潜力，AICPA 把 XFRML 更名为 XBRL，希望将 XBRL 应用于发布的所有报告，包括财务报表、税务报告、政府与监管机构要求的法定文件、会计和企业报告、企业内部分析资料及其他相关资料等，并且首先推行财务报表的 XBRL。

2000 年 7 月，XBRL 指导委员会发布了第一份 XBRL 规格书（Specification Version 1.0）及 XBRL 分类体系（Taxonomy）。这份 XBRL 分类体系是根据美国制造和商业区适用的公认会计原则制定的。随着 XBRL 组织成员的迅速增加，为了推动 XBRL 的应用，

XBRL指导委员会决定成立XBRL国际组织。XBRL国际组织是一个全球性的会计组织，是一个由会计师事务所、银行、政府机构、软件开发商、企业承包信息提供者与企业承包报告的利益相关者组成的国际性联合体。截至2004年9月底，XBRL国际组织的成员数年已达到250多个。

2001年2月，XBRL国际组织召开了第一次全球大会，国际组织的成员之一——国际会计准则委员会将根据国际会计准则制定的XBRL财务报表分类体系草案提交XBRL组织成员审阅。国际会计准则委员会希望根据国际会计准则制定的分类体系帮助其他国家发展和执行XBRL。

3.7.3 XBRL的应用

世界上的许多国家和地区，如美国、加拿大、澳大利亚、德国、中国台湾都积极投入XBRL项目的建设之中。在积极推动XBRL分类体系发展的同时，一些会计软件开发商也积极进行XBRL软件程序的开发，希望借助XBRL项目占有更大的市场，提升竞争力。

我国《上市公司信息披露电子化规范》是按照《企业会计制度》和我国证监会关于上市公司信息披露系列准则的相关要求，依据国际XBRL2.1规范和《财务报告分类信息框架》(Financial Reporting Taxonommies Architecture, FRTA)的相关规定编写的，规定了上市公司信息披露文件基于XBRL的电子文件的退用要求和基本原则。在《上市公司信息披露电子化规范》框架下，上海证券交易所将XBRL应用于2003年年报摘要及2004年一季度报告、中报摘要、年报摘要和年报全文披露。深圳证券交易所于2005年1月正式推出——改版后的基于XBRL的"上市公司定期报告制作系统"。

1. 分类信息的内容

分类信息是《上市公司信息披露电子化规范》的核心内容，定义信息披露中涉及的元素及元素之间的关系，用于规范实例文件的制作及校验。规范定义分类信息应遵循国际标准，具体内容包括：

(1) 公告基本信息。

这类信息定义了一系列用于描述公告文件本身信息的元素，通过这些元素详细记录一个公告的信息，包括公告类别、公告标识、公告披露日期、公告披露媒体，及与公告文件相关的实体的基本信息，如公司简称、公司代码等。

(2) 财务报表分类信息。

这类信息按行业划分为工商类财务报表分类信息和金融类分类信息，提取了上市公司信息披露中涉及的财务报表元素，通过这些元素描述上市公司定期报告包含的财务报表，规范了报表中各报表项目间的勾稽关系和计算关系。

(3) 公告非财务信息。

这类信息定义了上市公司披露信息中除财务报表和相关财务数据以外的信息元素，包括公司基本信息，公司股东、股本及权益分派信息，公司筹资、上市及募集资金使用信息，交易和关联交易信息，重大事项信息，公司财务数据信息，其他信息等。

(4) 定期报告分类信息。

这类信息定义了定期报告摘要中涉及的信息披露的内容，并重新定义了这些信息的组织方式。定期报告分类信息包括年度报告分类信息、半年度报告分类信息和报告分类信息。

如果一家公司想用XBRL公开自己的会计报告,需要使用分类标准预先规定的标签,将公司的财务数据放进相应的标签里,组成实例文档。

2. 成功应用XBRL的三个必要条件

(1)适用于所有企业的规格书和分类体系。

XBRL规格书规范XBRL文件应有的格式及如何编写一份符合标准的XBRL文件,XBRL分类体系对表达企业财务信息的标签进行统一定义,而且每个项目必须唯一。XBRL规格书和分类体系主要由XBRL指导委员会负责。

(2)符合规格书的应用程序。

程序类似于现有报告模式下被企业广泛应用的会计软件,可以帮助企业报告的提供者编制、发布XBRL格式的财务报告。程序主要由参与开发XBRL软件的供应商负责开发。

(3)可以移交信息给特殊及各种格式的样式单。

这是一种可以将信息呈报为特定或各种格式的应用程序,帮助会计报告使用者从互联网上获取XBRL会计报告信息,并将其转换为使用者需要的格式。样式单的开发由不同的软件供应商完成。

依据AICPA的规划,XBRL并不会改变现有的会计准则,通过提供使报表信息交换更有效率、更可靠的方法,使专业的或一般的使用者更快速且容易地存取证券交易所的信息。XBRL的基本特性是,允许任何对财务报告信息有兴趣的使用者自由地在不同的软件包平台取得、交换财务信息。

3. XBRL的应用所引起的变革

XBRL的应用将对信息产生、信息流转到应用的各个环节带来深刻的变革。主要表现在:

(1)提高了财务信息的透明度。

XBRL允许财务信息保持其原始上下文,信息使用者很容易挖掘到交易事项。

(2)提高报表编制效率。

XBRL提供规范的报表格式,减少了重新输入数据的次数,降低了人工采集数据出错的风险,同时将会计报表表内数据和表外说明进行语言统一,实现会计报表数据勾稽关系的自动化处理,保证数据的准确性和可靠性。

(3)提高数据交换及流转的效率。

基于XBRL的财务信息具有标准格式,一次生成后,可以直接在监管机关、会计师事务所、网站之间流通,由于XBRL是基于XML的,其本身是一种跨平台的纯文本的描述性语言,因此,数据交换也是跨平台的。

(4)信息使用者能够方便、快捷地检索和分析他们所需要的数据。

XBRL可以采用与Excel结合运行的文件格式,使数据处理变得更容易。

当面对一个产品生命周期不断缩短、竞争日趋激烈、创新不断加速、经营活动不确定性日益显著的环境,会计信息的决策有效期间将大大缩短,必须建立一套能提供实时信息的企业财务会计报告制度。一方面,定期的报告仍存在,作为财务成果分配的依据;另一方面,实时报告也将涌现,作为决策的依据,此时,所有的交易和事项在发生时既可记录、处理与报告,用户也可以随时获得实时报告信息。实时报告的出现,将对财务报告的编制、披露及使用带来革命性的影响。

与企业财务会计报告编制的实时性相对应,报告的传递将实现网络化、无纸化。随着 Internet 应用的普及,公司可将经审计的报告存储在互联网上,任何网上的使用者随时可调用。同时,信息的公开程度也将大大提高,企业在网上提供的不仅有综合信息,还有层层细化的信息,如同一个金字塔结构,使用者可以按从上到下的顺序阅读,即从综合的信息开始,找到自己感兴趣的内容,点中链接,进入下一层浏览,再不断重复追踪的过程,直至进入感兴趣的最原始的数据库为止;也可以按从下而上的顺序阅读,从原始数据库向上阅读综合信息。阅读者甚至可以自己逐层汇总信息,编制自己需要了解的报表。这种网络化的传递方式不仅在信息的时效性、充分性上获得了巨大的进步,在信息的真实性上也获得了突破。

□本章小结

编制和分析报表是会计工作的一项重要内容。会计报表系统的主要目的是编制、输出会计报表。本章着重讲解了对外会计报表编制的基本原理,特别是对个别会计报表、汇总会计报表和合并会计报表进行了讲解,并对会计报告披露的格式变化及信息 XBRL 产生和应用进行了介绍。本章还讲解了资产负债表和现金流量表的编制,简要介绍了报表分析系统的基本内容。

□思考与练习

1. 在计算机数据信息系统中,会计报表有哪些数据来源?
2. 通用报表系统应设计哪些主要功能?
3. 通用会计软件中,数据来源通常采用用户自定义的方式,这种方式有何优点和缺点?
4. 在会计报表系统中,汇总会计报表和汇总表的数据生成有何不同?

第4章 其他业务核算子系统

□学习目标

通过本章学习,要求了解其他业务核算子系统的概念,明确其他业务核算子系统的处理流程及各有关子系统相互间的关系,掌握其他业务核算子系统的会计处理内容,即系统初始化、日常业务处理及期末处理,重点掌握各子系统与总账子系统凭证传递的过程及其他业务处理情况。

其他业务核算子系统是指总账子系统之外用于对其他业务核算和管理的系统,包括:工资管理子系统、固定资产管理子系统、应付款管理子系统、应收款管理子系统等。

4.1 工资核算子系统

4.1.1 工资管理子系统概述

1. 工资管理子系统概念

工资管理子系统是企业财务系统的一部分,是进行工资核算与管理的系统。在企业中,工资核算是一项工作量大、准确性要求高、涉及面广的工作,每月需要重复计算工资、编制报表等,会计人员需在此投入很大的时间和精力。利用工资管理软件可以自动完成工资的计算及汇总、工资报表、工资计算单、工资汇总分配表及记账凭证的填写等工作,从而大大减轻会计人员的工作量、提高工作效率。其主要内容包括以下几个方面:

(1)设置工资核算的基本参数;
(2)处理职工调入、调出、内部调动及工资调整数据;
(3)计算职工工资,代扣个人所得税,输出工资结算单和工资条;
(4)汇总工资费用,输出工资费用汇总表;
(5)按照一定比例计提各项费用;
(6)按用途分配工资费用,输出工资费用分配表并根据其编制转账凭证,转入账务处理和成本核算子系统。

2. 工资管理子系统特点

工资数据的核算和管理是所有单位财会部门最基本的业务之一。工资核算的时效性强,在职人数多的企业,工资业务的处理是一项繁重的工作。这决定了工资管理子系统具有如下特点:

(1)数据量大。

在我国,大多数企业工资项目多,因此工资子系统原始数据量大。其中有关职工姓名、编码、基本工资等每月固定不变的数据需要在系统中长期跨年保存。另外,每月变动的数据量也比较大,在进行工资业务处理时的数据修改、输入的工作量也大。

(2)业务处理的时效性、准确性要求高。

工资发放有确定的时间限制,工资问题与职工的利益密切相关。因此必须按企业规定的工资发放日期完成工资业务的处理并保证数据处理的正确。

(3)核算方法简单。

工资业务的核算方法比较简单,每月进行工资业务处理时只要输入每一职工的有关变动数据即可,有很强的规律性和重复性,便于计算机处理。

3. 工资管理子系统与其他子系统的关系

工资管理系统与其他系统的主要关系,见图 4-1。

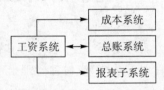

图 4-1 工资系统与其他系统的关系

(1)工资管理系统与系统管理关系。

工资系统与系统管理共享基础数据。工资系统需要的基础数据可以在系统管理中统一设置,也可以在工资系统中自行设定。

(2)工资系统与总账系统。

工资系统将工资分摊结果自动生产转账凭证,传递到总账系统,并可以查询凭证。

(3)工资系统与成本核算系统。

工资系统向成本核算系统传送相关费用的合计数据。

(4)工资系统与报表子系统。

报表子系统通过函数读取工资管理子系统的计算结果,供用户自定义有关工资报表。

4.1.2 工资管理子系统业务处理流程

1. 新用户的操作流程

采用多工资类别核算的企业,首次启用工资管理系统,应按图 4-2 所示步骤进行操作。

如果是单工资类别核算管理的新用户,其操作流程比多工资类别核算管理的企业相对简单,也基本遵从图 4-2 的步骤进行操作,只是省略了工资类别的建立、工资项目的选择等程序。

2. 老用户的操作流程

如果已经使用了工资管理子系统,到了年末,应进行数据的结转,以便开始下一年度的工作。新的年度开始时,可在"设置"菜单中选择所需修改的内容,如人员附加信息、人员类别、工资项目、部门等,但是这些设置只有在新的会计年度第一个月里,在没有做过任何日常业务,并且删除该参数所涉及的工资数据和人员档案后,才可以进行修改。

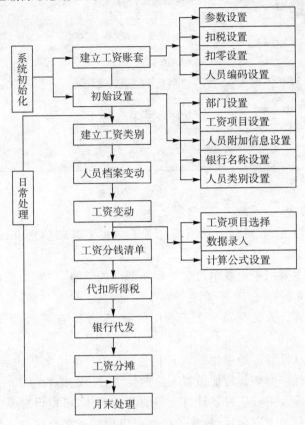

图4—2 工资管理子系统业务处理流程图

4.1.3 工资管理子系统日常业务处理

工资管理子系统日常业务处理包括初始设置、日常处理、期末处理。

1. 初始设置

使用计算机进行核算之初,需要做一次性初始设置,以建立系统应用环境。初始设置前,应进行必要的数据准备,如部门、人员类别、工资项目及计算公式、基本工资数据等基本信息。这里,一些数据信息需要由企业的其他部门提供,如人力部门、生产部门、销售部门等,财务部门则根据这些信息,正确的反映出本单位的工资构成等情况。工资管理子系统初始设置包括建立工资账套和基础信息设置两部分。

(1)建立工资账套。

建立工资账套是根据单位的特点、需要建立工资应用环境,将通用的工资管理子系统建立成满足本单位核算需要的管理系统,建立工资账套时可以根据建账向导分4步进行:即参数设置、扣税设置、扣零设置、人员编码。如图4—3。

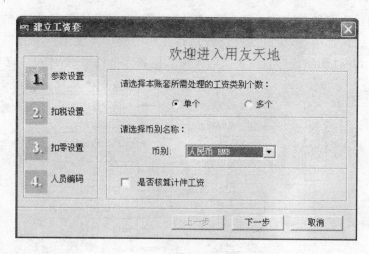

图 4-3 建立工资账套

(2)基础信息设置。

建立工资账套以后,要对整个系统运行所需的相关基础信息进行设置,这是工资管理子系统运行的基础。包括:

①部门设置。主要用于设置单位各个职能部门的信息,并对工资按部门进行分类和汇总。

②人员类别设置。人员类别与工资费用的分配、分摊有关,便于系统按人员类别对工资进行汇总。

③人员附加信息设置。通过增加人员信息,丰富人员档案的内容,便于系统对人员进行更加有效的管理。例如。增加设置人员的性别、民族、婚否等。

④工资项目设置。工资项目是计算工资的基础载体,可以设置其名称、类型和宽度。系统提供了一些固定的工资项目,核算单位也可以根据需要自定义工资项目。在此设置的工资项目是针对所有工资类别的全部工资项目。如图 4—4。

⑤银行名称设置。同一工资类别中的人员由于在不同的工作地点,需在不同的银行代发工资;或者不同的工资类别由不同的银行代发工资,均需设置相应的银行名称。

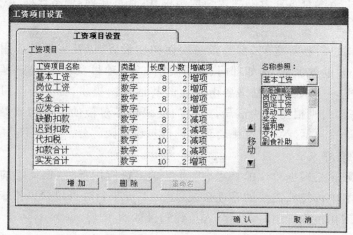

图 4-4 工资项目设置

2. 日常处理

(1) 工资类别管理。

工资类别是指在一套工资账中,根据不同情况而设置的工资数据管理类别。在工资管理中如果存在多种不同类别人员,每一人员的工资发放项目不同,计算公式也不同,但需要进行统一核算、管理的情况,则可以通过建立不同的工资类别,实现多个类别核算。

①建立工资类别。根据单位实际情况设置工资数据管理类别,如在职人员、离退休人员等。

②人员档案管理。设置人员的基础信息及人员变动调整,用于登记工资发放人员的姓名、职工编号、所在部门及人员的增减变动情况等信息。

③设置工资项目和计算公式。由于不同的工资类别,工资发放项目不同,计算公式也不同,因此应对某个指定工资类别所需的工资项目进行设置,并定义此工资类别的工资数据计算公式。如图4—5。

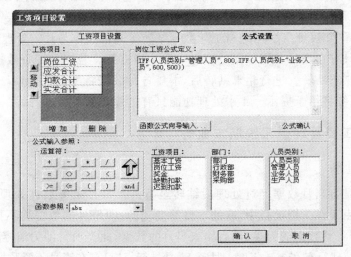

图 4-5 工资计算公式设置

(2) 工资数据管理。

可以根据不同单位的需要设计工资项目和计算公式;管理所有人员的工资数据,并对平时发生的工资变动进行调整;自动计算个人所得税,结合工资发放形式向代发工资的银行传输数据;自动计算、汇总工资数据;自动完成工资分摊、计提、转账业务。

①工资数据。管理所有人员的工资数据。第一次使用工资系统必须将所有人员的基本工资数据录入计算机内,并对平时发生变动的工资进行调整。

②工资分钱管理。系统提供了票面额设置的功能,可根据单位需要自由设置,系统根据实发工资项目分别按部门、人员自动计算各种面额的张数。

③个人所得税的计算与申报。系统提供了个人所得税自动计算功能,通过自定义所得税率,自动计算个人所得税。

④银行代发。适用于由银行发放工资的单位。可实现在同一工资账中的人员由不同的银行代发工资。

⑤工资分摊。自动完成工资分摊、计提、转账业务。

⑥工资数据汇总。用于单位工资发放和统计并完成统一核算。

3. 工资管理子系统期末业务

工资管理子系统期末业务处理主要包括月末结转本月数据和年末结转本年数据。

(1) 月末结转。

月末处理是将当月数据经过处理后结转至下月。每月工资数据处理完毕后均可进行月末结转。由于在工资项目中,有的项目是变动的,即每月的数据均不相同,在每月工资处理时,均需将其数据清为零,而后输入当月的数据,此类项目即为清零项目。

月末结转处理只有在会计年度1月至11月进行,且只有在当月工资数据处理完毕后才可进行。若为处理多个工资类别,则应打开工资类别,分别进行月末结转。若本月工资数据未汇总,系统将不允许进行月末结转。进行期末处理后,当月数据将不允许变动。

(2) 年末结转。

年末结转是将工资数据经过处理后结转至下年。进行年末结转后,新年度账将自动建立。当处理完所有工资类别的工资数据后,对多工资类别,应关闭所有工资类别,然后在系统管理中选择"年度账"菜单,进行上年数据结转。其他操作与月末处理类似。

年末结转只有在当月工资数据处理完毕后才能进行。若当月工资数据未汇总,系统将不允许进行年末结转。进行年末结转后,本年各月数据将不允许变动。若用户跨月进行年末结转,系统将给予提示。年末处理功能只有主管人员才能进行。

4.1.4 工资管理子系统期末业务

1. 月末结转

月末处理是将当月数据经过处理后结转至下月。每月工资数据处理完毕后均可进行月末结转。由于在工资项目中,有的项目是变动的,即每月的数据均不相同,在每月工资处理时,均需将其数据清为零,而后输入当月的数据,此类项目即为清零项目。

月末结转处理只有在会计年度1月至11月进行,且只有在当月工资数据处理完毕后才可进行。若为处理多个工资类别,则应打开工资类别,分别进行月末结转。若本月工资数据未汇总,系统将不允许进行月末结转。进行期末处理后,当月数据将不允许变动。

2. 年末结转

年末结转是将工资数据经过处理后结转至下年。进行年末结转后,新年度账将自动建立。年末结转只有在当月工资数据处理完毕后才能进行。若当月工资数据未汇总,系统将不允许进行年末结转。进行年末结转后,本年各月数据将不允许变动。若用户跨月进行年末结转,系统将给予提示。年末处理功能只有主管人员才能进行。

4.2 固定资产管理子系统

4.2.1 固定资产管理子系统概述

1. 固定资产管理子系统概念

固定资产管理子系统是一套用于各类企业和行政事业单位进行固定资产核算和管

理的模块,能够帮助单位进行固定资产净值、累计折旧数据的动态管理,协助单位进行部分成本核算,协助设备管理部门做好固定资产管理工作。该系统的主要作用是完成单位固定资产日常业务的核算和管理,生成固定资产卡片,按月反映固定资产的增加、减少、原值变化及其他变动,并输出相应的增减变动明细账,按月自动计提折旧,生成折旧分配凭证,同时输出相关的报表和账表。

2. 固定资产管理子系统特点

固定资产子系统是企业管理信息系统的一个重要组成部分,用于固定资产的核算和管理工作。由于单位拥有的固定资产数量大、种类多、保管和使用分散,这决定了固定资产管理子系统具有如下特点:

(1)数据量大。

由于一般单位拥有的固定资产数量较多且每一项固定资产的信息项目也比较多,为了加强对固定资产的管理,系统内需要每一项固定资产的详细资料,即使是已淘汰的固定资产的资料也必须保留,而且相关资料需要跨年度保留。

(2)数据变动少,日常数据输入量小。

除了在系统初始设置时需要输入大量的固定资产详细数据外,在日常业务处理中一般只需要输入少量的固定资产变动数据、每月折旧,以及输出报表有关数据。数据处理的频率较低。

(3)数据处理模式固定。

固定资产系统的数据处理主要是折旧的计算和相关报表的输出。尽管计提折旧特别是计算单台固定资产的折旧的工作量大,但方法比较简单,一旦在系统初始设置时选种某种折旧方法,计算机将根据有关命令进行计提,决定系统数据处理比较简单。

(4)具有自定义证、表的功能。

由于在实际工作中单位固定资产的有关信息主要以各种报表形式提供。为了便于用户的使用,系统提供了自定义报表及其他单据的功能,用户可根据需要,自定义各种统计报表及固定资产卡片。

3. 固定资产管理子系统与其他子系统的关系

固定资产管理子系统与其他子系统的关系:见图4-6。

(1)固定资产管理子系统与系统管理。

二者共享基础数据。固定资产管理子系统需要的基础数据可以在系统管理中统一设置,也可以在固定资产管理系统中自行设定。

(2)固定资产管理子系统与总账系统。

固定资产系统中资产的增加、减少原值和累计折旧的调整以及计提折旧等数据生成转账凭证传递给总账子系统,同时通过对账保持固定资产账目与总账的平衡,并可以修改、删除及查询凭证。

(3)固定资产管理子系统与成本核算子系统。

固定资产管理子系统为成本核算子系统提供计提折旧有关费用的数据。

(4)固定资产管理子系统与报表子系统。

报表子系统通过函数读取固定资产管理子系统的计算结果和统计,供其编制有关报表。

图 4-6 固定资产管理系统与其他系统的关系

4.2.2 固定资产管理子系统的业务处理流程

实行了计算机会计后,固定资产管理系统对数据的处理及核算方式与手工处理相比有较大的区别。其业务处理流程见图 4-7。

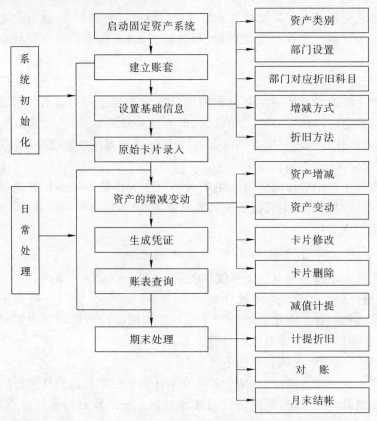

图 4-7 固定资产管理系统业务处理流程图

4.2.3 固定资产管理子系统日常业务

固定资产管理子系统日常业务处理包括初始设置、日常处理、期末处理三个部分。

1. 初始设置

固定资产管理系统初始化是根据单位的具体情况,建立一个适合本单位需要的固定资产子账套的过程。它是使用固定资产系统管理资产的首要过程。包括建立账套、设置基础数据、输入期初固定资产卡片等。

(1) 建立账套。

首次使用固定资产管理系统时,系统自动提示是否进行账套初始化,并自动引导完成部分账套参数设置。包括启用月份、折旧信息、编码方案以及财务接口等。

(2) 设置基础数据。

在计算机会计方式下,应将手工记账时采用的信息在账套内进行设置,这是使用固定资产系统进行资产管理和核算的基础。

① 资产类别设置。固定资产的种类繁多,且规格不一,要强化固定资产管理,及时准确做好固定资产核算,必须科学地设置固定资产的分类,为核算和统计管理提供依据。单位结合自身的特点及管理要求,进行科学、合理的分类。

② 部门设置。依据"谁使用谁管理"原则,可对单位的各部门进行设置,以便确定资产的归属。应设置固定资产所属部门的详细信息,包括部门编码、名称、负责人、部门属性等。

③ 部门对应折旧科目设置。对应折旧科目是指折旧费用的入账科目。资产计提折旧后必须把折旧数据归入成本或费用项目,根据不同使用者的具体情况,可按部门归集,也可按类别归集。部门折旧科目的设置就是为部门选择一个折旧科目,以便在录入卡片时自动显示折旧科目。在生成折旧分配表时,每一部门内按折旧科目汇总,从而制作记账凭证。

④ 增减方式设置。增减方式包括增加方式和减少方式两类。设置增减方式用于确定资产的计价和处理原则,也有利于对固定资产增减汇总进行管理。固定资产增加的方式有直接购买、投资者投入、捐赠、盘盈、在建工程转入、融资租入。减少的方式主要有出售、盘亏、投资转出、捐赠转出、报废、毁损、融资租出等。

⑤ 折旧方法设置。折旧方法设置是系统自动计算折旧的基础。系统提供了以下方法可供选择,即:不提折旧、平均年限法、工作量法、年数总和法、双倍余额递减法,并列出了它们的折旧计算公式。若这几种方法不能满足单位需要,还可通过自定义功能定义自己合适的折旧方法和计算公式。

(3) 原始卡片的录入。

固定资产卡片是固定资产核算和管理的基础依据,为保持历史资料的连续性,在使用固定资产管理系统进行核算前,除了前面必要的基础工作外,还应将建账日期以前的数据录入到系统中。原始卡片的录入不限制必须在第一个期间结账前,任何时候都可以输入原始卡片。如图4—8。

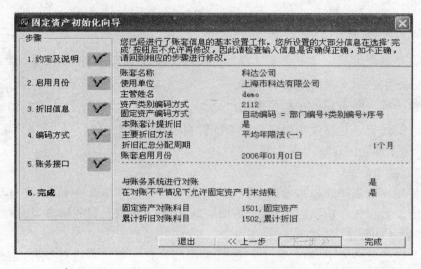

图 4-8　固定资产初始化向导

2. 日常处理

固定资产管理系统中的日常管理主要涉及单位固定资产卡片的管理、固定资产增减记录及资产的变动等业务。

（1）资产增加。

固定资产增加是指购进或通过其他方式增加资产。资产的增加需要输入一张新的固定资产卡片,与固定资产期初输入相对应。在日常使用过程中,对于增加的资产通过增加"新卡片录入"的操作方式录入系统中。资产通过哪种方式录入,在于资产的开始使用日期,只有在开始使用日期的期间与录入的期间相等时,才能通过资产增加录入。如图4-9。

图 4-9　固定资产卡片

（2）资产减少。

资产减少是指资产在使用过程中由于各种原因,如报废、出售、盘亏等,退出单位,此时要做资产减少处理。资产减少需要输入资产减少卡片并说明原因。

系统只有当账套开始计提折旧后才可使用资产减少功能,否则只有通过删除卡片来实现。

(3)资产变动。

资产在使用时可能会因某些原因调整卡片上的有关项目,从而引起资产变动业务。包括原值变动、部门转移、使用状况变动、使用年限调整、折旧方法调整、累计折旧调整、净残值(率)调整、资产类别调整、计提减值准备、变动单管理及其他项目。

①原值变动。资产在使用过程,若发生以下几种情况,都会引起原值的变动。根据国家规定对固定资产重新评估;增加补充 或改良设备;将固定资产的一部分拆除;根据实际价值调整原来的暂估价值;发现原记固定资产价值有误。原值变动包括原值的增加和原值减少两部分。

②部门转移。资产在使用过程中,因内部调配而发生的部门变动,对此,应通过系统提供的部门转移功能完成,否则将影响部门的折旧计算。

③使用状态变动。资产的使用状态分为在用、未使用、不需用、停用、封存。资产在使用过程中,会因某种原因,使得资产的使用状态发生变化,对此,应通过系统提供的使用状态变动功能进行调整,否则将影响资产折旧的计算。

④资产使用年限的调整。资产在使用过程中,可能会由于资产的重估、大修等原因调整其使用年限,这将影响资产折旧的计算。进行使用年限调整的资产在调整的当月应按调整后的使用年限计提折旧。

⑤折旧方法的调整。根据《会计制度》规定,折旧方法一年之内一般不得随意变动。但若有特殊情况需要采用新的折旧方法,可通过系统提供的相应功能予以调整。

⑥累计折旧调整。资产在使用过程中,由于补提折旧或多提折旧,需要调整已经计提的累计折旧。但要求原值减调整后的累计折旧必须保证大于等于净残值。

⑦工作量调整。使用工作量法计提折旧的资产在使用过程中发生的工作量的变动可通过系统提供的功能实现。但调整后的工作量不能小于累计用量。

⑧资产在使用过程中,有可能因为单位调整资产分类或其他原因需要调整其所属类别,但调整后的类别和调整前的类别的计提属性必须相同。

⑨资产净残值(率)调整。资产在使用过程中,因重新评估及调整资产的价值等原因,需要修改原来预计的净残值或净残值(率)。但调整后的净残值必须小于净值。

⑩变动单管理。变动单管理可以对系统制作的变动单进行综合管理,包括查询、修改、制单、删除等,如可按单张变动单、变动单类型、单个资产、按发生变动的资产所属部门和资产类别查看资产所发生的变动。

(4)卡片修改。

当发现卡片有原值、使用部门、累计折旧等有关信息录入错误或资产在使用过程中有必要修改卡片的内容时,且还没有制作变动单情况下,可通过系统有关功能进行无痕迹修改。

(5)卡片删除。

卡片删除是指将卡片资料彻底从系统清除,不是资产的清理或减少。当出现下列两种情况时可通过系统提供的删除功能实现。即卡片录入当月发现卡片录入有误可删除;通过"资产减少"功能减少的资产资料。

(6)生成凭证。

固定资产管理系统和总账系统之间存在着数据的自动传输,这种传输是固定资产管理系统通过记账凭证向总账管理系统传递有关数据。如资产增加、减少、原值变动、累计折旧调整及折旧分配等。制作凭证可以采取"立即制单"或"批量制单"的方法实现。

(7)账表查询。

固定资产管理过程中,需要及时掌握资产的统计、汇总和其他各方面的信息,系统根据日常业务操作情况,自动提供相关信息,并以账表(账簿、折旧表、统计表、分析表)的形式提供。

3. 固定资产管理系统期末处理

固定资产管理系统的期末处理工作主要包括计提减值准备、计提折旧、对账及月末结账等业务。

(1)计提减值准备。

单位在期末至少每年年终,对固定资产逐项进行检查,如果由于市价持续下跌,或技术陈旧等原因导致其可收回金额低于账面价值的,应当将可收回金额低于账面价值的差额作为减值准备计提。

(2)计提折旧。

自动计提折旧是本系统的主要功能之一。系统每月计提折旧一次,根据录入的资料自动计算每项资产的折旧,并自动生成折旧分配表,然后制作记账凭证,将本期的折旧费用自动登账,同时并将当期的折旧额自动累加到累计折旧项目中。

当月发生原值调整、累计折旧调整、净残值(率)调整时,当月计提的折旧额不变,下月按变化后的值计算折旧;折旧方法调整、使用年限调整、工作量调整当月按调整后的值计算折旧;使用状况调整当月按调整前的数据判断是否计提折旧,即使用状况调整下月有效;部门转移和类别调整当月计提的折旧分配,分配到变动后的部门和类别。

(3)对账。

为保证固定资产管理系统与总账管理系统中固定资产账户的数值相等,可使用系统的对账功能对二者进行审查。对账不限时间,任何时候均可执行,但只有在系统初始化中选择了该功能后,才能操作。

(4)月末结账。

当固定资产系统完成了本月全部制单工作后,可进行月末结账,月末结账每月进行一次,结账后当月数据不能修改。由于成本管理系统每月从本系统提取折旧数据,因此一旦成本系统提取了某期数据,则该期不能反结账。

本期不结账,将不能处理下期的数据。结账前一定要进行数据备份。

4.3 应收款管理子系统

4.3.1 应收款管理子系统概述

1. 应收款管理子系统概念

应收款管理子系统是通过发票、其他应收单、收款单等单据的录入,对单位的往来账款进行综合管理,及时、准确地提供客户的往来账款余额资料,提供各种分析报表,如账龄分析表、周转分析、欠款分析、坏账分析、回款情况分析等,通过各种分析报表,帮助单位合理地进行资金的调配,提高资金的利用效率。当用户选择所有客户往来凭证全部由应收款管理子系统完成,其他系统不再生成,则该系统的作用如下:根据输入的单据或由销售系统传来的单据,记录应收款项的形成;处理应收项目的收款、计提坏账准备及转账业务;对应收票据进行记录和管理;在应收项目的处理过程中生成凭证,并向总账管理系统进行传递;对外币业务及汇兑损益进行处理;根据所提供的条件,进行各种查询和分析。

2. 应收款管理子系统特点

由于销售及收款方式灵活多样且实时性要求高,因此应收款管理子系统具有如下特点:

(1) 核算的及时性要求高。能及时反映应收款项的动态信息及应收款的信息,提供详细的客户和产品的统计信息,帮助管理者及财会人员有效地管理应收款。

(2) 提供各种相关信息。除了日常核算提供的动态信息外,还可利用账龄分析和坏账估计等方法加强销售管理,防止坏账损失。

(3) 与其他会计信息系统如总账系统、销售系统、应付系统等联系紧密。

3. 应收款管理子系统与其他子系统的关系

应收款管理子系统与其他系统的关系,见图 4—10。

(1) 应收款系统与系统管理的关系。

二者共享基础数据,应收款管理子系统需要的基础数据可以在系统管理中设置,也可在应收款管理子系统中录入。

(2) 应收款管理子系统与总账系统的关系。

应收款管理子系统向总账系统传递凭证,并查询其所生成的凭证。

(3) 应收款管理子系统与销售系统的关系。

销售系统为应收款管理子系统提供已审核的销售发票、销售调拨单等单据,在应收款管理子系统中对发票进行审核并进行收款结算处理,生成凭证。应收款管理子系统为销售系统提供各种单据的收款结算情况以及代垫费用的核销情况。

(4) 应收款管理子系统与应付款管理子系统。

二者之间可以进行转账处理。

(5) 应收款管理子系统与报表系统的关系。

应收款管理子系统向报表系统提供相关数据。

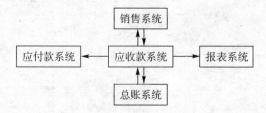

图 4—10 应收款管理子系统与其他系统的关系图

4.3.2 应收款管理子系统业务流程分析

应收款管理子系统业务流程图。见图4—11。

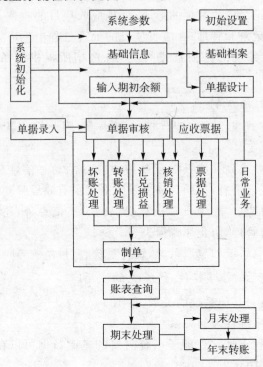

图4—11 应收款管理子系统业务流程图

4.3.3 应收款管理子系统日常业务

1. 系统初始化

(1)设置系统参数。

系统参数是一个系统的核心,它将影响整个账套的使用效果,有些选项在系统使用后就不能修改,所以在选择时要结合本单位实际情况,初始建账时慎重选择。包括应收款、预收款核销方式、选择设置控制科目的依据、选择制单的方式、选择坏账处理的方式及其他有关凭证选项和预警参数。如图4—12。

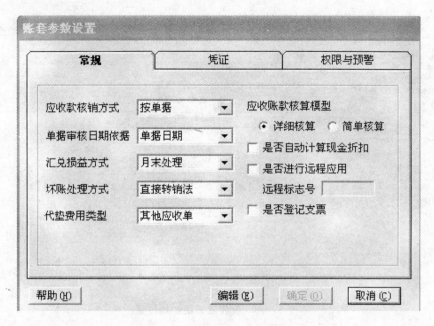

图 4-12 应收款系统参数设置

(2)基础信息。

为保证系统顺利运行,在应收款系统初始化阶段,还需要将手工记账时的基本信息输入到计算机,即执行基础信息设置。包括以下几方面:如图4-13。

①设置科目。由于本系统业务类型较固定,生成的凭证类型也较固定,因此,为了简化凭证生成操作,可以在此将各业务类型凭证中的常用科目预先设置好。如:基本科目设置、控制科目设置、产品科目设置、结算方式科目设置。

②坏账准备设置。是指用户定义本系统内计提坏账准备比率和设置坏账准备期初余额功能。其作用是根据应收业务发生情况,进行计提坏账准备。

③账龄区间设置。是指用户定义应收款或收款时间间隔的功能,其作用是便于用户根据自己定义的账款时间间隔,进行应收款或收款的账龄查询和账龄分析,评估客户信誉,掌握一定时间内应收款、收款情况。

④设置报警级别。用户可以通过报警级别的设置,将客户按照欠款余额与其授信额度的比例分为不同的类型,以便于掌握各个客户的信用情况。

⑤单据类型设置。是指用户将自己的往来业务与单据类型建立对应关系,达到快速处理业务以及进行分类、查询、分析效果。系统提供了发票和应收单两大类型的单据。当使用销售系统时,则发票类型包括增值税专用发票、普通发票、销售调拨单和销售日报。若只使用本系统,则发票类型不包括后两种。发票是系统默认的,不能删除。而应收单是记录销售业务之外的应收款情况,可以按应收款项的不同设置应收单类型。

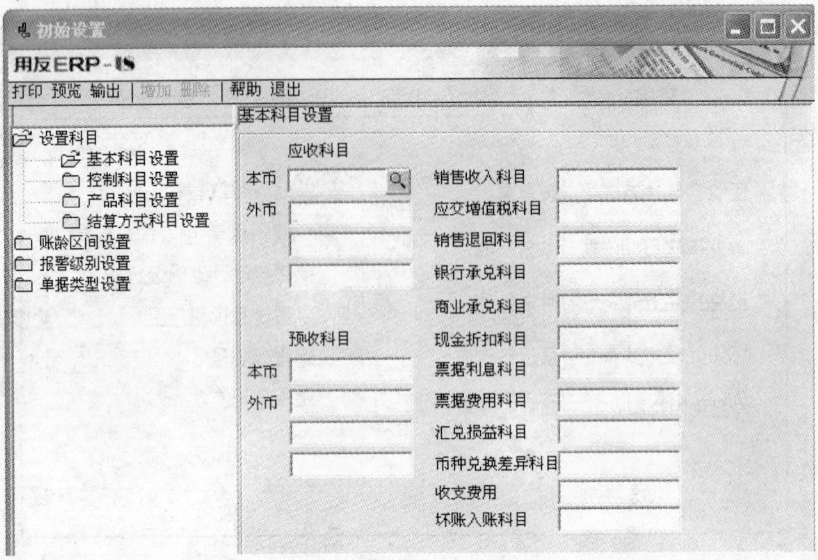

图 4—13 应收款系统初始设置

(3) 录入期初余额。

通过此功能,用户可将正式启用账套前的所有应收业务数据录入系统中,作为期初建账的数据,系统即可对其进行管理,保证了数据的连续性及完整性。当进入第二年度业务处理时,系统自动将上年度未处理完全的单据转为下一年度的期初余额,并可进行期初余额调整。

2. 日常处理

本系统主要以发票、应收单据为依据,记录销售业务及其他业务所形成的往来款项,处理应收款项的发生、收回、坏账、转账等业务,同时进行票据管理。其日常处理包括应收单据处理、收款单据处理、核销处理、票据管理、转账、坏账处理、制单及单据查询等。

(1) 应收单据录入。

在系统中填制的销售发票、应收单统称"应收单据"。应收单据录入是本系统处理应收业务的起点。根据业务模型不同,单据处理的方式也不同,可分两种情况:如果启用销售管理系统,则销售发票及代垫费用产生的其他应收单不在本系统中录入,需在销售管理系统填制,复核后,传递给应收款管理系统。若没有启用销售管理系统,则所有单据都在应收管理系统进行录入。如图 4—14。

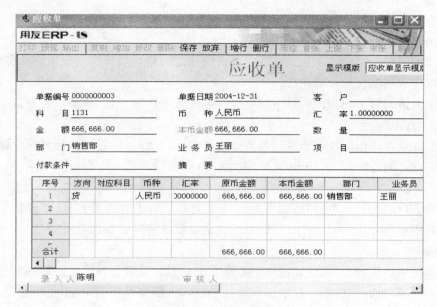

图 4—14 应收单据录入

(2) 应收单据审核。

即把应收单据进行记账,并在单据上填上审核日期、审核人的过程。已审核的单据不允许修改及删除。在销售系统中增加的发票也应在本系统中审核入账;在销售系统中录入的发票若未审核,则不能在此审核。进行过后续处理如核销、制单、转账坏账等处理的单据在单据审核窗口不能显示,可通过单据查询功能完成。

(3) 核销处理。

核销处理是指日常进行的核销应收款的工作。单据核销的作用是解决收回客户款项,核销该客户应收款的处理;建立收款与应收款的核销记录;监督应收款及时核销;加强往来款项的管理。核销的方式有单张核销、自动核销和手工核销三种方式。对应收单据和收款单据进行核销时,如果收款单的数额等于收款单据的数额,则收款单与原有单据完全核销;如果客户事先预付了一部分款,在业务完成后又付清了剩余的款项,且要求这两笔款项同时结算,则在核销时需要使用预收款;如果收到款项小于原有单据的数额,那么单据仅能得到部分核销,未核销的余额留待下次核销;如果预收款大于实际结算的货款,可以将余额退还给往来单位。

(4) 应收票据结算。

本系统主要是对商业承兑汇票和银行承兑汇票进行日常的业务处理,包括票据的收入、结算、贴现、背书、转出、计息等情况。

(5) 坏账处理。

坏账处理的作用是系统通过合理的设置能自动计提应收款的坏账准备,当坏账发生时即可进行坏账核销,当被核销坏账又收回时,即可进行相应处理。系统提供的计提坏账的方法有销售余额百分比法、应收余额百分比法、账龄分析法。

(6) 转账处理。

其内容包括:

预收冲应收。用于处理客户的预收款(红字预收款)与客户应收欠款(红字应收)之间的核销业务。

应收冲应付。将应收款业务在客户和供应商之间进行转账。实现应收业务的调整,解决应收债权与应付债务的冲抵。

红票对冲。可实现客户的红字应收单据与其蓝字应收单据、收款单与付款单之间进行冲抵。

应收冲应收。用于当一个客户为另一个客户代付款时,通过此功能将应收账款在客户与供应商之间进行转入、转出,实现应收业务的调整。

(7)汇兑损益。

如果客户往来有外币核算,则需要对外币业务进行汇兑损益核算,系统提供了两种处理汇兑损益的方式,一是月末计算;另一种是单据结清时计算汇兑损益。

(8)制单。

制单即生成凭证,并将凭证传递到总账系统记账。系统在各个业务处理的过程中都提供了实时制单的功能,如应收单据制单、核销制单、票据处理制单、汇兑损益制单、转账制单、坏账处理制单等。制单处理分为立即制单和批量制单。

(9)账表查询。

用户根据管理需要,在其数据权限的范围内,通过设置基础信息,可以进行对有关账表的查询及分析工作。包括单据查询、业务账表查询、业务分析及科目账表查询。

3. 期末业务

(1)月末处理。

若当月业务全部处理完毕,可以执行月末结账功能。只有当月结账后,才可开始下月工作。进行月末结账时,一次只能选择一个月进行结账,前一个月没结账,则本月不能结账,有未审核的结账单,不能结账。执行了月末结账业务后,该月不能再进行任何业务处理

(2)年末结转。

每年年末执行此功能,将上年数据结转到年度账套中。若上年审核依据选择为单据日期,则年结处理必须在上年所有未审核单据全部审核后才能进行;未审核单据结转到下年后,全部作为下年的日常单据处理,可进行正常的审核、结算、转账等处理。

4.4 应付款管理子系统

4.4.1 应付款管理子系统概述

1. 应付款管理子系统概念

应付款管理子系统主要用于核算和管理往来供应商往来款项。是指通过发票、其他应付单、付款单等单据的录入,对单位的往来账款进行综合管理,及时、准确地记录采购业务及其他业务所形成的往来款项,处理应付款的支付、转账情况,提供供应商的往来账款余额资料及各种分析报表,合理地进行资金的调配,提高资金的利用效果。

2. 应付款管理子系统特点

由于单位日常采购活动批次、商品的品种、牵涉到的部门较多,货款结算的方式灵活多样且实时性要求高,因此本系统具有以下特点:

(1) 数据量大。一是由于采购的商品品种较多涉及较多的供应商;二是由于采购的批次较多,单位可能为了减少库存,常采取量少多进的方法。

(2) 日常数据处理频繁,实时性要求高。单位的采购活动是经常性活动,由此引起的应付款发生、结算的业务需要经常处理,因此必须实时加以反映。

(3) 业务处理复杂且可靠性要求高。由于单位间因商品购销发生的应付的结算方式灵活多样,如钱货两清、延期付款、分期付款等,因此要合理计算,不能有错。

(4) 与其他系统如总账系统、存货管理系统等联系密切。

3. 应付款管理子系统与其他子系统的关系

应付款管理子系统与其他子系统的关系,见图 4-15。

(1) 应付款系统与系统管理的关系。二者共享基础数据,即应付款系统需要的数据既可在系统管理中统一设置,也可在应付款系统中自行录入。

(2) 应付款系统与采购系统的关系。应付款系统接受采购系统的发票,并生成凭证,对发票进行核销、转账等处理。

(3) 应付款与总账系统。向总账系统传递凭证,并能查询生成的凭证。

(4) 应付款系统与应收款系统的关系。二者之间可以进行转账处理。

(5) 应付款管理子系统与报表系统的关系。应付款管理子系统向报表系统提供各种相关数据。

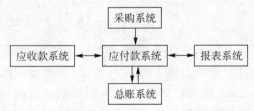

图 4-15 应付款管理子系统与其他系统的关系图

4.4.2 应付款管理子系统业务流程

应付款管理子系统流程分析图如图 4-16 所示:

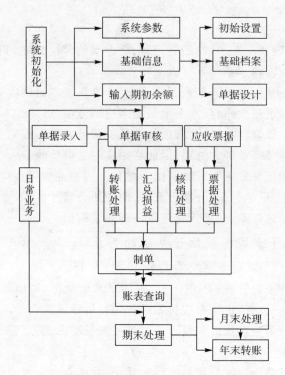

图 4-16 应付款管理子系统业务流程图

4.4.3 应付款管理子系统日常业务

1. 系统初始化

(1)设置系统参数。

系统参数是一个系统的核心,它将影响整个账套的使用效果,有些选项在系统使用后就不能修改,所以在选择时要结合本单位实际情况,初始建账时慎重选择。包括应付款核算类型、应付款核销方式、选择设置控制科目的依据、选择制单的方式、现金折扣的计算及处理的方式,以及其他有关凭证选项和预警参数。如图 4-17。

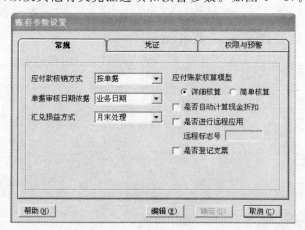

图 4-17 应付款管理参数设置

(2)基础信息。

为保证系统顺利运行,在应付款系统初始化阶段,还需要将手工记账时的基本信息输入到计算机,即执行基础信息设置。包括以下几方面,如图4—18。

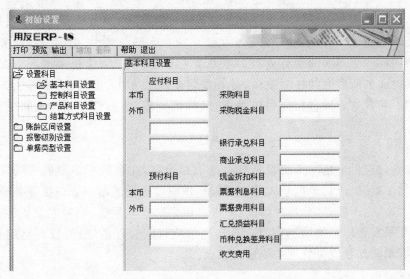

图4—18 初始设置

①设置科目。由于本系统业务类型较固定,生成的凭证类型也较固定,因此,为了简化凭证生成操作,可以在此将各业务类型凭证中的常用科目预先设置好。如:基本科目设置、控制科目设置、产品科目设置、结算方式科目设置。

②账龄区间设置。是指用户定义应付款或付款时间间隔的功能,其作用是便于用户根据自己定义的账款时间间隔,进行应付账款或付款的账龄查询和账龄分析,掌握一定时间内所发生的应付款、付款情况。

③设置报警级别。用户可以通过报警级别的设置,将客户按照对其欠款余额与其授信额度的比例分为不同的类型,以便于掌握各个供应商的信用情况。

④单据类型设置。是指用户将自己的往来业务与单据类型建立对应关系,达到快速处理业务以及进行分类、查询、分析效果。系统提供了发票和应付单两大类型的单据。单据类型中的发票根据启用系统的不同而有所不同,若同时使用采购系统时,则发票类型默认为增值税专用发票、普通发票、运费发票、农副产品收购凭证和其他收据。若只使用本系统,则发票类型只有专用发票和普通发票。发票是系统默认的,不能删除。应付单是记录采购业务之外的应付款情况,可以按应付款项的不同设置应付单类型。

⑤单据设计。系统内增加了单据模板设置的功能。用户可依据自己的往来业务要求设计自己的单据模板。其主要作用是可以充分利用操作员在单据模板设置中所建立的自定义单据模板,使单据更加符合用户的需要。

(3)录入期初余额。

通过此功能,用户可将正式启用账套前的所有应付业务数据录入系统中,作为期初建账的数据,系统即可对其进行管理,保证数据的连续性及完整性。当进入第二年度业务处理时,系统自动将上年度未处理完全的单据转为下一年度的期初余额,并可进行期初余额调整。

2. 日常业务

应付款管理系统主要提供用户应付款的管理,包括应付款的形成及偿还情况。应付业务来源于采购业务,与采购业务息息相关。单位在实际业务中,会因采购业务方式、付款时点的不同而产生不同的会计处理。本系统主要是以发票、应付单据为依据,记录采购业务及其他业务所形成的往来款项,处理应付款项的发生、支付、转账等业务,同时进行票据管理。其日常处理包括应付单据处理、核销处理、票据管理、转账、制单及单据查询等。

(1) 应付单据录入。

采购发票与应付单是本系统日常核算的原始单据,在系统中填制的采购发票、应付单统称"应付单据"。应付单据录入是本系统处理应付业务的起点。根据业务模型不同,单据处理的方式也不同,可分两种情况:如果启用采购管理系统,则采购发票不在本系统中录入,需在采购管理系统填制、复核后,传递给应付款管理系统;若没有启用采购管理系统,则所有单据都在应付管理系统进行录入。

(2) 应付单据审核。

即对应付单据进行记账,并在单据上填上审核日期、审核人的过程。已审核的单据不允许修改及删除。在采购系统中增加的发票也应在本系统中审核入账;在采购系统中录入的发票若未审核,则不能在此审核。进行过后续处理如核销、制单、转账等处理的单据在单据审核窗口不能显示,可通过单据查询功能完成。

(3) 应付票据管理。

本系统提供了票据管理功能,可以对开出的应付票据进行登记、转出、计息、结算等处理。相对于应收票据而言,应付票据没有贴现、背书处理。如果要实现票据的登记簿管理,一般通过对"应付票据"科目进行辅助核算来实现。

(4) 核销处理。

核销处理是指单位日常进行的将付款单与应付发票、应付单进行勾对的业务,即将付款单与发票或应付单相关联,冲减本期应付,减少单位债务。系统提供了按单据核销与按产品核销两种方式。对应付单据核销时,如果付款单的数额等于原有单据的数额,则付款单与原有单据完全核销;如果供应商事先预收了一部分款,在业务完成后又付清了剩余的款项,且要求这两笔款项同时结算,则在核销时需要使用预付款;如果支付款项小于原有单据的数额,那么单据仅能得到部分核销,未核销的余额留待下次核销;如果预付款大于实际结算的货款,可以将余额退还给往来单位。

(5) 转账处理。

与应收款系统相同,应付款系统也包括以下转账业务:

① 预付冲应付。当单位付款给供应商时,同时对该供应商又有预付款,可用预付款冲应付款。

② 应付款冲应收款。若单位既是客户又是供应商,可将应付款业务在客户和供应商之间进行转账,实现应付业务的调整,解决应收债权与应付债务的冲抵。

③红票对冲。当发生采购退货等业务时,可实现在供应商红字应付单据与其蓝字应付单据之间进行冲抵。

④应付款冲应付款。用于当一个供应商为另一个供应商代付款时,通过此功能将应付账款在客户与供应商之间进行转入、转出,实现应付业务的调整。

(6)汇兑损益。

如果供应商往来有外币核算,则需要对外币业务进行汇兑损益核算,系统提供了两种处理汇兑损益的方式,一是月末计算;另一种是单据结清时计算汇兑损益。

(7)制单。

制单即生成凭证,并将凭证传递到总账系统记账。系统在各个业务处理的过程中都提供了实时制单的功能,如采购发票制单、应付单据制单、核销制单、票据处理制单、付款单制单、汇兑损益制单、转账制单等。制单处理分为立即制单和批量制单。

(8)账表查询。

用户根据管理需要,在其数据权限的范围内,通过设置基础信息,可以实现对有关账表的查询及分析工作。包括单据查询、业务账表查询、业务分析及科目账表查询。

3. 期末业务

(1)月末处理。

若当月业务全部处理完毕,可以执行月末结账功能。只有当月结账后,才可开始下月工作。进行月末结账时,一次只能选择一个月进行结账,前一个月没结账,则本月不能结账;有未审核的结账单,不能结账。执行了月末结账业务后,该月不能再进行任何业务处理。

(2)年末结转。

每年年末执行此功能,将上年数据结转到年度账套中。若上年审核依据选择为单据日期,则年结处理必须在上年所有未审核单据全部审核后才能进行;未审核单据结转到下年后,全部作为下年的日常单据处理,可进行正常的审核、结算、转账等处理。

本章小结

因篇幅原因及从重要性和相关性角度考虑,本章仅从工资管理子系统、固定资产管理子系统、应收款子系统、应付款子系统的核算和管理的需要出发,分析了各子系统的概念、特点及各相关子系统间的关系。着重分析了各子系统的数据流程及主要业务发生、处理的情况。要求通过理论学习及实践操作,能熟练掌握各子系统初始化设置、日常业务处理及期末处理基本操作。

思考与练习

一、单选题

1. 设置工资项目属于工资系统(　　)

  A. 系统初始化　　　　　　　　　　B. 日常业务处理

C. 数据维护　　　　　　　　　　D. 期末业务处理
2. 工资系统生成记账凭证应在账务系统（　　）
　　A. 结账前　　　B. 结账中　　　C. 结账后　　　D. 任意时间
3. 工资系统中在定义工资项目时，对系统提供的各单位都使用的项目，能够修改的是（　　）
　　A. 项目的长度　　　　　　　　　B. 项目的名称
　　C. 项目数据的性质　　　　　　　D. 项目数据的类型
4. 在固定资产子系统中，对已经审核确定的数据进行修改可以（　　）
　　A. 任意进行　　　　　　　　　　B. 采用留有痕迹的方法
　　C. 不必留有痕迹　　　　　　　　D. 留不留痕迹均可
5. 固定资产减少时，该固定资产记录应（　　）
　　A. 直接删除　　　　　　　　　　B. 仍保留在固定资产卡片文件中
　　C. 不能删除　　　　　　　　　　D. 转入备份文件中然后删除
6. 固定资产卡片项目定义完毕，系统投入使用后，对卡片项目一般（　　）
　　A. 可以增加　　　　　　　　　　B. 可以修改
　　C. 可以删除　　　　　　　　　　D. 可以增删，不可以修改
7. 与应付款系统有关系的业务系统为（　　）
　　A. 销售系统　　B. 工资系统　　C. 固定资产系统　　D. 总账系统
8. 采购入库单可以是（　　）
　　A. 采购订单　　B. 采购退货单　　C. 采购付款单　　D. 采购合同
9. 为了方便用户使用和保持数据一致性，对销售订单、销售发票、收款单等应该（　　）
　　A. 允许互相生成　　　　　　　　B. 不允许互相生成
　　C. 允许单向生成　　　　　　　　D. 不允许单向生成

二、多选题
1. 职工个人编码通常是由（　　）组合而成的群码
　　A. 职工所属部门编码　　　　　　B. 职工工作性质编码
　　C. 个人顺序码　　　　　　　　　D. 工资科目编码
2. 工资数据维护时，为了减少数据错误、提高工作效率，系统提供的快速操作功能主要有（　　）
　　A. 制定需要输入的项目　　　　　B. 成批替换某项项目数据
　　C. 逐项快速修改　　　　　　　　D. 按指定条件快速查找
3. 一般固定资产代码由（　　）几部分构成
　　A. 使用情况码　　B. 使用部门码　　C. 类别码　　D. 顺序码
4. 固定资产子系统使用前的准备工作主要有（　　）
　　A. 规范基础数据和历史数据　　　B. 确定折旧方法
　　C. 规范计算机系统的工作程序　　D. 规范数据的收集
5. 应付款系统输入的主要单据有（　　）
　　A. 采购订单　　B. 采购发票　　C. 付款单　　D. 采购入库单
6. 应付款系统必须有的初始设置为（　　）

A. 供应商档案　　　　B. 存货档案　　　C. 结算方式　　　　　　D. 付款期间
7. 客户代码一般使用群码方式进行编码，通常应包含客户（　　）
A. 所属国家　　　　　B. 所属地区　　　C. 单位性质　　　　　　D. 银行账号

三、判断题
1. 工资管理子系统中工资项目的设置本质上是设置存放工资数据的数据库结构（　　）
2. 工资项目设置完成并使用后，工资项目的名称不允许修改而项目的数据类型允许修改（　　）
3. 工资管理子系统中职工个人顺序码必须在整个单位范围内对所有职工按顺序编码，否则在处理职工内部调动时会出现数据混乱（　　）
4. 固定资产系统数据处理的频率明显小于购、销、存等其他会计系统（　　）
5. 根据固定资产折旧文件分类统计、汇总折旧费用分配数据，并将该数据传递到账务系统供计算成本时使用（　　）
6. 固定资产的信息输出主要是以报表形式提供的（　　）
7. 为了细化对固定资产的核算，无论采用哪种计提折旧方法，系统在计算折旧时都应采用单台计算折旧的方法（　　）
8. 固定资产计提折旧、处理增减变动、生成记账凭证和向总账系统传递凭证，没有特定顺序（　　）
9. 应付款系统与总账系统、存货管理系统及生产系统有密切的关系（　　）
10. 供应商的编码可以分级别进行设置（　　）
11. 采购入库单可由采购发票或采购订单生成（　　）
12. 销售部门和销售人员的编码一旦设定并使用，应该既不允许删除也不允许修改（　　）

四、简答题
1. 简述应收款子系统与其他系统的关系。
2. 简述固定资产子系统的日常业务的内容。
3. 应付款子系统有哪些特点？
4. 简述工资管理子系统期末处理。

第5章 Excel 在日常会计数据处理中的应用

□学习目标

本章主要讲解 Excel2003 的基本知识。通过本章的学习,读者应该认识 Excel2003 的工作界面,熟悉自定义工作环境,掌握 Excel2003 的基本操作,了解 Excel 的公式并能熟练输入与编辑,了解 Excel 的常用函数,特别是财务函数,并可以灵活运用。能够使用 Excel 进行一些简单表格数据的管理和分析。

5.1 Excel 基础

5.1.1 Excel 简介与基本功能

Excel2003 是一个功能强大的电子表格处理软件,是微软公司出品的 Microsoft Office 办公软件的重要组成部分。Excel 自发布以来在各行各业中得到了广泛的应用,至今已发布了多个版本,本章以 Excel2003 中文版为蓝本展开。

Excel2003 主要提供了以下功能。

1. 表格处理功能

在表格处理方面,Excel2003 具有独特的优势,可以方便地实现数据的复杂计算、汇总和分析。

2. 图表功能

Excel2003 可以将数据以图表的形式直观地展现出来,这样不仅简洁、美观,而且还可以增强说服力和感染力。

3. 统计分析功能

Excel2003 中提供了丰富的函数和强大的决策分析工具,可以简便、快捷地进行各种财务模型的求解,进行数据的统计分析和预测决策分析。

4. 数据管理功能

Excel2003 具有简单的数据管理功能,可以方便地实现数据的排序、查找、汇总和透视,变复杂为简单,实现了日常数据管理的基本功能。

5. 程序设计功能

Excel2003 采用 Visual Basic Applications 作为编程语言,极大地方便了为增加 Excel2003 应用系统的功能所需要的开发工作,提高了工作效率。

6. 支持 XML

Excel2003 支持工业标准的 XML，从而可使在计算机和后端系统之间更方便地访问和获取信息、解除信息锁定，以及创建跨组织的集成企业解决方案。

7. 强大的帮助功能

Excel2003 蕴含了极其丰富的功能，具有广阔的应用空间。在应用过程中，Excel2003 的人工智能特性，可以对各种问题提供针对性很强的帮助和指导。

在 Excel2003 的功能中，1、2 两项功能包括了编制报表所需的各种技巧及工具，配合弹性的打印选择及简易排版工具，使编表工作简易又美观。此外更结合了图案对象，提供大量字形、线条、各式色彩、艺术字体，各种便捷的美工图案、统计图表等，多样化选择，使报表内容图文并茂、更加形象华丽。该部分的功能，表现在直接而易于了解，稍经学习就可以初见成效，但是如果不具备财务管理专业背景，除会编制一些肤浅花哨的简单报表外，似乎并无太多专业应用之处。该部分的功能种类虽繁多，但是在应用上并不复杂，学习也比较容易。

3、4 两项功能是强化运算及统计分析，进一步衍生出一些高级功能，包括灵活的公式运用技巧，提供丰富的各项函数以便处理深奥的专业运算能力。同时为配合财务上所需各类分类统计，加上强大的数据库运用功能，进而对各种管理模拟决策功能，提供超强的分析及仿真工具。由于该部分主要涉及财会管理人员的专业背景及专业应用需要，所以如果没有一定的专业知识，则很难掌握其中的奥妙。就功能数量而言，虽少于第一部分，但在实际操作上，必须综合若干种技巧，并且要能熟练交互并用，才能体现其中的效果。

5、6 两项功能是程序制作——宏功能。Excel2003 采用 Visual Basic Applications 作为编程语言，如果用户有较好的计算机程序开发背景，可以根据企业的需要自行开发一些针对性很强的个性化程序，极大地方便了企业的管理，提高了工作效率。

如果我们的使用者能够将编表＋函数＋庞大的资料搜寻及统计分析工具灵活应用或再加入宏及连接外部数据的组合运用，你将会感叹 Excel 用途之广泛、功能之强大。

5.1.2 Excel2003 的工作窗口

Excel2003 的工作窗口是 Excel 电子表格处理系统的工作平台，由标题栏、主菜单、工具栏、编辑栏、工作表区、状态栏等构成，如图 5－1 所示。

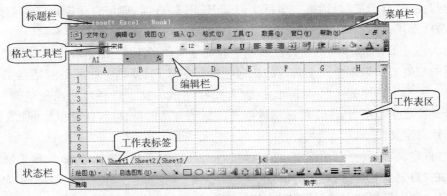

图 5－1 Excel2003 的工作窗口

1. 标题栏

Excel2003 工作窗口的最顶端是标题栏,标题栏中显示正在运行的应用程序的名称,如 Microsoft Excel。标题栏的最左端是控制菜单按钮,最右端是控制按钮,分别代表最小化窗口、恢复窗口和关闭窗口。当窗口最大化之后,最大化按钮变为恢复按钮。

2. 主菜单

Excel2003 工作窗口的标题栏下方是主菜单,主菜单中包括了 Excel2003 中的所有功能。主菜单中包含 9 个菜单项,每个菜单项又包括了若干操作命令。

除了主菜单之外,常用的还有快捷菜单。快捷菜单是单击鼠标右键产生的,并且快捷菜单中显示的内容与鼠标所指向的对象相关,通常包含了对对象的常用操作。

3. 工具栏

在 Excel2003 中,将系统的一些常用功能以图标按钮的形式组合在工具栏中,每一个按钮代表一个菜单命令。通常单击图标按钮比选择菜单的效率更高,使用更便捷。将鼠标指针移到相应的图标按钮上,该按钮的下方就会显示其功能。Excel2003 中提供了大量的系统内置的工具栏。有关工具栏的操作主要包括以下几项:

(1)显示与隐藏工具栏。

Excel2003 在默认状态下只显示常用工具栏、格式工具栏和任务窗口 3 个工具栏。其余工具栏的显示与隐藏由用户自己定义。若要显示工具栏,需执行"视图"→"工具栏"命令,打开"工具栏"子菜单,如图 5-2 所示。

"工具栏"子菜单中包括 21 种工具栏菜单项和"自定义"菜单项,如果要显示或者隐藏某一工具栏,只要单击相应工具栏的名称,使工具栏名称前的复选框被选中或者撤销选择即可。例如图 5-2 中的"常用"工具栏菜单项、"格式"工具栏菜单项和"绘图"工具栏菜单项,其名称前带有标志,表示这 3 个工具栏已在屏幕上显示;其他工具栏名称前没有标志,表示相应工具栏被隐藏。还有 12 种自定义工具栏菜单项没有显示在"工具栏"子菜单中,要显示或者隐藏这 12 种工具栏,可单击"工具栏"子菜单中的"自定义"菜单项,打开"自定义"对话框,切换到"工具栏"选项卡中,如图 5-3 所示。

在该对话框中单击要在工具栏菜单中显示的工具栏名称前的复选框,然后单击"关闭"按钮,关闭"自定义"对话框。当再次启动 Excel2003 时,即可启动设置好的工具栏。

(2)移动工具栏。

初次打开 Excel2003 时,工具栏被默认放在主菜单的下方,根据需要可以将工具栏放到合适的位置。如果能看到工具栏的标题栏的标题条,只要拖动标题条到适当的位置释放即可。如果工具栏的标题条不可见,就需要移动鼠标到工具栏最前面灰色竖杆处,待鼠标指针变成十字星时,按住鼠标左键拖动鼠标到合适的位置后,松开鼠标即可。

(3)"自定义"工具栏。

在"自定义"工具栏对话框中,还可以进行工具栏的新建、重命名、删除和重新设置等操作。在"自定义"工具栏对话框的"工具栏"选项卡中,单击工具栏列表右侧的"新建(N)…"按钮,在"工具栏的名称"编辑框中,输入所需工具栏的名称,然后单击"确定"按钮返

图 5-2

图 5-3

回到自定义对话框,如果需要将按钮添加到工具栏中,单击"命令"选项卡,在"类别"列表框中,单击与按钮相关的命令类别,然后将所需命令从"命令"列表框中拖动到显示的工具栏中。添加完成所需的按钮后,单击"关闭"按钮。如果要重命名、删除或重新设置工具栏,只需要单击该对话框中相应的按钮,即可完成相应的操作。

4. 编辑栏

编辑栏由三部分构成:名称框、编辑确认区和公式。如图 5-4 所示。

(a) 非编辑状态下的编辑栏　　　　(b) 编辑状态下的编辑栏

图 5-4　不同状态下的编辑栏

(1) 名称框。

名称框用来显示当前选中的单元格的地址或按照名称框中显示的名称快速寻找单元和区域,名称框还带有一个下拉式列表按钮 ▼,单击该按钮,就会显示所有已定义的名称。

(2) 编辑确认区。

编辑确认区有两种状态。如果单元格处于非编辑状态,则显示图 5-4(a)。如果单元格处于编辑状态,则显示图 5-4(b)。单元格处于编辑状态时,单击按钮 ✗ 取消对当前单元格的编辑,相当于键盘上的"Esc"键;单击按钮 ✓ 确认对当前单元格的编辑,且光标仍然停留在当前单元格。如果是按键盘上的"Enter"键,同样是确认对当前单元格的编辑,但光标转移到下一单元格。ƒₓ 按钮是插入函数的快捷工具。

(3) 公式框。

公式框在 Excel2003 中有着极为重要的作用。如果在单元格中输入的是常数,公式框中显示该常数的原值,单元格中显示按照某种格式定义的显示值。

例如,在 A1 中输入"1.23456",单击按钮 ✓ 确认,单元格中显示为"1.23456"。

如果在单元格中输入的是公式,公式框中显示公式,单元格中则显示公式的计算结果。在 A2 中输入"=A1*2",A2 中显示"2.46912",公式框中显示计算公式"=A1*2"。注意,如果公式框中输入的是公式,则必须在公式前面加上"=";如果在单元格中要输入的是数值,则只需在公式框中直接输入数值即可。

5. 工作表区

工作表区包括:行标题、列标题、滚动条、工作簿标题、工作表标签、单元格。

行标题的数字范围为 1~65536,列标题的字母范围为 A~IV,对应着工作表的 256 列。垂直滚动条的上/下箭头,单击鼠标,则窗口向前/后滚动一行,用鼠标指针指向水平滚动条的左/右箭头,单击鼠标,则窗口向左/右滚动一列。利用滚动条的滚动框,加速滚动。用鼠标指针指向垂直滚动条滚动框的上方/下方单击,屏幕上滚/下滚一屏,用鼠标指针指向水平滚动条的左方/右方单击,屏幕左滚/右滚一屏。

Book1 是默认打开的一个空白工作簿文档的名称,该工作簿实际上是一个独立的窗口,由于工作簿窗口最大化,所以将工作簿标题栏合并入 Excel2003 的标题栏中了。

工作簿由工作表组成,工作表标签标志一个工作簿中的各张工作表,每一个标签代表一个工作表,一个工作簿可以包括多个工作表,并且每个工作表名都显示在标签上。默认状态下,每个新建的工作簿只有 3 个工作表,分别命名为 Sheet1、Sheet2、Sheet3,参见图 5-1。工作表标签的左边有一组箭头 ◄ ◀ ▶ ►,分别代表"第一张表、当前表的前一张表、当前表的后一张表、最后一张表"。当打开的工作表多到超过屏幕显示范围时,可以借助这组箭头找到目标工作表。

单元格是 Excel 中最小的单位,由行和列组成。每个单元格用它们所在的行和列作为地址名称,如"A1"。所有的单元格中只有一个活动单元,初次打开时 A1 单元为当前活动单元。在当前活动单元中,可以输入字符串、数据或日期等形式的信息。

6. 状态栏

状态栏位于工作窗口的底部,用于显示有关选定命令或操作进程的信息。状态栏的左边显示当前所处的状态"就绪"或"输入"。在状态栏上单击右键会出现快捷菜单,可以选择进行会计求和、求平均值、计数等。状态栏中还可以显示键盘上的"NumLock"键、"Caps"键以及"ScrollLock"键的状态。

5.2 Excel 进行会计数据的输入

启动 Excel2003 进入 Excel 的操作环境后,首先遇到的一个问题就是如何将需要的数据输入到相应的单元格中,并在输入数据过程中尽可能提高输入速度和准确性。

Excel2003 中数据包括常量和变量。

常量是指直接输入单元格中的数据。常量的特征是一旦完成数据输入,它们将不再改变。常量包括:文本、数值(日期、时间)等。

变量即公式。变量的特征是一旦该公式所引用的单元格的数值发生变化,该公式的值将立即重新计算,并得到新的计算结果。变量由"="、单元格引用、数值、函数、运算符等组成。

5.2.1 常量的输入

1. 数值数据的输入

在 Excel 中数值型数据是使用最多,也是最为复杂的数据类型。数值型数据由 0～9、指数符号"E"或"e"、正号"+"、负号"-"、百分号"%"、小数点"."等组成。数值型数据在单元格中自动靠右对齐。以下具体说明特殊数据的输入方法。

(1)负数的输入。

如果要输入负数,必须在数字前加一个负号"-",或给数字加上圆括号。例如,输入"-10"和"(10)"都可以在单元格中得到"-10"。

(2)分数的输入。

如果要输入分数(1/2),应先输入"0"和一个空格,然后再输入"1/2"。如果不输"0"和空格,Excel 会把该数据当作日期格式处理,单元格中将显示为"1月2日"。

(3)小数的输入。

如果要输入小数,一般可以直接在需要的位置输入小数点即可。当输入的数据量较大,且都具有相同的小数位数时,可以利用"自动设置小数点功能"。方法是:执行"工具|选项"命令,打开"选项"对话框。然后在该对话框中,单击"编辑"选项卡,从中选中"自动设置小数点"复选框,并在"位数"编辑框中输入或通过调节按钮指定相应的小数位数,如图 5-5 所示。

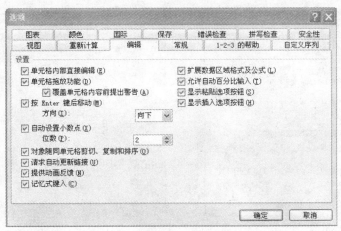

图 5-5 自动设置小数点

例如,在"位数"编辑框中输入"3",表示保留 3 位小数。若要在 3 个单元格中分别输入"6.312"、"0.631"和"0.063",则只要输入"6312"、"631"和"63"即可,从而省略了输入小数点的麻烦。值得注意的是,一旦设置了小数预留位置,这种格式将始终保留,直到取消选中"自动设置小数点"复选框为止。另外,如果输入的数据量较大,且后面有相同个数的零,则可以在大数字后面自动添零。方法是在上图的"位数"框中指定一个负数作为需要的零的个数。例如,在"位数"框中输入"-3",然后分别在 3 个单元格中输入"5"、

"15"和"150",则会自动变为"5 000"、"15 000"和"150 000"。

(4) 输入货币符号。

如果要输入货币,必须在数字前面加一个货币符号或通过设置单元格格式来完成。例如,输入"￥100",需要执行"插入｜特殊符号"命令,在弹出的"插入｜特殊符号"对话框中,选择"￥"符号,然后再输入 100 即可。另一种方法是:在单元格中输入数字"100",然后单击右键,在弹出的快捷菜单中单击"设置单元格格式"菜单项,在"单元格格式"对话框中选择"数字"选项卡,在该选项卡中选择"货币"分类,在货币符号下拉列表框中,选择货币符号"￥"。此时,单元格中的数字就变成了货币形式,如图 5－6 所示。

(5) 输入千位分隔符。

如果要输入千位分隔符,只要在图 5－6 所示的"单元格格式"对话框中,选择"数值"分类,然后选中"使用千位分隔符"复选框即可,以后在单元格中输入数字时,系统将会自动显示千位分隔符。

2. 日期和时间的输入

Excel2003 中,日期和时间型数据的表示方法取决于"控制面板"中的"区域和语言选项"。执行"开始"｜"设置"｜"控制面板"命令,在弹出的"控制面板"窗口中双击"区域和语言选项"图标,将会弹出"区域和语言选项"对话框。在图 5－7 所示的"区域选项"选项卡中,可以查看或者修改系统日期和时间的表示方法。Excel2003 将日期和时间视为数值型数据,自动右对齐。

图 5－6 输入货币符号

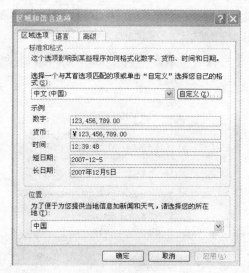

图 5－7 在"区域选项"选项卡设置日期和时间格式

(1) 日期数据。

日期数据由 0～9、"/"和"－"组成。在输入日期时,年、月、日之间用"/"或"－"进行分隔。如果省略年份,则以当前的年份作为默认值。如果要在单元格中插入当前日期,可以按"Ctrl"＋";"组合键。

(2) 时间数据。

时间数据由时、分、秒组成。在输入时间时,小时、分钟、秒之间用冒号分隔。Excel

会自动把插入的时间作为上午时间,如输入 12:46:26,Excel 会认为是 12:46:26AM;如果输入下午的时间,应在时间后面加上一个空格,然后输入 PM 或 P 即可。如果想在单元格中插入当前的时间,可以按"Ctrl"+";"组合键或"Ctrl"+"Shift"+";"组合键。如果要修改日期和时间格式,需要执行"格式|单元格"命令,在弹出的单元格格式对话框中进行修改。

3. 文本的输入

文本由字母、数字、汉字和标点组成。在默认的情况下,文本靠单元格左边对齐。如果文本全部由数字组成,例如、邮政编码、职工编号和学号等,输入时应在数据前输入单引号"'",如('225700),Excel 就会将其看作是文本,将它靠单元格左边对齐。当用户输入的文字过多,超过了单元格宽度,会产生两种结果:如果右边相邻的单元格中没有任何数据,则超出单元格的文字会显示在右边相邻的单元格中;如果右边相邻的单元格已存储了数据,那么超出单元格宽度的部分将不显示,没有显示的部分仍然存在,只要加大列宽度或以自动换行的方式格式化该单元格之后,就可以看到全部的内容。

5.2.2 变量的输入

变量即公式。公式由"="、单元格引用、数值、函数、运算符等组成,输入公式时,以一个等号"="作为开头,公式中大小写字母等价,允许有空格。公式输入完成后,单元格中显示公式的计算结果,公式在公式框中显示。若希望在单元格中显示公式本身,可以有两种方式。第一种,执行"工具|选项"命令,弹出"选项"对话框,单击"视图"选项卡,选中窗口选项栏中的"公式"复选框,最后单击"确定"按钮即可,如图 5-8 所示。第二种是一种更为快捷的方式,用户可以用"Ctrl"+"'"组合键来迅速实现在单元格中显示公式与显示公式的计算结果这两种状态之间的动态切换。

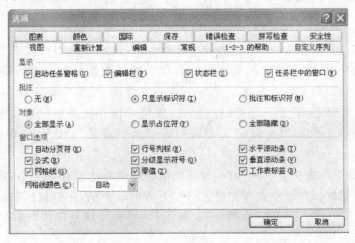

图 5-8 "视图"选项卡

若用户希望隐藏公式,首先选择要隐藏公式的单元格,然后执行"格式|单元格"命令,在弹出的单元格格式对话框中,单击"保护"选项卡,选定"隐藏"复选框,单击"确定"按钮。只有在工作表被保护时,隐藏公式才能有效。如果要保护工作表,执行"工具|保护|保护工作表"命令,可以选择是否加密码保护。

运算符是公式中不可缺少的一部分,主要包括算术运算符、比较运算符和文本运算符。

(1)算术运算符。

使用算术运算符能够完成基本的数学运算,主要有+(加号或正号)、-(减号或负号)、×(乘号)、/(除号)、%(百分号)、^(乘方号)。在 Excel 中,百分号是运算符,代表除以 100。例如,5+3、7-2、(-30)、5*9、81/9、65%和 8^3(8 的 3 次方)等。

(2)比较运算符。

比较运算符主要有:=(等于号)、>(大于号)、<(小于号)、>=(大于或等于号)、<=(小于或等于号)和<>(不等于号)。比较运算符可用于比较数字、字符和文字,并产生逻辑值 TRUE 或 FALSE。

数值数据按数值大小进行比较。如"=70>40"结果为 TRUE,而"=70<40"结果为 FALSE。字符是按字母在计算机内的 ASCII 值进行比较,即按顺序 A-Z,a-z。如"=A>a"结果为 FALSE。那是因为在 ASCII 码表中,小写字母在大写字母之后。汉字之间的比较是按汉字的汉语拼音进行的。如"=讲师<副教授"结果为 FALSE。

(3)文本运算符。

文本运算符只包括一个连字符"&",使用该字符可以连接字符、文字和数字。连接数字时,数字串两边的双引号可有可无,但纯文本两边必须加上双引号。数字连接后得到的结果是字符。如 A1 中存储的是部门编码 006,A2 中存储的是职工编号 001,在 A3 中输入公式"=A1&A2",结果为"006001"。在 A4 中输入"='Excel'&'在财务中的应用'",结果为"Excel 在财务中的应用"。在 A5 中输入"=12.36&49",结果为文字型"12.3649"。

5.2.3 数据的填充

为了方便快速输入数据,Excel2003 提供了自动填充的功能。执行"工具|选项"命令,在弹出的"选项"对话框中,单击"编辑"选项卡,在该选项卡中可以进行"使用单元格拖放功能"的选择。Excel2003 预先定义了一些常用的数据序列。当需要输入 Excel 预定义的数据序列时,只需输入该数据序列中的一个数据,然后拖动该数据所在单元格右下方的填充柄"+"即可。Excel2003 提供的内置填充柄序列类型包括数字、日期和文字等一些常用序列,还允许用户自定义常用的数据系列或排列次序,使得数据输入更加快捷。

自动填充数据的方法有三种:第一种是用鼠标左键单击所在单元格右下方的填充柄完成;第二种是用鼠标右键单击所在单元格右下方的填充柄,松开鼠标右键,在弹出的快捷菜单中选择相应的填充方式,如图 5-9 所示;第三种方法是使用"编辑"菜单中的"填充"命令来填充。

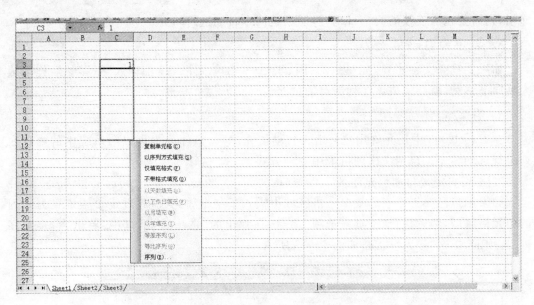

图 5-9　选择填充的方式

1. 数值的自动填充

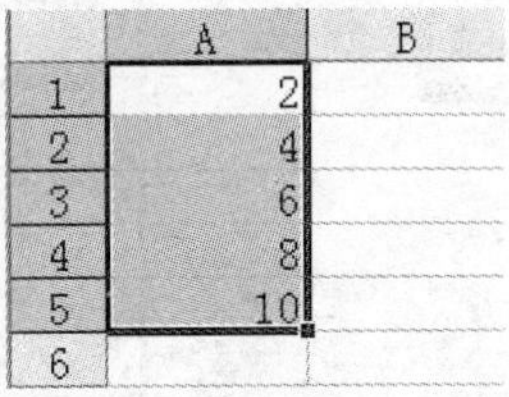

等差序列的自动填充,可以采用输入前两个数据的方法来实现。例如,在单元格 A1、A2 中分别输入 2 和 4,选定 A1:A2 单元格区域,拖动鼠标填充柄向下进行填充,即可得到等差序列 2,4,6,8,10,如图 5-10 所示。

图 5-10　输入等差序列

等比序列的自动填充,可利用 Excel2003 提供的填充序列命令来实现。例如,要输入等比序列 3,9,27,81,243……在单元格 A1 中输入 3,然后选定单元格区域 A1:A5。执行"编辑|填充|序列"命令,在弹出的"序列"命令对话框中选择"列"和"等比序列",并在"步长值"中输入"3",如图 5-11 所示。单击"确定"按钮即可。

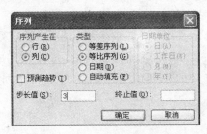

图 5-11　输入等比序列

2. 日期和时间的自动填充

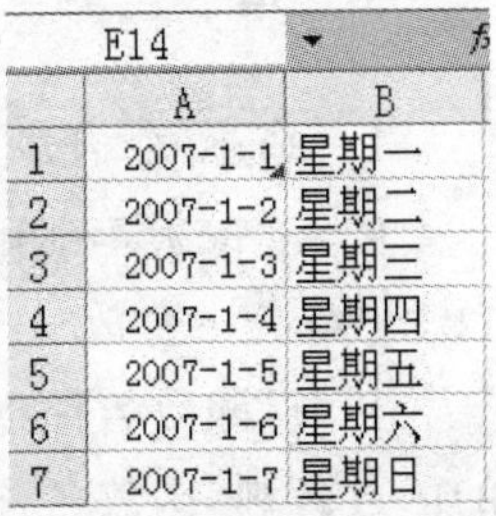

日期和时间的自动填充也可以通过填充柄来实现。例如,在 A1 单元格中输入"星期一",在 B1 单元格中输入"2007-1-1",并分别拖动填充柄向下移动,Excel2003 就会依次填入"星期二"、"星期三"等,以及"2007-1-2"、"2007-1-3"等,如图 5-12 所示,即日期数据的自动填充是按递增 1 日默认的,如果需要按月

图 5-12　日期的填充

递增，则需要输入连续的两个日期，再根据这两个日期进行填充。

3. 文字的自动填充

如果要输入文字序列，如"甲、乙、丙、丁……"在单元格 A1 中输入"甲"，然后拖动填充柄向下移动，就会完成该序列的自动填充。

4. 自定义自动填充序列

在 Excel2003 中还允许用户自定义自动填充序列，该序列也可以向系统中的内置序列进行自动填充。自定义序列可采用两种方式。

方法 1：自定义自动填充序列。

如果用户已在工作表的某单元格区域中输入了某个序列，应先选定希望定义为序列的单元格区域，然后执行"工具｜选项"命令，在弹出的"选项"对话框中，单击"自定义序列"选项卡，单击"导入"按钮，如图 5－13 所示。

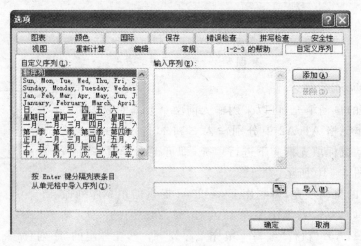

图 5－13　导入已有的自定义序列

方法 2：利用"选项"对话框输入自定义序列。

如图 5－13 所示，在"自定义序列"选项卡中，选择"新序列"选项。在"输入序列"文本框中，输入自定义序列，如数学、英语、语文、政治，每输入完成一个，按回车键。输入完成后，单击"添加"按钮，自定义的序列即可添加到自定义序列列表中。这时用户就可以使用该自定义序列了。

5.2.4　函数

1. 函数的构成

Excel 函数一般由函数名称、函数参数和括号组成。其基本结构为：函数名称(参数1，参数 2……参数 n)。

其中，函数名称指出函数的含义，它由一个字符串来表示。每个函数都有一个唯一的函数名称，函数名称后面是把参数括起来的圆括号，即括号中包括所有的参数，参数最多可以有 30 个，参数之间需要用半角的逗号","隔开，另外，函数名称与其后面的括号"("之间不能有空格。

Excel 函数中的参数可以是数字、文本、单元格引用或区域、逻辑值、名称、公式函数。

(1) 数字。

数字可以是正数或负数,整数或小数;数字可以进行算术运算,也可以进行比较运算。如"=SUM(10,20)"返回值是"30"。

(2) 文本。

文本是一个字符串,在函数中使用文本时需要用双引号括起来。如果忽略了双引号,则 Excel 便当成"名称"来处理。如果用户没有事先定义该名称,单元格中将出现错误值"#NAME?"。

(3) 单元格引用或区域引用。

单元格引用或区域引用是将单元格或区域作为函数的参数,如 A1、B$3、$D$2、B4:F6 等都是合法的参数。

(4) 逻辑值。

逻辑值只有两个值,即 TRUE 和 FALSE,分别代表真和假。逻辑值可以由逻辑运算或逻辑函数得到。例如,函数 TRUE 返回逻辑值"真",函数 FALSE 返回逻辑值"假"。

(5) 名称。

名称是为了方便用户使用而创建的代表单元格、单元格区域、公式或常量的字符串,名称需要定义后才能使用。若使用了没有定义的名称,系统将会返回错误值。

例如,区域 A3:F3 是某学生的各科成绩,需要将此区域名称定义为:总分。具体操作如下:用鼠标选取区域 A3:F3 后,执行"插入|名称|定义"命令,在弹出的"定义名称"对话框中输入名称"总分",然后单击"确定"按钮即可,如图 5-14 所示。

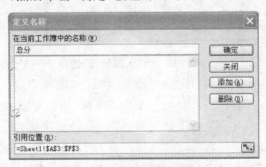

图 5-14 "定义名称"对话框

在这之后需要引用区域 A3:F3 时,可以直接用"名称"代替。例如,要计算该学生的总分,可以在单元格中输入"=SUM(总分)",即可得到计算结果。

(6) 公式或函数。

函数的参数可以是其他函数或公式。如果函数的参数本身就是函数,称其为"嵌套函数"。在 Excel 中最多可以使用七层嵌套。

2. 函数的输入

函数的输入可以采用手工输入和使用函数向导方法。手工输入很简单,但需要记住很多函数的名称、参数和功能。使用函数向导的输入过程虽然复杂一些,但不用记住函数的名称和参数顺序。

(1) 手工输入。

如果用户对要使用的函数非常熟悉,可以采用手工输入的方法。其方法和在单元格中输入公式的方法相同,每个函数的输入都要以"="开头,然后输入函数名称,接着是括号和参数。这里以求和函数"SUM"为例进行说明。当输入正确的函数名和左括号后,会出现一个显示该函数所有参数的提示框。例如,在单元格 F3 中可以输入"＝SUM(A3：E3)",按回车键后就会得到计算结果。

(2) 使用函数向导输入。

对于一些比较复杂的函数或者参数比较多的函数,一般使用函数向导输入。利用函数向导输入可以指导用户准确、快捷地输入一个比较复杂的函数,可以避免在输入过程中出现错误。具体的操作步骤如下:选择需要输入函数的单元格 F3,执行"插入"|"函数"命令或者单击编辑栏的"插入函数"命令按钮 *fx*,打开"插入函数"对话框,如图 5－15 所示。

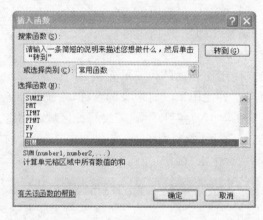

图 5－15 "插入函数"对话框

若对将要使用的函数不熟悉,可先在"搜索函数"编辑栏中输入一条简短的说明来描述想要做什么,然后单击此编辑栏右侧的"转到"按钮,所需要的函数就会显示在其下的"选择函数"列表框中。若对使用的函数比较熟悉,就可直接从"或选择类别"下拉列表中选择函数类别。选中需要的函数后,在"选择函数"列表框的下面就会出现该函数的参数及对函数的简要说明。然后单击"确定"按钮打开"函数参数"对话框,如图 5－16 所示。

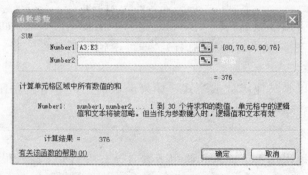

图 5－16 "函数参数"对话框

3. 常用函数简介

(1)日期与时间函数。

①NOW 函数。

NOW 函数返回计算机的系统日期和时间所对应的日期、时间序列数。其语法是：

NOW(　)

例:在 A1 单元格中返回当前计算机的系统时间和日期。结果如图 5－17 所示。

A1　　f_x =NOW()

	A	B	C
1	2007-12-6 0:24		

图 5－17　返回计算机系统时间

②TODAY 函数。

TODAY 函数返回当前日期的序列数,该函数的作用和 NOW 的作用是一样的。其语法为：

TODAY(　)

(2)计算函数。

①SUM 函数。

SUM 函数即求和函数,用来计算单元格区域中所有数值的和,其格式为：

SUM(number1,number2……)

由于 SUM 函数是一个最常用的函数,所以在 Excel 的常用工具栏中专门为它设置了一个特殊的按钮Σ,使用它可以直接调用 SUM 函数。需要注意的是,该函数中的参数不一定都由连续的单元格区域组成,也可以由不连续的单元格区域组成。

如图 5－18 所示,在学生成绩表中汪达的四门功课的总成绩是 252 分。在计算过程中运用了"＝SUM(C3:F3)"公式。

G3　　f_x =SUM(C3:F3)

	A	B	C	D	E	F	G
1				学生成绩表			
2	学号	姓名	数学	英语	语文	物理	总成绩
3	1	汪达	65	71	65	51	252
4	2	霍倜仁	89	66	66	88	
5	3	李挚邦	65	71	80	64	
6	4	周胄	72	73	82	64	
7	5	赵安顺	66	66	91	84	
8	6	钱铭	82	66	70	81	
9	7	孙颐	81	64	61	81	
10	8	李利	85	77	51	67	
11	平均成绩						

图 5－18　学生成绩表

②AVERAGE 函数。

AVERAGE 函数用来返回其参数的算术平均值。其语法是：

AVERAGE(number1,number2……)

参数可以是数字,或者是包含数字的名称、数组或引用。如果数组或引用参数包含文本、逻辑或空白单元格,则这些值将被忽略,但包含零值的单元格将计算在内。

还是上例,求该班同学的数学平均分,需调用函数 AVERAGE。在单元格 C11 中输入公式"＝AVERAGE(C3:C10)",求出平均成绩为76分。

③COUNT函数。

COUNT函数用来统计参数列表中包含数值数据的单元格的个数。其格式为：

COUNT(value1,value2……value30)

其中,参数value1,value2……value30为包含或引用各种类型数据的参数,但只有数字类型的数据才能被计算。函数COUNT在计数时,将把数字、日期计算在内。其他如逻辑值、文字等将被忽略。例如:统计参加考试的人数,在单元格A12中输入公式"＝COUNT(A2:A11)",此时可以计算出有8人参加了考试。文字在统计时被函数给忽略了。

④MAX函数。

MAX函数是用来计算一组数值数据中的最大值。其语法为：

MAX(number1,number2……)

其中的参数可以是数字、逻辑值、空白单元格或者数字的文本形式,也可以是数组或者引用。如果是数组或引用,那么只有其中的数字参与计算,空白单元格、逻辑值和文本都被忽略。如果参数中没有数字,函数将返回0值。例如,在单元格E11中输入公式"＝MAX(E3:E10)",按回车键即可得到最大值91。

⑤MIN函数。

MIN函数是用来计算一组数值数据中的最小值。其语法为：

MIN(number1,number2……)

其中的参数可以是数字、逻辑值、空白单元格或者数字的文本形式,也可以是数组或者引用。如果是数组或引用,那么只有其中的数字参与计算,空白单元格、逻辑值和文本都被忽略。如果参数中没有数字,函数将返回0值。例如,在单元格E11中输入公式"＝MIN(E3:E10)",按回车键即可得到最小值51。

⑥COUNTIF函数。

COUNTIF函数用来计算区域中满足给定条件的单元格的个数,其格式为：

COUNTIF(range,criteria)

range为需要计算其中满足条件的单元格数目的单元格区域。criteria为确定哪些单元格将被计算在内的条件,其形式可以为数字、表达式或文本。如图5－19所示。分别统计男职工的人数和实发工资大于等于500元的员工人数。

	A	B	C	D	E
	B14		fx	=COUNTIF(B3:B13,"男")	
1			工资表		
2	姓名	性别	年龄	职称	实发工资
3	李木兴	男	67	工程师	567
4	徐一望	男	55	教 授	571
5	胡 菲	女	56	助 教	344
6	陈小为	男	45	教 授	567
7	徐朋友	女	32	教 授	898
8	林大芳	女	45	副教授	778
9	方小名	女	67	工程师	500
10	张良占	男	56	副教授	557
11	孙 达	男	34	助 教	456
12	马 达	男	43	助 教	452
13	王文分	女	50	助 工	543
14	统计男职工的个数	5	在b14中输入公式=COUNTIF(B3:B13,"男")		
15	统计实发工资大于等于500的人数	8	在b15中输入公式=COUNTIF(E3:E13,">=500")		

图5－19 工资表

(3) 公式和函数运算常见错误及分析。

在输入公式时经常会出现一些错误的信息,而这些错误信息是因为公式不能正确地计算出结果或者公式引用的单元格有错误而导致的。在 Excel 中共有以下 8 种错误值:

① ####

当公式计算结果太长,单元格容纳不下或者将一个负数变成日期格式显示时,会产生此类错误。

② #DIV/0!

当数字被 0 除时,出现错误。例如"9/0",或者使用对空白单元格或包含零的单元格的引用作除数。

③ #NAME?

当使用的名称不存在,在公式里使用了未命名的区域,如 SUM(A1A4),或者函数名称拼写错误时,则经常会出现此类错误。

④ #REF!

当单元格引用无效时,将公式中引用的单元格覆盖或者删除公式中所引用的单元格后,所在单元格就会出现这种错误。

⑤ #VALUE!

当使用了错误的参数或者运算符对象类型时,就会产生此类错误。例如,在单元格输入公式"=4+'a'"时,单元格就会显示错误值"#VALUE!"。

⑥ #N/A

此信息表示在函数和公式中没有可用的数值可以引用。当公式中引用某单元格数据时,如果该单元格暂时没有数据,就会出现该错误信息。解决的办法是仔细检查函数或公式中引用的单元格,确认已在其中正确地输入了数据。

⑦ #NUM!

在需要数字参数的函数中使用了无法接受的参数或者输入的公式产生的数字太大或者太小就会产生此类错误。例如,函数 DATE(year,month,day) 中的参数 year 为负数就会产生此类错误。

⑧ #NULL!

当两个不相交的区域指定交集时将会产生此类错误。例如 SUM(a1:a5,c1:c5) 对两个区域求和,但这两个区域没交集,因此就会产生"#NULL!"。

5.3 Excel 进行会计数据的管理

Excel 在管理数据方面提供了强大功能。本节将从介绍如何获取数据入手,讲解如何编辑分析工作表中的数据,如何对数据进行汇总计算等知识。

5.3.1 管理数据清单

在 Excel 中,一张数据清单相当于一张二维表,包含多行多列,第一行是标题行,紧随其后的行是数据行,在标题行与数据行、数据行与数据行之间不能有空行,而且同一列数据必须具有相同类型和含义。实际上,数据清单上的每一行,就相当于"数据库"中的一条记录。

建立数据清单的步骤如下：

(1)设计数据清单的结构。设计数据清单的结构就是确定数据表中要记录哪些信息，具体存放什么内容。数据清单中要记录的信息由其字段决定，要存放哪些内容是指具体的记录。

(2)建立 Excel 工作簿，建立新的工作表，随后根据对数据清单的设计，进行数据的输入。

1. 使用记录单建立数据

Excel 中提供的"记录单"功能用于进行数据的输入。如要建立图 5-20 所示的工资表，执行"数据｜记录单"命令，打开记录单对话框，如图 5-21 所示。在该对话框中单击"新建"按钮，输入数据列表的记录，再次单击"新建"按钮，输入的数据被添加到工作表中。同时记录单中的数据被清空，然后输入下一条记录。依次添加记录，直到添加完所有的记录，然后单击"关闭"按钮即可。

	A	B	C	D	E	F	G	H	I	J
1					工资表					
2	职工编号	职工姓名	职工类别	所属部门	基本工资	岗位津贴	奖金	应发工资	代扣个税	实发工资
3	0001	赵强	总经理	经理办公室	5000	3000	3000	11000	1505	9495
4	0002	王凯	部门经理	供应部	2500	1500	1500	5500	460	5040
5	0003	李勇	职员	供应部	1000	1000	1000	3000	115	2885
6	0004	张楠	部门经理	销售部	2500	1500	2000	6000	535	5465
7	0005	马斌	职员	销售部	1200	1000	1200	3400	155	3245
8	0006	刘秀	部门经理	财务部	2000	1500	1000	4500	310	4190
9	0007	肖雅娟	职员	财务部	1000	1000	1000	3000	115	2885
10	0008	秦月	部门经理	人事部	1800	1500	1100	4400	295	4105
11	0009	左薇	职员	人事部	1200	1000	1100	3300	145	3155
12	0010	徐伟	部门经理	后勤部	1200	1500	800	3500	165	3335
13	0011	周亮	职员	后勤部	800	1000	500	2300	45	2255

图 5-20 职工工资表

图 5-21 记录单对话框

2. 使用记录单查找数据

记录单除了可以用来输入数据之外，还可以用来查找数据。在记录单中，有一个"条件"按钮，用来设置查找记录单的条件。条件设置完成后，单击"下一条"按钮，即可查找到符合要求的记录。但是利用这种方法查找数据存在一个缺陷，就是：不能同时列出符合要求的多条数据。

5.3.2 排序

在工作表中,第一行中的文字称为"字段名",即表中每一列是一个字段,每一行是一个记录,可以记录大量的数据信息。为了方便查找数据,往往需要对数据进行排序,即根据某一指定字段的数据的顺序,对整个工作表或选定区域的内容进行调整。

1. 按单个关键字排序

在"常用"工具栏中提供了两个与排序相关的工具按钮,它们分别为"升序"按钮和"降序"按钮。

按单个字段排序有两种方法:利用工具栏和利用菜单。

例:按照实发工资的降序排序。

(1) 利用工具栏上的"降序"按钮。

① 选中整张数据表。

② 直接单击工具栏上的"降序"按钮,就完成了实发工资由高往低的排序。

(2) 利用菜单进行排序。

① 选中整张数据表。

② 执行"数据 | 排序"命令,打开"排序"对话框。

③ 在主要关键字下拉列表中选中"实发工资",单击"降序"单选按钮。

④ 单击"确定"按钮即可。

2. 按多个关键字排序

当某一个关键字对工作表的数据进行排序时,如果有几个记录的关键字值是相同的,那么排序结果如何呢? 这时就需要根据其他关键字对数据再进行排序,即进行多个关键字排序。

Excel 中最多可以设置三个排序关键字,分别称为"主要关键字"、"次要关键字"、"第三关键字"。当主要关键字值相同时,就根据次要关键字排序;如果次要关键字又一致,则会根据第三关键字来排序。

例:在图 5-22 中,先按"基本工资"进行降序排序,如果基本工资一致,就按"奖金"进行降序排序,如果"奖金"又一致,再按"实发工资"进行降序的排序。

图 5-22 "排序"对话框

排序完成以后,结果如图 5-23 所示:

	A	B	C	D	E	F	G	H	I	J
1					工资表					
2	职工编号	职工姓名	职工类别	所属部门	基本工资	岗位津贴	奖金	应发工资	代扣个税	实发工资
3	0001	赵强	总经理	经理办公室	5000	3000	3000	11000	1505	9495
4	0004	张楠	部门经理	销售部	2500	1500	2000	6000	535	5465
5	0002	王凯	部门经理	供应部	2500	1500	1500	5500	460	5040
6	0006	刘秀	部门经理	财务部	2000	1500	1000	4500	310	4190
7	0008	秦月	部门经理	人事部	1800	1500	1100	4400	295	4105
8	0005	马斌	职员	销售部	1200	1000	1200	3400	155	3245
9	0009	左薇	职员	人事部	1200	1000	1100	3300	145	3155
10	0010	徐伟	部门经理	后勤部	1200	1500	800	3500	165	3335
11	0003	李勇	职员	供应部	1000	1000	1000	3000	115	2885
12	0007	肖雅娟	职员	财务部	1000	1000	1000	3000	115	2885
13	0011	周亮	职员	后勤部	800	1000	500	2300	45	2255

图 5-23　按多个关键字排序后的结果

5.3.3　筛选

对数据进行管理的主要目的之一就是希望从大容量的数据中挑选出符合要求的记录。Excel 的筛选功能就可以让工作表只显示满足条件的记录,隐藏其他记录,因此筛选是一种用于查找数据的快速方法。

1. 自动筛选

如果筛选条件比较简单,就可以用自动筛选。

例:在工资表中只查询"销售部"的记录。

(1)单击数据表中的任一单元格,执行"数据|筛选|自动筛选"命令,这时工作表中每个字段上都出现了一个三角形自动筛选按钮。

(2)单击"所属部门"字段的筛选按钮,如图 5-24 所示。

	A	B	C	D	E	F	G	H	I	J
1					工资表					
2	职工编▼	职工姓▼	职工类▼	所属部▼	基本工▼	岗位津▼	奖▼	应发工▼	代扣个▼	实发工▼
3	0001	赵强	总经理	升序排列/降序排列	5000	3000	3000	11000	1505	9495
4	0002	王凯	部门经理	(全部)	2500	1500	1500	5500	460	5040
5	0003	李勇	职员	(前 10 个)	1000	1000	1000	3000	115	2885
6	0004	张楠	部门经理	(自定义…) 财务部	2500	1500	2000	6000	535	5465
7	0005	马斌	职员	供应部	1200	1000	1200	3400	155	3245
8	0006	刘秀	部门经理	后勤部 经理办公室	2000	1500	1000	4500	310	4190
9	0007	肖雅娟	职员	人事部 销售部	1000	1000	1000	3000	115	2885
10	0008	秦月	部门经理		1800	1500	1100	4400	295	4105
11	0009	左薇	职员	人事部	1200	1000	1100	3300	145	3155
12	0010	徐伟	部门经理	后勤部	1200	1500	800	3500	165	3335
13	0011	周亮	职员	后勤部	800	1000	500	2300	45	2255

图 5-24　单击"所属部门"字段的筛选按钮

下拉列表中包含以下几项内容:

升序排列:以该字段为关键字升序排列记录。

降序排列:以该字段为关键字降序排列记录。

全部:如果要恢复原来的工作表,只要单击设置过筛选的自动筛选按钮,从中选择"全部",即可显示全部记录。

前 10 个:选择该选项,打开"自动筛选前 10 个"对话框。

自定义:设置自定义筛选条件,筛选出符合条件的记录。

各关键字值:选择某个值,即筛选出等于该值的记录。

(3)选择下拉列表中的"销售部"一项,筛选结果如图5-25所示。从图中可以看出,系统自动隐藏了不满足条件的记录,只显示出满足条件的记录。同时,所属部门下拉按钮显示为蓝色。

(4)重新单击"所属部门"字段的筛选按钮,从下拉列表中选择"全部",重新选择全部记录。

	A	B	C	D	E	F	G	H	I	J
1					工资表					
2	职工编▼	职工姓▼	职工类▼	所属部▼	基本工▼	岗位津▼	奖▼	应发工▼	代扣个▼	实发工▼
6	0004	张楠	部门经理	销售部	2500	1500	2000	6000	535	5465
7	0005	马斌	职员	销售部	1200	1000	1200	3400	155	3245
14										
15										

图5-25 筛选出所有销售部的员工

例:在工资表中查询中查询销售部实发工资5 000元以上的员工。

(1)在上例筛选出销售部门的基础上,单击"实发工资"选择"自定义",打开"自定义"对话框,设置筛选条件如图5-26所示。

(2)单击"确定"按钮,系统会自动筛选出销售部实发工资5 000元以上的员工,结果如图5-27所示。

可见,利用自定义筛选可以实现比较复杂的查询需求。

重新执行"数据|筛选|自动筛选"命令,自动筛选按钮消失。

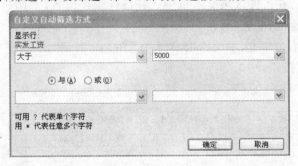

图5-26 "自定义自动筛选方式"对话框

	A	B	C	D	E	F	G	H	I	J
1					工资表					
2	职工编▼	职工姓▼	职工类▼	所属部▼	基本工▼	岗位津▼	奖▼	应发工▼	代扣个▼	实发工▼
6	0004	张楠	部门经理	销售部	2500	1500	2000	6000	535	5465
14										
15										

图5-27 自定义自动筛选的结果

2. 高级筛选

自动筛选的结果显示在数据清单中,不符合条件的记录会被自动隐藏。如果需要将筛选结果放在其他区域,原数据清单仍然保留,就需要使用高级筛选功能。

利用高级筛选查询数据,首先要建立一个条件区域,然后才能进行数据的查询。这个条件区域并不是数据清单的一部分,而是用来确定筛选应该如何进行的,所以不能与数据列表连接在一起,而必须至少用一个空记录将它们隔开。条件区域的第一行为数据清单中的字段名,写在同一行的条件之间是"与"的关系,写在不同行之间的条件是"或"的关系。

还是上例在工资表中查询销售部实发工资 5 000 元以上的员工。将筛选出来的记录独立于数据清单显示。

	所属部门	实发工资
15		
16	销售部	>=5000

图 5-28 设置条件区域

(1)设置条件区域。筛选条件与两个字段相关:所属部门、实发工资。将这两个字段复制到:A15:B15。在下一行对应位置,构建筛选条件,如图 5-28 所示。

(2)选中要进行筛选的数据区域的任意一个单元格,然后执行"数据 | 筛选 | 高级筛选"命令,打开"高级筛选"对话框,如图 5-29 所示。

图 5-29 "高级筛选"对话框

(3)列表区域系统自动显示数据清单区域(因为打开高级筛选之前我们已经把光标定位在数据清单内);在条件区域文本框中选择条件所在位置,本例是 A15:B16;选中"将筛选结果复制到其他位置"选项,在"复制到"文本框中指定筛选结果放置的位置,只需要给出区域的左上角单元即可,本例指定 A18 单元格。

(4)单击"确定"按钮,结果如 5-30 所示。

	A	B	C	D	E	F	G	H	I	J
1					工资表					
2	职工编号	职工姓名	职工类别	所属部门	基本工资	岗位津贴	奖金	应发工资	代扣个税	实发工资
3	0001	赵强	总经理	经理办公室	5000	3000	3000	11000	1505	9495
4	0002	王凯	部门经理	供应部	2500	1500	1500	5500	460	5040
5	0003	李勇	职员	供应部	1000	1000	1000	3000	115	2885
6	0004	张楠	部门经理	销售部	2500	1500	2000	6000	535	5465
7	0005	马斌	职员	销售部	1200	1000	1200	3400	155	3245
8	0006	刘秀	部门经理	财务部	2000	1500	1000	4500	310	4190
9	0007	肖雅娟	职员	财务部	1000	1000	1000	3000	115	2885
10	0008	秦月	部门经理	人事部	1800	1500	1100	4400	295	4105
11	0009	左薇	职员	人事部	1200	1000	1100	3300	145	3155
12	0010	徐伟	部门经理	后勤部	1200	1500	800	3500	165	3335
13	0011	周亮	职员	后勤部	800	1000	500	2300	45	2255
14										
15	所属部门	实发工资								
16	销售部	>=5000								
17										
18	职工编号	职工姓名	职工类别	所属部门	基本工资	岗位津贴	奖金	应发工资	代扣个税	实发工资
19	0004	张楠	部门经理	销售部	2500	1500	2000	6000	535	5465
20										

图 5-30 高级筛选的结果

5.3.4 分类汇总

Excel 提供了分类汇总的功能,使用该功能用户不需要创建公式,Excel 将自动创建公式,并对某个字段提供诸如"求和"和"求平均值"之类的函数,实现对分类汇总值的计算,而且将计算结果分级显示出来。在执行分类汇总命令之前,首先应对数据进行排序,将其中关键字相同的记录集中在一起。当对数据排序之后,就可以对记录进行分类汇总了。

1. 分类汇总示例

仍然以工资表为例,要求按所属部门统计基本工资、岗位津贴、奖金、应发工资、代扣个税、实发工资。

(1)选中所属部门列中的任一单元格,单击"升序"按钮,按分类汇总关键字进行排序。注意:按分类汇总关键字进行排序是分类汇总的前提。

(2)执行"数据|分类汇总"命令,打开"分类汇总"对话框,在"分类字段"下拉列表中选中"所属部门";在"汇总方式"下拉列表中选中"求和";在"选定汇总项"列表中选中基本工资、岗位津贴、奖金、应发工资、代扣个税、实发工资,如图5-31所示。

替换当前分类汇总:无论设置了几次分类汇总,只要选择该项,就会以此次分类汇总结果覆盖前面的分类汇总结果。

图5-31 设置分类汇总条件

每组数据分页:选择该项,则会将每一组分类汇总以分页的方式打印出来。

汇总结果显示在数据下方:该选项必须在选择了"替换当前分类汇总"的前提下才能选择。若选择该项,则会将汇总行和总计行显示在每一组数据的下方;若不选择该项,则会将汇总行和总计行显示在每一组数据的上方。

(3)单击"确定"按钮,得到汇总结果,如图5-32所示。

	A	B	C	D	E	F	G	H	I	J
1					工资表					
2	职工编号	职工姓名	职工类别	所属部门	基本工资	岗位津贴	奖金	应发工资	代扣个税	实发工资
3	0006	刘秀	部门经理	财务部	2000	1500	1000	4500	310	4190
4	0007	肖雅娟	职员	财务部	1000	1000	1000	3000	115	2885
5				财务部 汇总	3000	2500	2000	7500	425	7075
6	0002	王凯	部门经理	供应部	2500	1500	1500	5500	460	5040
7	0003	李勇	职员	供应部	1000	1000	1000	3000	115	2885
8				供应部 汇总	3500	2500	2500	8500	575	7925
9	0010	徐伟	部门经理	后勤部	1200	1500	800	3500	165	3335
10	0011	周亮	职员	后勤部	800	1000	500	2300	45	2255
11				后勤部 汇总	2000	2500	1300	5800	210	5590
12	0001	赵强	总经理	经理办公室	5000	3000	3000	11000	1505	9495
13				经理办公室 汇总	5000	3000	3000	11000	1505	9495
14	0008	秦月	部门经理	人事部	1800	1500	1100	4400	295	4105
15	0009	左薇	职员	人事部	1200	1000	1100	3300	145	3155
16				人事部 汇总	3000	2500	2200	7700	440	7260
17	0004	张楠	部门经理	销售部	2500	1500	2000	6000	535	5465
18	0005	马斌	职员	销售部	1200	1000	1200	3400	155	3245
19				销售部 汇总	3700	2500	3200	9400	690	8710
20				总计	20200	15500	14200	49900	3845	46055
21										

图5-32 分类汇总后的结果

2. 运用大纲功能显示/隐藏各级明细数据

虽然已经用分类汇总功能产生了分类汇总结果,但是如果工资表中的员工记录比较多时,要查看汇总结果,就必须移动滚动条。为了查看方便,可以利用大纲功能将汇总结果暂时不需要的数据隐藏起来,减少工作表的占用空间。

Excel 在建立汇总的同时,也建立了大纲,如图 5－33 所示。如单击左上角的 ①,系统仅显示图的"总计"一行;单击左上角的 ②,系统按所属部门显示分类统计数据;单击左上角的 ③,系统显示全部数据。

可以单击 ➕ 按钮展开其下级数据,展开后 ➕ 变为 ➖,如图 5－33 所示。

	A	B	C	D	E	F	G	H	I	J
1					工资表					
2	职工编号	职工姓名	职工类别	所属部门	基本工资	岗位津贴	奖金	应发工资	代扣个税	实发工资
5				财务部 汇总	3000	2500	2000	7500	425	7075
8				供应部 汇总	3500	2500	2500	8500	575	7925
9	0010	徐伟	部门经理	后勤部	1200	1500	800	3500	165	3335
10	0011	周亮	职员	后勤部	800	1000	500	2300	45	2255
11				后勤部 汇总	2000	2500	1300	5800	210	5590
13				经理办公室 汇总	5000	3000	3000	11000	1505	9495
16				人事部 汇总	3000	2500	2200	7700	440	7260
19				销售部 汇总	3700	2500	3200	9400	690	8710
20				总计	20200	15500	14200	49900	3845	46055
21										
22										

图 5－36　展开或隐藏汇总数据

3. 取消分类汇总

如果要取消分类汇总,只要再次执行"数据|分类汇总"命令,在打开的"分类汇总"对话框中,单击"全部删除"按钮即可。

5.4　Excel 公式中地址的引用

Excel2003 中的每个工作表都由 256 列×65536 行构成,每个行列交叉点处称为一个"单元格"。单元格是工作表的基本组成单位,是 Excel 中最小的可独立操作的单位。

5.4.1　单元格的引用

1. 单元格的引用样式

单元格有两种引用样式:A1 样式和 R1C1 引用样式。

引用样式 A1 用字母标志列,从 A～IV,共 256 列;用数字标志行,从 1～65536。这些字母和数字被称为"行标题"和"列标题"。如果要引用单元格,要顺序输入列字母和行字母。例如,A3 引用了列 A 和行 3 交叉处的单元格。

引用样式 R1C1 在 R 后跟行号、在 C 后跟列号表示单元格的位置。例如 R2C4 表示第 2 行与第 4 列交叉点的单元格。

初次打开 Excel2003 时系统默认的显示样式为 A1,如果用户要切换成 R1C1 显示样式,需执行"工具"|"选项"命令,在弹出的"选项"对话框中,单击"常规"选项卡,选中"R1C1 引用样式"复选框。此时 Excel 的单元格显示样式为 R1C1,如图 5－34 所示。

2. 同一工作簿的工作表间的单元格引用

在同一工作簿中,引用其他工作表的单元格的方法是,在单元格引用前加上相应工作表引用,并用感叹号"!"将工作表引用和单元格引用分开,其格式为"工作表名称!单元格引用"。例如,如果要引用"Sheet!1"工作表的A4单元格,则应表示为"Sheet!A4"。

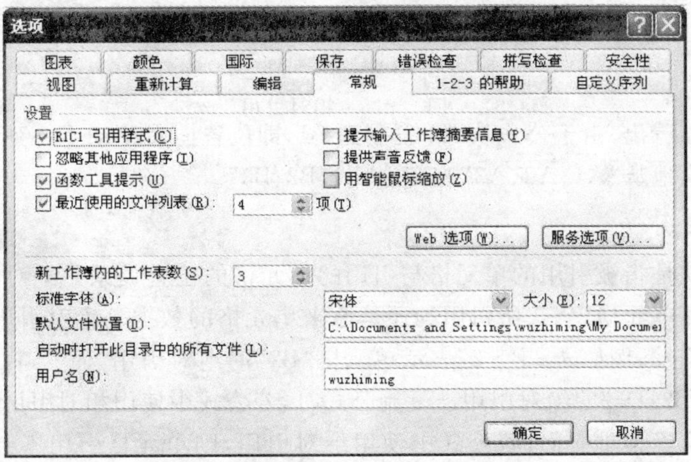

图 5-34 设置为 R1C1 引用样式

3. 不同工作簿中的工作表间的引用

当需要引用其他工作簿中的单元格时,其格式为"[工作簿名称.xls]工作表名称!单元格引用"。例如,如果要引用Book1工作簿中的Sheet1工作表中的A4单元格,则应表示为"[Book1.xls]Sheet1!A4"。其中当被引用工作簿处于关闭状态时,则必须将该工作簿存放的全部路径写在工作簿名之前,并且用单引号将整个引用路径括起来。假定上例中Book1位于D:\Excel目录下,则应表示为"D:\[Book1.xls]Sheet1!A4"。

Excel2003具有智能功能,它可以自动修订表间的引用公式,不论是同一工作簿,还是不同工作簿,当工作簿名或工作表名发生变化时,Excel2003都会自动地修正原来的表间引用公式。例如,在同一工作簿中的工作表间引用"Sheet1!A4"。现在将"Sheet1"改名为"表1",则公式自动改写为"表1!A4"。

5.4.2 公式复制引用

我们经常需要在公式中引用单元格,为了满足用户的需要,Excel提供了3种不同的公式复制引用类型:相对引用、绝对引用和混合引用。在引用单元格数据时,我们先来弄清这3种引用类型。

1. 相对引用

相对引用的格式是直接用单元格或者单元格区域名,而不加"$",例如"B2"表示引用了第B列与第2行交叉处的单元格。相对引用的特点是:将相应的计算公式复制或填充到其他单元格时,其中的单元格引用会自动随着移动的位置相对变化。例如,在单元格A4中输入公式"=A1+A2+A3",按回车键后得出计算结果。现在选定单元格A4,执行"编辑|复制"命令,然后选定单元格B4,再执行"编辑|粘贴"命令,将公式复制到

B4 单元格中,结果如图 5-35 所示。

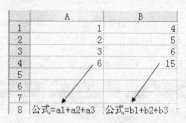

图 5-35 相对引用

从图中可以看出,由于公式从 A4 复制到 B4,即位置向右移动了一列,因此公式中的相对引用也相应地从"A1、A2、A3"改变为"B1、B2、B3"。

2. 绝对引用

绝对引用就是指被引用的单元格与引用的单元格的位置关系是绝对的,无论将这个公式粘贴到任何单元格,公式所引用的还是原来单元格的数据。绝对引用的单元格的行和列都有"＄"符号,例如"＄B＄2"表示单元格"B2"的绝对引用,而"＄B＄2:＄D＄5"表示单元格区域"B2:D5"的绝对引用。复制公式时,若公式中使用相对引用,则单元格引用会随着移动的位置相对变化;若公式中使用绝对引用,则单元格引用不会发生变化。例如,在单元格 A4 中输入公式"=＄A＄1+＄A＄2+＄A＄3"按回车键后得出计算结果。将公式复制到单元格 B4 中,结果如图 5-36 所示。

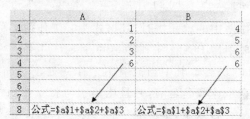

图 5-36 绝对引用

由上图可以看出,由于 A4 单元格中的公式采用的是绝对引用,将公式 A4 复制到 B4 上,公式所引用的还是原来单元格的数据。所以,绝对引用无论将这个公式粘贴到任何单元格,公式所引用的仍然是原来单元格的数据。

3. 混合引用

单元格混合引用是指"行"采用相对引用而"列"采用绝对引用,或"行"采取绝对引用而"列"采用相对引用。如"B＄2"、"＄B2"均为混合引用。例如,在单元格 A4 中输入公式"=＄A1+A＄2+＄A＄3",按回车键后得出计算结果。将公式复制到 B4 单元格中,结果如图 5-37 所示。

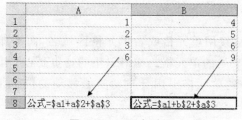

图 5-37 混合引用

此时由于 $A1 中的列号为绝对引用,故公式复制后列号不变,行号没有发生变化是由于公式复制后,行号依然是第 1 行没有变化。A$2 中的列号为相对引用,故列号被改变,改变为 B 列,行号为绝对引用,因此没有发生改变。$A$3 为绝对引用,故行号和列号都没有发生改变。

本章小结

Excel 的使用是对会计信息系统的重要补充。本章在介绍了 Excel 的基本功能的基础上,重点讲解了会计数据在 Excel 中的处理以及 Excel 对数据表格的分析处理。

思考与练习

一、思考题

1. SUMIF()函数与 SUM()函数有什么区别和联系?
2. SUMIF()函数与 IF()函数有什么区别与联系?
3. 解释 SUMIF()函数的结构和语法规则。
4. SUMIF()函数与 VLOOKUP()函数的结构和语法规则有什么区别和联系?

二、练习题

以下是计算机专业 2007 届期中考试成绩统计表

	A	B	C	D	E	F	G	H	I
1		姓　名	高等数学	数据结构	科技英语	Pascal语言	数据库	总分	
2									
3	1	钱梅宝	88	98	82	85	89		
4	2	张平光	100	98	100	97	100		
5	3	郭建峰	97	94	89	90	90		
6	4	张　宇	86	76	98	96	80		
7	5	徐　飞	85	68	79	74	81		
8	6	王　伟	95	89	93	87	86		
9	7	沈　迪	87	75	78	96	68		
10	8	曾国芸	94	84	98	89	94		
11	9	罗劲松	78	77	69	80	78		
12	10	赵国辉	80	69	76	79	80		
13		平均分							
14									

1. 求出每门学科的全体学生平均分,填入该课程的"平均分"一行中(小数取 1 位)。
2. 把第 13 行的行高改为 20,A13:H13 单元内的字改为蓝色楷体字,字号 12,并垂直居中。
3. 求出每位同学的总分后填入该同学的"总分"一列中。
4. 将标题"计算机专业 2002 届期中考试成绩统计表"在 A11:H11 区域中跨列居中。
5. 将所有学生的信息按总分高低从高到低排序。
6. 将总分最高的一位同学的所有数据用红色字体表示。

第 6 章　Excel 在总账处理中的应用

□学习目标

通过本章的学习,要求学生在了解和运用 Excel 常用函数进行有关会计数据处理的基础上,重点掌握并能熟练运用相关的 Excel 函数设计总账业务处理模板。领会凭证表、科目汇总表及资产负债表设计方法及它们之间数据关系,掌握它们在会计数据处理中的具体应用技巧。

6.1　总账处理模板中的常用函数

函数作为 Excel 处理数据的一个最重要手段,功能是十分强大的,在工作实践中可以有多种应用,我们甚至可以通过使用函数在 Excel 中设计复杂的统计管理表格或者小型的数据库系统。

6.1.1　总账设计系统中常用的 Excel 函数

在使用 Excel 设计总账处理模板中,经常要用到一些函数,如,无条件求和 SUM( )函数、条件求和 SUMIF( )函数和条件搜索 VLOOKUP( )函数。

1. SUM( )和 SUMIF( )函数

(1)SUM( )函数。

在上章中已经介绍了 SUM( )函数是返回某一单元格区域中所有数字之和。其语法格式是:

SUM(number1,number2……)

其中,各参数 number1,number2……所表达的含义为需要求和的数值(包括逻辑值及文本表达式)、区域或引用。需要注意的是,参数表中的数字、逻辑值及数字的文本表达式可以参与计算,其中逻辑值被转换为 1、文本被转换为数字。如果参数为数组或引用,只有其中的数字将被计算,数组或引用中的空白单元格、逻辑值、文本或错误值将被忽略。

【例 6-1】　如表 6-1 所示为 2006 年 11 月安泰公司职工工资表,请运用 Excel 函数求出 11 月份该公司所有员工的工资金额总和。

第一步,将表 6-1 中的数据复制到 Excel 中;

第二步,对工资所在列的连续数据进行求和,可在某个空格中输入"=SUM(C2:

C7)",按回车键即可得到该公司 11 月份所有职工的工资总金额为 9 650 元。

表 6-1 20××年 11 月职工工资表

姓名	性别	工资	备注
周航	男	1 200	
吴瑞	男	1 800	
温苏	女	1 500	
张正	男	2 000	
卓琳	女	1 800	
林田	男	1 350	

当然,在进行操作时,我们还可以直接使用工具栏中的自动求和按钮∑。但是在实际生活中,我们经常会需要显示一个区域内值的累计和,那么,如何计算这个累计和呢?我们可以使用 SUM 函数来实现这个求和计算。

【例 6-2】 计算累计和。

如图 6-1 所示,列 B 显示了每月的销售量,列 C 显示累计到当前的总和。单元格 C4 中的公式为:

=SUM(B＄4:B4)

注意公式中用到了混合引用。区域中的第一个单元总是引用到了第四行。当这个公式在列中向下拷贝时,应对区域参数进行调整,使求和总是从第四行开始到当前行结束。例如,当在 C 列向下拷贝这个公式后,单元 C10 中的公式为:

=SUM(B＄4:B10)

用户使用 IF 函数对于没有输入数据的行隐藏累计求和。以下对公式的改变可以做到这一点:

=IF[B4<>"",SUM(B＄4:B4),""]

	A	B	C	D
1	计算累计和			
2				
3	月	销售量	累计销售量	累计销售量(为空不显示)
4	1月	850	850	850
5	2月	900	1750	1750
6	3月	750	2500	2500
7	4月	1100	3600	3600
8	5月	600	4200	4200
9	6月	500	4700	4700
10	7月	1200	5900	5900
11	8月		5900	
12	9月		5900	
13	10月		5900	
14	11月		5900	
15	12月		5900	
16				

图 6-1 计算累计和

(2) SUMIF( )函数。

SUMIF( )函数是按给定条件对指定单元格进行求和的函数。与 SUM( )函数同样都是求和函数,但不同的是,SUMIF( )函数是有条件的求和函数,其主要功能是计算符合指定条件的单元格区域内的数值和。其语法格式是:

SUMIF(range,criteria,sum_range)

其中:

range——是一个单元区域,它指定 SUMIF( )函数在哪个区域进行查找满足条件的数据,SUMIF( )函数所使用的条件判断是在这个区域搜索出符合条件的数据行号。

criteria——确定在第一个参数指定的区域中进行搜寻的条件。只有满足搜寻条件的数据行上的单元格才能被求和,criteria 的形式可以为数字、表达式或文本。例如,条件可以表示为"160"、">45"、"现金"等。

sum_range——为真正参与求和的单元格区域。它和第一个参数 rang 指定的区域不同,只有当第一个参数 range 中的相应单元格满足第二个参数 criteria 条件时,与满足条件的单元格在同一行上的、在 sum_range 中的单元格才能参与求和。如果省略 sum_range,则直接对 range 中的单元格求和。

此函数返回值为满足指定条件的所有单元格内数值的合计数。

利用这个函数进行分类汇总是很有用的。在进行科目汇总表设计时,我们将用到这个函数。

【例 6-3】 在如图 6-2 所示表中,求出该公司所有男职工的工资总和。这里我们就要用 SUMIF( )函数而非 SUM( )函数了。在 C8 单元格中输入公式"=SUMIF(B2:B7,'男',C2:C7)",确认后即可求出"男"性的工资总和为 6 350 元。

姓名	性别	工资	备注
周航	男	1200	
吴瑞	男	1800	
温苏	女	1500	
张正	男	2000	
卓琳	女	1800	
林田	男	1350	
		6350	

图 6-2 SUMIF( )函数应用

当然,如果把上述公式修改为"=SUMIF(B2:B7,'女',C2:C7)",即可求出"女"性的工资和。其中"男"和"女"由于是文本型的,需要在英文状态下加双引号"男"、"女"。

【例 6-4】 如图 6-3,F 列的值为 D 列的值减去 E 列值,F 列的负号表示过期。

工作表使用以下命名的区域：

Amount＝＄C＄4：＄C＄13

Company＝＄B＄4：＄B＄13

DateDue＝＄D＄4：＄D＄13

Difference＝＄F＄4：＄F＄13

	A	B	C	D	E	F
1	SUMIF					
2						
3	发票号	公司	金额	到期日期	今天	相差日期
4	AG-0145	A	5000.00	2006-3-17	2006-4-19	-33
5	AG-0189	B	450.00	2006-4-4	2006-4-19	-15
6	AG-0220	C	3211.56	2006-4-13	2006-4-19	-6
7	AG-0310	A	250.00	2006-4-15	2006-4-19	-4
8	AG-0409	C	125.50	2006-4-19	2006-4-19	0
9	AG-0581	C	3000.00	2006-4-25	2006-4-19	6
10	AG-0600	A	2100.00	2006-5-8	2006-4-19	19
11	AG-0602	A	335.39	2006-5-8	2006-4-19	19
12	AG-0633	C	65.00	2006-5-13	2006-4-19	24
13	AG-0634	B	250.00	2006-5-15	2006-4-19	26
14	总计		14787.45			36
15						
16	-58	总过期日				=SUMIF(difference,"<0")
17	8911.56	过期数额总计				=SUMIF(difference,"<0",amount)
18	7685.39	A公司总数				=SUMIF(company,"A",amount)
19	7102.06	除了A公司的总数				=SUMIF(company,"<>A",amount)
20	2750.39	5月1日以后的数额总计				=SUMIF(datedue,">="&DATE(2006,5,1),amount)
21						

图 6-3　SUMIF 的应用

①只对负数求和——计算总过期日。下面的公式返回 F 列中负值的和，即，返回所有发票的过期天数总和。对于此工作表公式返回"-58"。

＝SUMIF(difference,"<0")

因为我们忽略了第三个参数，所以在相差日期中应用了第二个参数（"<0"）。

②根据相差日期区域求和——计算过期数额总计。以下的公式返回过期发票数量（在 c 列）：

＝SUMIF(difference,"<0",amount)

如果相应的值在数额区域，这个公式用相差日期区域内的值来确定其对总和贡献。如果数额区域内相应的值对总和有贡献，此公式使用相差日期区域内的值进行确定。

③根据文本比较求和——计算 A 公司总数。以下的公式返回 A 公司的发票总数量：

＝SUMIF(company,"A",amount)

对于除此以外的所有公司的发票数量求和

＝SUMIF(company,"<>A",amount)

④根据日期比较求和——计算 5 月 1 日以后的数额总计。以下的公式返回预期超过 5 月 1 日的发票总数。

＝SUMIF[datedue,">="&DATE(2006,5,1),amount]

以下公式返回当前日期前（包括今天）的发票总数。

＝SUMIF[datedue,"<="&TODAY(),amount]

注意到 SUMIF 函数的第二个参数是一个表达式。使用 TODAY 函数为表达式会返回当前日期。

2. VLOOKUP（ ）函数

VLOOKUP函数用来在表格或数值数组的首列查找指定的数值，并由此返回指定列处与该数值同一行的数值。其语法为：

VLOOKUP(lookup_value,table_array,col_index_num,range_lookup)

lookup_value为需要在数据表第一列中查找的数值，它可以是数值、引用或文字串。

table_array为需要在其中查找数据的数据表（数据区域），可以引用区域或使用区域名称，表第一列中的数值可以是文本、数字或逻辑值。

col_index_num表示需要返回的值的序列号。col_index_num为1时返回table_array第一列中的数值；若为2时，则返回第二列中的数值，以此类推。如果小于1，函数返回错误值"#value"。如果参数大于总列数，则返回错误值"#ref!"。

range_lookup为一个逻辑值，指明函数在查找时是精确匹配还是近似匹配。如果为TRUE或者省略，函数将返回近似匹配值。也就是说，如果找不到精确匹配值，则返回小于lookup_value的最大数值，此时数据表中第一列的数据必须按升序排序；如果range_lookup为FALSE，则返回精确匹配值，如果找不到，则返回错误值"#N/A"，此时数据表中第一列的数据不必按升序排序。

【例6-5】 某公司职员工资表如图6-4所示。

B11		fx	=VLOOKUP($A$11, $A$2:$G$7, 2, FALSE)			
	A	B	C	D	E	F	G
1	职员工资表						
2	姓名	基本工资	岗位工资	奖金	应发工资	请假扣款	实发工资
3	李进	2000	1000	500	3500	100	3400
4	张丽	1800	1000	500	3300	150	3150
5	王晶	2500	1000	600	4100	100	4000
6	刘强	2000	1000	400	3400	200	3200
7	张芳	1500	800	400	2700	100	2600
8	……						
9							
10	姓名	基本工资	岗位工资	奖金	应发工资	请假扣款	实发工资
11	张芳	1500	800	400	2700	100	2600

图6-4 某公司职工工资表

在单元格B11中输入公式：=vlookup(a11,a2:g7,2,false)

在单元格C11中输入公式：=vlookup(a11,a2:g7,3,false)

在单元格D11中输入公式：=vlookup(a11,a2:g7,4,false)

在单元格E11中输入公式：=vlookup(a11,a2:g7,5,false)

在单元格F11中输入公式：=vlookup(a11,a2:g7,6,false)

在单元格G11中输入公式：=vlookup(a11,a2:g7,7,false)

这里第一个参数是确定查找值a11（它存放着数据"张芳"），VLOOKUP（ ）函数规定，这个待查找的值（存放在a11单元格中的数据"张芳"），只能在指定数据区域的第一列中查找；第二参数就是指定数据区域在哪里，Excel就会按指定区域的第一列中开始查找。如，a2:g7是指定的查找区域，这样，Excel就从指定查找区域的第一列（A列）开始查找张芳，第一个和第二个参数结合起来，就是要确定待查单元所在的行在哪里。待查单元所在的列由第三个参数确定。本例中B11要查找的列数是B列，它是第三个参数指定的区域(a2:g7)第2列,所以第三个参数为2,即第二列与查找行的交叉处的值即为 vlookup()函数的返回值。C11、D11、E11、F11、G11 可如此类推。

由此可见,只需要在 A11 中输入职员姓名,就可以查到该职员的工资情况。图 6—4 中的第 11 行即为应用公式后的结果。

【例 6-6】 如图 6—5 所示,假设员工资料在单元格区域 A4:H12,包括编号、姓名、部门、地址、电话等个人信息,如何根据输入的编号(单元格 C15)制作单个员工的名片表格?

输入员工编号 1316,在各个项目内容填入公式为:

姓名=VLOOKUP($C$15,$A$4:$H$12,2,FALSE)

性别=VLOOKUP($C$15,$A$4:$H$12,3,FALSE)

部门=VLOOKUP($C$15,$A$4:$H$12,4,FALSE)

职称=VLOOKUP($C$15,$A$4:$H$12,5,FALSE)

生日=VLOOKUP($C$15,$A$4:$H$12,6,FALSE)

地址=VLOOKUP($C$15,$A$4:$H$12,7,FALSE)

电话=VLOOKUP($C$15,$A$4:$H$12,8,FALSE)

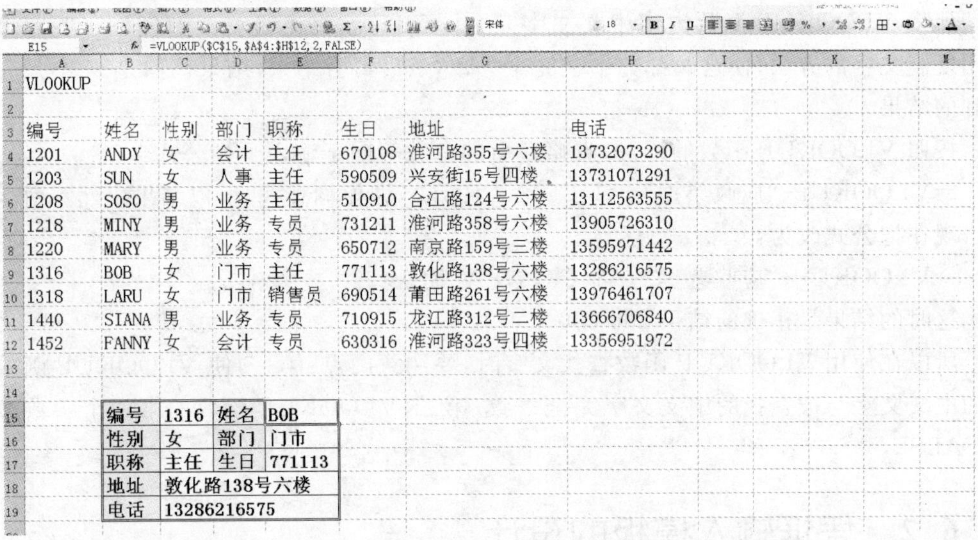

	A	B	C	D	E	F	G	H
1	VLOOKUP							
2								
3	编号	姓名	性别	部门	职称	生日	地址	电话
4	1201	ANDY	女	会计	主任	670108	淮河路355号六楼	13732073290
5	1203	SUN	女	人事	主任	590509	兴安街15号四楼	13731071291
6	1208	SOSO	男	业务	主任	510910	合江路124号六楼	13112563555
7	1218	MINY	男	业务	专员	731211	淮河路358号六楼	13905726310
8	1220	MARY	男	业务	专员	650712	南京路159号三楼	13595971442
9	1316	BOB	女	门市	主任	771113	敦化路138号六楼	13286216575
10	1318	LARU	女	门市	销售员	690514	莆田路261号六楼	13976461707
11	1440	SIANA	男	业务	专员	710915	龙江路312号二楼	13666706840
12	1452	FANNY	女	会计	专员	630316	淮河路323号四楼	13356951972
13								
14								
15		编号	1316	姓名	BOB			
16		性别	女	部门	门市			
17		职称	主任	生日	771113			
18		地址	敦化路138号六楼					
19		电话	13286216575					

图 6—5 单个员工名片表格显示

【例 6-7】 数据如图 6—6 所示,求=VLOOKUP("应收票据",A1:C5,3)的值。

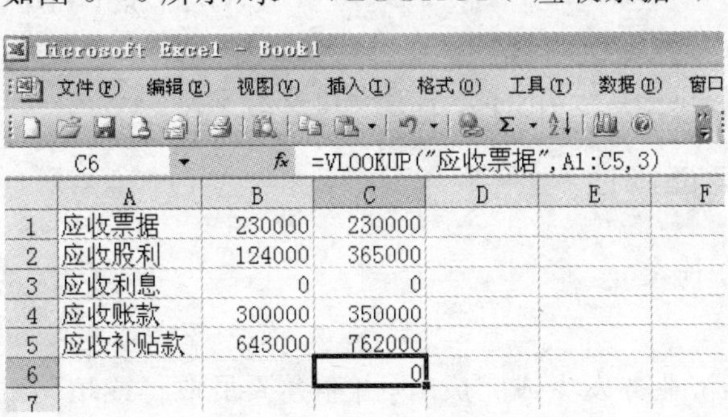

	A	B	C	D	E	F
1	应收票据	230000	230000			
2	应收股利	124000	365000			
3	应收利息	0	0			
4	应收账款	300000	350000			
5	应收补贴款	643000	762000			
6			0			
7						

图 6—6 用 VLOOKUP( )进行模糊查找

在C6输入下面公式：

=VLOOKUP("应收票据",A1:C5,3)，最后的结果是0。但是实际上应是C1单元中的数据230 000，为什么查找的结果不对？主要原因在于Excel处理中文文字的能力相对于处理英文文字而言要弱些。尽管在VLOOKUP函数里的中文"应收票据"表面上和A1:C5区域里的中文"应收票据"完全一样，但是由于字体、字号以及文字来源等种种原因，从Excel识别的角度来看，却无法把它们认作相同的文字。因为，VLOOKUP函数在数据区域最左边的列从上向下逐个查找"应收票据"，它查找的依据是根据文字内码，因为找不到匹配的文字，就跳过"应收票据"，在其他文字中查找小于"应收票据"内码值的下一个最大的内码值，最后认定"应收利息"符合条件，所以返回值为"应收利息"的对应的0。

从这个例子可以看出，在利用VLOOKUP函数进行中文文字查找时，VLOOKUP函数内部的中文文字要完全一致，才能完成查找。为了做到这一点，在后面进行资产负债表和利润表的取数计算时，对于各个表中的会计科目名称都只能统一从科目汇总表复制科目名称，不能自己手工输入。

那么VLOOKUP函数内部中文文字完全一致以后，是不是就没有问题了呢？可以采用复制文字的方法，使这两部分中文完全一致，然后再看结果，结果仍然是0，不是应该得到的结果。

按照VLOOKUP函数的语法，省略最后的参数等同于输入下列公式：
=VLOOKUP("应收票据",A1:C5,3,TRUE)，即模糊查找，所以结果仍然不对。
现在把公式改为：
=VLOOKUP("应收票据",A1:C5,3,FALSE)
这时的结果是正确的结果230 000。

所以在使用VLOOKUP函数查找文字时，要注意两点：第一，使VLOOKUP函数内部的中文文字与被查找的中文文字完全一致；第二，VLOOKUP函数的第四个参数必须是FALSE。

6.2 凭证输入模板的设计

凭证录入模块是将记账凭证中的所有数据项显示在屏幕上，让用户在屏幕上完整地通过键盘输入或修改各数据项的内容。在设计凭证输入模板时，为了方便用户快速输入并保证输入质量，应提供一些实用的操作手段和技术支持。

6.2.1 会计凭证概述

1. 会计凭证的种类

(1)原始凭证。

原始凭证是在经济业务发生或完成时，由经办人员取得或填制的，用以记录、证明经济业务的发生或完成情况的会计凭证，是具有法律效力的原始书面证据，是编制记账凭证的依据，是会计核算的原始资料。对于那些不能用来证明经济业务事项已经实际发生或完成的文件和单据,不能作为原始凭证,如对账单、请购单、合同等。

原始凭证按其取得的来源不同,可分为自制原始凭证和外来原始凭证。

(2)记账凭证。

记账凭证是指会计人员根据审核无误的原始凭证及有关资料,按照经济业务事项的内容和性质加以归类,并确定会计分录,作为登记会计账簿依据的会计凭证。在手工核算条件下,为了方便记账和汇总工作,根据核算单位业务量的大小,常常将凭证分为几种不同的类型,可以是单一的按顺序号排列的记账凭证,可以是收款凭证、付款凭证、转账凭证三大类凭证,也可以细分为现金收款、现金付款、银行收款、银行付款、转账凭证等五类凭证。

如图6—7,记账凭证的基本内容一般包括以下几个方面:

①记账凭证名称及填制记账凭证单位名称;
②凭证的填制日期和编号;
③经济业务的摘要;
④会计分录;
⑤记账标记;
⑥附件张数;
⑦有关人员签章。

记 账 凭 证			凭证字	
			凭证号	
日期:			附单据	
摘要	科目名称	借方金额	贷方金额	
结算方式	数量	合计		
结算号	数量			

图6—7 记账凭证

2. 凭证输入的特点

(1)输入数据量大。

一个中等规模的企业,每月发生的会计记账凭证就要上百张,如果考虑到诸如材料领用单、销售发票等原始凭证,其数量则更加可观。

(2)输入数据质量要求高。

输入的质量决定系统的质量。会计数据准确性,不仅关系到能否正确反映企业生产经营活动及其成果的真实性,而且涉及国家的财经制度、法令法规的贯彻执行。

(3)输入速度要求快。

由于会计数据源分布面广,数据量非常大,输入速度也就成了影响系统效率的"瓶颈"。这一问题不解决,就很难保证会计数据处理的"日清月结"。

6.2.2 凭证输入设计流程

1. 记账凭证输入表设计

从桌面启动 Excel2003,系统自动生成一个新的工作簿,文件名为 Book1,将该文件重命名为"总账处理模板"。

打开该文件,我们会看到在这个空白的工作簿中有三个空白的工作表 Sheet1、Sheet2、Sheet3。再将该表格中的"sheet1"重命名为"凭证表",用它来存放日常需要处理的凭证数据。

在凭证表中的 A1 单元格输入"日期",在 B1 单元格输入"凭证号数",在 C1 单元格输入"科目编码",在 D1 单元格输入"科目名称",在 E1 单元格输入"摘要",在 F1 单元格输入"数量",在 G1 单元格输入"外币",在 H1 单元格输入"借方金额",在 I1 单元格输入"贷方金额"。如图6-8。接着按照项目输入记账凭证的相关信息。

图 6-8 凭证表格式

(1)调整行高、列宽。

行高、列宽的设置既可以用鼠标,也可以通过命令来完成。例如使用鼠标改变列宽,可将鼠标指针指向要改变列宽工作表的列编号之间的格线上,当指针变成一个两条黑色横线并且各带一个分别指向左右的箭头时,按住鼠标拖动即可。这对处理个别的调整很方便,但从精确程度和效率上看不适合于处理多行或多列的情况。

如果要调整多行列,最好通过菜单中"格式"下的"行高"或"列宽"完成比较方便。或者将工作表全部选中后,将鼠标指针指向工作表中任意两列(行)的列(行)编号之间的格线上,当指针变成一个两条黑色横线并且各带一个分别指向左右的箭头时,双击即可,使用这种办法,Excel将自动调整为最适合的列宽(行高)。

(2)单元格格式编辑。

单元格的格式编辑包括对数据格式、对齐方式、字体、边框、图案等的操作。可以通过"常用格式工具"提供的格式编辑图标实现,也可以运用菜单中的"格式"、"单元格"完成。例如,要将"凭证表"中的所有单元格的内容均居中显示,则首先应选中该凭证表工作表,再在"格式"工具栏中的"单元格格式"工具中选择"对齐"(如图6—9所示)选项,从中选择对齐方式为"居中"。

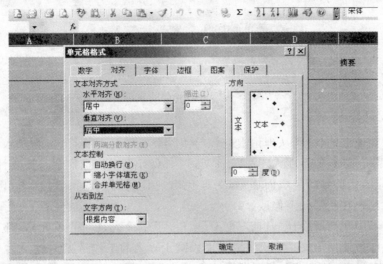

图6—9 单元格对齐方式

在图6—8中的凭证表单元格格式我们可以设定为:宋体,16号,居中显示。

(3)数据格式设定。

数据、日期、时间在工作表的内部都以纯数字储存。当要在单元格内显示时,就会依照单元格规定的格式显示。默认情况下,在键入数值时,Excel查看该数值,并将该单元格作相应的格式化。

要改变数据格式,我们可以利用命令或"格式工具"将单元格加以格式化。如果利用"常用格式工具",只要选中格式化区域后,单击"货币样式"、"百分比样式"等相应的按钮即可完成。如果使用命令,则执行"格式"菜单中的"单元格"命令,在弹出的"单元格格式"对话框中单击"数字"标签,在"分类"列表框中选择所需要的格式类型,单击"确定"按钮完成。

在工作表中,如果要使数值为"0"的单元格禁止显示,可以执行"工具"菜单下的"选项"命令,在弹出的"选项"对话框中选择"视图"标签,单击"窗口选项"栏中的"零值"复选框,取消对其选择,单击"确定"按钮。

在图6—8中的凭证表格式我们可以设定为:

日期A列、凭证号数B列、科目名称C列、摘要D列、数量E列,单元格格式选择"常规";借方金额F列、贷方金额G列,单元格格式选择"货币",如图6—10。

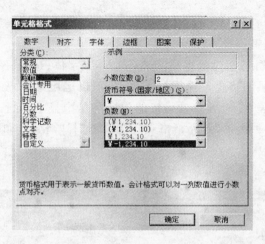

图 6-10 单元格格式设定

2. 输入记账凭证

(1)记账凭证上的日期,从理论上应该与实际登录的日期相符,实际录入中它可以小于计算机的系统日期,但不能大于系统日期,否则会有出错信息提示。需要注意的是,凭证上的日期应随凭证号的递增而递增,为避免出现日期倒流现象,可自动填入上一张凭证的日期,由用户在此基础上修改。

在图 6-8 中我们所设计"日期"列 A 是直接手工输入日期的单元格,那么我们除了手工录入外,能否使用 Excel 实现生成日期以减少输入的工作量呢?

由于记账凭证中的日期包括月份数字和日期(每天的)数字,所以如果我们在设计表格时将月份和日期分为两列,月 A 列和日 B 列,就可采用数据有效性的序列输入方法:

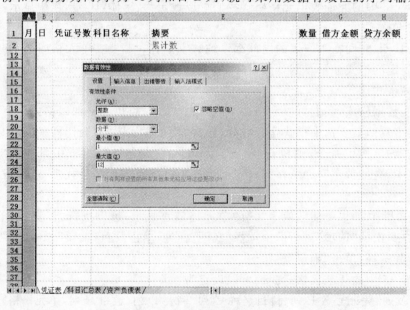

图 6-11 利用有效性输入

选取月 A 列单元格 A3:A1 000,单击[数据]菜单中的[有效性]命令,打开[有效性]对话框,在[设置]选项卡的"有效性条件"的各个项目中,在"允许"列表中选择"整数",在

"来源"中输入"1,2,3,4,5,6,7,8,9,10,11,12",如图6-11所示;在[输入信息]选项卡的"输入信息"中输入"选择月份"。这样,月份的输入可以通过单击单元格旁边的下拉箭头来输入。同样的我们也可以设定日期B列的有效性来实现。

本章所用例子中的日期未按照月、日分开设置。

(2)凭证号数的输入。根据核算单位对凭证类型的选定,凭证顺序每月从1开始编号,如果选定的是收、付、转三种类型的记账凭证,使用者必须根据所发生的业务内容,先选择凭证字类型,然后根据该类型本月输入的凭证顺序输入凭证号,如收款0001、收款0002、付款0001、转账0001等顺序号。

图6-8中我们所设计"凭证号"列B是直接手工完整输入凭证号的单元格,如果是分开的凭证"类型"单元格和"号"单元格,则可在"类型"单元格中设置数据的有效性来进行下拉选择凭证类型,然后手工输入"号"。

(3)摘要栏输入。主要是输入当前分录的摘要,对于摘要的输入一般采用常用短语库的方式,缩减摘要的输入量。在记账凭证中的摘要可以分解为如下几个要素:第一,当事者,指一笔业务涉及的人或部门;第二,业务类别,指一笔业务的简要概括,如"从银行提现"、"分配工资"等等;第三,数量,指购物或销货时对数量的记录;第四,外部单位,指一笔业务所涉及的外部单位和个人。如"张某从乐普生商厦购稿纸10本",这样一个摘要就包含了四个要素。当然并不是每笔业务的摘要都包含四个要素,但是,我们可以从一般中找出一定的规律性,对其进行归纳整理,形成若干标准用语,利用汉字系统的词组功能以操作员便于记忆的形式对其编码并存入词库,操作员在输入业务类型时,只需输入相应的代码,这在一定程度上提高了摘要的输入速度。另外,还可以像科目代码与科目名称对照表一样,建立摘要查询库和摘要与摘要编码对照库,这样,输入摘要编码,系统即会自动转化为汉字摘要,从而便于输入查询和输入正确性的控制。如已设置了常用摘要,则可选择"获取"或输入摘要助记码后自动填入。

(4)科目名称和科目编码的输入。在记账凭证中,科目名称是最重要的因素之一,也是输入量较大的项目。它应根据企业实际应用的科目逐项输入。

(5)金额的输入,在F列的单元格中根据业务的实际情况,输入相关的借方金额,同样的,我们也可以用这种方法输入G列的贷方金额栏。

如果科目性质为"数量",输入数量。

(6)平衡校验公式的输入。在凭证表项目名称这一行前增加两行,分别在H1和I1输入"借方金额合计"和"贷方金额合计",在H2和I2分别输入公式"=SUM(H4:H1001)"和"=SUM(I4:I1001)",H2即是累计借方金额,I2即是累计贷方金额,以便在每张凭证录入完毕时,随时测试检查双方的借贷是否平衡。

(7)冻结窗口。

当我们编辑一个很大的工作表时,可能因为数据表的上下滚动,使表栏目项数据不能在当前屏幕上显示,这将会给我们的编辑带来不便。冻结窗口命令可以将指定的行或列冻结起来,即冻结线的一侧保持不动,在另一侧拖动滚动条进行阅读。例如,我们可以将凭证数据工作表的标题冻结起来,拖动滚动条就可以看到工作表中其他的内容。图6-12中显示了将表格第3行冻结的情况,即第3行在屏幕上方不变,冷冻条下面已经是第10行的内容了。

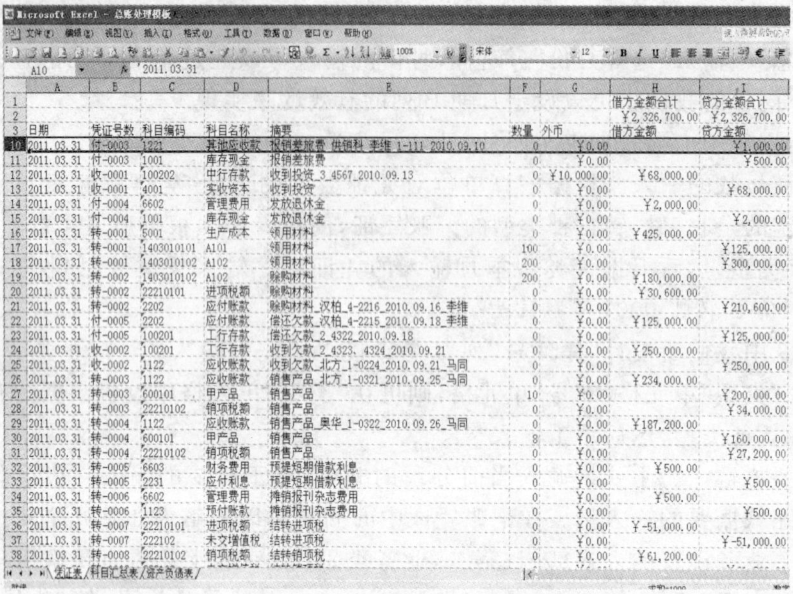

	A	B	C	D	E	F	G	H	I
1								借方金额合计	贷方金额合计
2								￥2,326,700.00	￥2,326,700.00
3	日期	凭证号数	科目编码	科目名称	摘要	数量	外币	借方金额	贷方金额
10	2011.03.31	付-0003	1221	其他应收款	报销差旅费_供销科_李维_1-111_2010.09.10	0	￥0.00		￥1,000.00
11	2011.03.31	付-0003	1001	库存现金	报销差旅费	0	￥0.00		￥500.00
12	2011.03.31	收-0001	100202	中行存款	收到投资_3_4567_2010.09.13	0	￥10,000.00	￥68,000.00	
13	2011.03.31	收-0001	4001	实收资本	收到投资	0	￥0.00		￥68,000.00
14	2011.03.31	付-0004	6602	管理费用	发放退休金	0	￥0.00	￥2,000.00	
15	2011.03.31	付-0004	1001	库存现金	发放退休金	0	￥0.00		￥2,000.00
16	2011.03.31	转-0001	5001	生产成本	领用材料	0	￥0.00	￥425,000.00	
17	2011.03.31	转-0001	1403010101	A101	领用材料	100	￥0.00		￥125,000.00
18	2011.03.31	转-0001	1403010102	A102	领用材料	200	￥0.00		￥300,000.00
19	2011.03.31	转-0002	1403010102	A102	赊购材料	200	￥0.00	￥180,000.00	
20	2011.03.31	转-0002	22210101	进项税额	赊购材料	0	￥0.00	￥30,600.00	
21	2011.03.31	转-0002	2202	应付账款	赊购材料_汉柏_4-2216_2010.09.16_李维	0	￥0.00		￥210,600.00
22	2011.03.31	付-0005	2202	应付账款	偿还欠款_汉柏_4-2215_2010.09.18_李维	0	￥0.00	￥125,000.00	
23	2011.03.31	付-0005	100201	工行存款	偿还欠款_2_4322_2010.09.18	0	￥0.00		￥125,000.00
24	2011.03.31	收-0002	100201	工行存款	收到欠款_2_4323、4324_2010.09.21	0	￥0.00	￥250,000.00	
25	2011.03.31	收-0002	1122	应收账款	收到欠款_北方_1-0224_2010.09.21_马同	0	￥0.00		￥250,000.00
26	2011.03.31	转-0003	1122	应收账款	销售产品_北方_1-0321_2010.09.25_马同	0	￥0.00	￥234,000.00	
27	2011.03.31	转-0003	600101	甲产品	销售产品	10	￥0.00		￥200,000.00
28	2011.03.31	转-0003	22210102	销项税额	销售产品	0	￥0.00		￥34,000.00
29	2011.03.31	转-0004	1122	应收账款	销售产品_奥华_1-0322_2010.09.26_马同	0	￥0.00	￥187,200.00	
30	2011.03.31	转-0004	600101	甲产品	销售产品	8	￥0.00		￥160,000.00
31	2011.03.31	转-0004	22210102	销项税额	销售产品	0	￥0.00		￥27,200.00
32	2011.03.31	转-0005	6603	财务费用	预提短期借款利息	0	￥0.00	￥500.00	
33	2011.03.31	转-0005	2231	应付利息	预提短期借款利息	0	￥0.00		￥500.00
34	2011.03.31	转-0006	6602	管理费用	摊销报刊杂志费用	0	￥0.00	￥500.00	
35	2011.03.31	转-0006	1123	预付账款	摊销报刊杂志费用	0	￥0.00		￥500.00
36	2011.03.31	转-0007	22210101	进项税额	结转进项税	0	￥0.00	￥-51,000.00	
37	2011.03.31	转-0007	222102	未交增值税	结转进项税	0	￥0.00		￥-51,000.00
38	2011.03.31	转-0008	22210102	销项税额	结转销项税	0	￥0.00	￥61,200.00	

图 6－12　凭证表显示窗口

冻结窗口命令可以帮助我们轻松比较工作表中的任何内容，即便它们不在相邻的行与列中。冻结窗口可以按照以下步骤：

第一步，单击要插入冷冻条的单元格。单击行首的单元格，可以插入水平冷冻条，将所选单元格上方的行冻结。单击列首的单元格，可以插入垂直冷冻条，将所选单元格左侧的列冻结。

第二步，单击菜单栏中的"窗口"，选择"冻结窗口"选项。如果没有选择行首或列首的单元格，则水平冷冻条和垂直冷冻条会同时出现。要撤销对窗口的冻结，单击"窗口"，选择"撤销冻结"即可。

3. 记账凭证数据的管理

在上一章中，我们已经详细介绍了在 Excel 中对数据的排序、筛选等日常管理方法，大家可以结合这些内容进行操作，本章中不再赘言，在这里我们主要介绍对记账凭证表数据的修改。

(1)修改某一单元内容。

修改某一单元内容有如下两种方法：

第一种，直接输入新的内容。对单元修改最简单的方法是选择需要修改的单元，立即输入新的内容，则原来的内容被删除，按回车键后，新内容被放入该单元。

第二种，在编辑栏内进行修改。对某一单元内容进行编辑的方法是，双击某单元或按 F2 键，此时可以对单元中的内容（公式、文字、数字、引用）进行增、删、改。

(2)查找与替换。

修改工作表单元的内容，首先要查到该单元所在的位置，工作表中可使用查找和替代单元或单元区域内容的命令。

选择"编辑"菜单上的"查找"命令，然后在"查找内容"框内输入要查找的内容，在搜索方式框选择"按行"或"按列"查找，在搜索内容框选择"公式"、"值"和"批注"。

如果需要用新的内容替换原有内容,尤其是要成批自动修改单元或单元区域内容,则选择"编辑"菜单上的"替换"命令,输入将被替换的旧内容和将替换旧内容的新内容即可。如果需要工作表中的旧内容全部替换,则选择"全部替换",把所有与查找内容相符的单元替换成新的内容。

(3)凭证数据修改的注意事项。

一般来说,删除凭证只能删除某类凭证的最后一张,因为这样不会影响凭证号的连续性。如果允许删除中间的凭证,则要对被删除凭证后面该类凭证的凭证号进行自动更新,以确保凭证号的连续性。

6.2.3 凭证输入的检查

1. 凭证输入的检查与控制

凭证输入完毕后,也可以将该凭证表作为凭证内容保存,供以后调用。凭证输入是账务处理子系统的数据入口,错误的凭证数据输入计算机,必然产生错误的账簿和报表。因此,输入环节必须严格把关,以确保输入的凭证正确与可靠。因此,用户必须对输入的凭证进行控制:

(1)凭证号与凭证字检查。

凭证号是记账凭证的标志,按会计制度要求,不同类型凭证每月分别从 1 开始连续编号,不能有重号、漏号。因此,凭证录入模块中,凭证字与凭证号应避免直接输入,前者可以默认上一张凭证的类型,并可选择修改;后者则由系统自动生成,以避免漏号与重号。

(2)凭证日期检查。

凭证日期用于标识经济业务发生的时间,应采用公历日期,要随凭证号递增而递增等。因此,凭证录入模块设计时,应将上一张凭证的日期携带进新凭证,作为日期的下限,上限是该月份的最大日数,以能够确保凭证日期随凭证号增大而递增。

(3)金额检查。

任何一张凭证都满足"有借必有贷,借贷必相等"的原则。因此,对每一张凭证存入完毕,可以利用求和公式控制借方、贷方发生额的一致。

2. 凭证输入的检测方法

(1)静态校验法。

是将输入的数据显示在屏幕上或打印在纸上,通过校验人员目测来查错的方法。这种方法受操作员熟练程度的影响,而且长时间会引起眼睛的疲劳,效率降低,适用于校验数据量较少的情况。

(2)界限校验法。

是根据输入数据的可能取值范围来检查其错误的方法。某些数据具有一定的取值范围,若输入的数据超过这个范围就可以判断其为错误数据。如就现代来说,人的年龄还没有超过 200 岁的,所以,人的年龄可以定义为 0~200 之间,若超过这个范围则可以判断为错误数据。这是通过设定单元格数据的有效性来进行检查的。如图 6-13 所示。

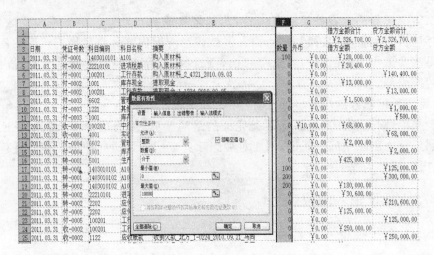

图 6-13 数据的有效性检验

(3) 平衡校验法。

是利用数据之间的平衡相等的关系检查输入错误的一种方法。某些输入数据之间会存在一定的数量平衡关系,如记账凭证中借方金额合计与贷方金额合计必须相等;又如销售凭证中有"数量,单价,金额"的严格的数量关系等。在输入过程中,只要发现其不平衡,就表明输入数据有误。以图 6-12 的表格为例,我们在设计凭证输入模块的公式输入时,将借方金额栏下的 H2 单元格输入公式"=SUM(H4:H1 001)",并将贷方金额下的 I2 单元格输入公式"=SUM(I4:I1 001)",便可及时测试检查双方的数值是否平衡,进而检查记账凭证是否输入错误。

6.3 科目汇总表模板设计

6.3.1 科目汇总表概述

科目汇总表是编制资产负债表、利润表和现金流量表的基础,所以如何实现自动地从凭证表的会计分录中按科目分别汇总其余额数据,并将汇总数据按科目分别登记到科目汇总表相关余额栏中,就成为用 Excel 进行会计核算的关键。SUMIF()函数在这个问题上起到了关键的作用。本节将说明如何使用 SUMIF()函数来得到科目汇总表中相关数据的原理和方法。

科目汇总表的数据来自凭证表。为了提供某一科目、某一时间范围的发生额和余额,我们要对凭证表的数据进行分类汇总,通过对凭证表中相关科目借、贷方数据的分类合计,便自动生成了科目汇总表相关的累计借方和累计贷方的相关数据。

6.3.2 科目汇总表模板设计流程

1. 科目汇总表的初始化设计

设计科目汇总表的格式,就是对科目汇总表进行初始化的阶段。

第一步,在已保存的"总账处理模板"工作簿中,将工作表 sheet2 重命名为"科目汇总表";

第二步,在该工作表的第一行单元格中依次输入"科目编码"、"科目名称"、"方向"、"期初余额"、"累计借方"、"累计贷方"、"期末余额",具体的格式调整同上节记账凭证表的格式设计。

第三步,在"科目编码"、"科目名称"、"方向"的对应单元格输入已设计好的科目名称和科目编码。

初始化后的科目汇总表见图6-14。

	A	B	C	D	E	F	G
1	科目编码	科目名称	方向	期初余额	累计借方	累计贷方	期末余额
2	1001	库存现金	借				
3	1002	银行存款	借				
4	100201	工行存款	借				
5	100202	中行存款	借				
6	1003	存放中央银行款项	借				
7	1011	存放同业	借				
8	1012	其他货币资金	借				
9	1021	结算备付金	借				
10	1031	存出保证金	借				
11	1101	交易性金融资产	借				
12	1111	买入返售金融资产	借				
13	1121	应收票据	借				
14	1122	应收账款	借				
15	1123	预付账款	借				
16	1131	应收股利	借				
17	1132	应收利息	借				
18	1201	应收代位追偿款	借				
19	1211	应收分保账款	借				
20	1212	应收分保合同准备金	借				
21	1221	其他应收款	借				
22	1231	坏账准备	贷				
23	1301	贴现资产	借				
24	1302	拆出资金	借				
25	1303	贷款	借				
26	1304	贷款损失准备	贷				
27	1311	代理兑付证券	借				
28	1321	代理业务资产	借				
29	1401	材料采购	借				
30	1402	在途物资	借				
31	1403	原材料	借				

图6-14 科目汇总表的初始化设计

2. 科目汇总表的数据生成

我们在设计科目汇总表模板时,恰当地设计科目汇总表的公式,在输入记账凭证时,该汇总表可同时生成汇总数据并将产生的数据写在科目汇总表对应栏上。

(1)期初金额的输入和读取。

第一次制作电子账时,期初金额一般是手工输入。如果是第一次建账,则期初余额为0。如果是从手工账过渡到电子账,则应将手工账对应科目的期末数据输入到科目汇总表期初余额栏。但是如果我们有上期科目汇总表,那么本期的"期初余额"列的内容与上期的"期末余额"列的内容应该是完全一致的。因此,我们可以直接将上期的"期末余额"直接复制。在复制时我们要选择"选择性粘贴/数值",即仅将数值粘贴至期初栏。

(2)累计发生额的生成。

会计中账簿的数据来源于凭证。我们可以利用函数SUMIF(),将凭证表中的相关科目数据汇总,并把汇总的结果填入科目汇总表。比如,我们要把凭证表中库存现金的借方发生额汇总起来,填入到科目汇总表的借方发生额栏目,则可以在科目汇总表的"累计借方"列的E2单元格输入下列公式:

=SUMIF(凭证表!D:D,"库存现金",凭证表!H:H)

这里,SUMIF()有三个参数。第一个参数range"凭证表!D:D",就是其中的第一个参数,它指定待查找条件的范围。查找条件是"库存现金",则表示在科目名称栏查找指定条件值"库存现金",且查找范围应在D列。SUMIF()函数在这个区域中搜录到满足条件的数据行,并定位到指定的会计分录。

注意，在 D:D 前面有个"凭证表！"，它表示什么呢？由于 E 单元格和其公式的结果都在科目汇总表中，但是公式中引用的单元格区域是"凭证表"中的单元格区域，即在当前表中引用其他表中的数据，则应在引用区域前加上引用区域的工作表别名，即凭证表！。Excel 的跨工作表处理功能极其重要，它可以从其他表中取得数据，生成当前表中的相关数据。

第二个参数是 Criteria，它设置了在第一个参数指定的区域中进行搜寻的条件。在公式中"库存现金"就是搜寻条件，它和第一个参数结合，就能够搜寻到凭证表中所有科目名称为"库存现金"的记录，而这种搜索不是在科目汇总表里进行的。尽管凭证表中的会计分录是逐日逐笔登记经济业务的，"库存现金"科目的分录分散在不同的行上，中间可能夹杂着大量其他科目的分录，用 SUMIF() 函数仍可以准确快速地把所有"库存现金"挑出来，并把汇总数登记到函数调用处。

第三个参数 sum_rang，是指定真正参与求和的单元格区域。查找"库存现金"科目分录的目的是什么？就是计算其借方和贷方的发生额。凭证表！H:H 是指求和的单元区域，即在指定的分录中，把 H 列对应的数据累加起来。

综上所述，SUMIF() 函数的前两个参数找出符合"库存现金"科目的分录所在的行号，第三个参数是确定求和的列，它们结合起来，其行、列交叉处的单元格就是需要加总的数据。

用鼠标单击 E2 单元格右下角的填充柄不放，向下拖动至 E173（假设科目记录为 173 行），这样就完成了公式的复制；类似的在"累计贷方"列的 F2 单元格输入公式"=SUMIF（凭证表！D:D,'库存现金',凭证表！I:I)"，用鼠标单击 F2 单元格右下角的填充柄不放，向下拖动至 F173，通过复制可以加快输入速度。公式复制后，将条件值改为相关的会计科目名称或会计科目编码。

在"期末余额"列的 G2 单元格输入公式：=IF(C2="借",D2+E2-F2,D2+F2-E2)，用鼠标单击 G2 单元格右下角的填充柄不放，向下拖动至 G173，如图 6-15。

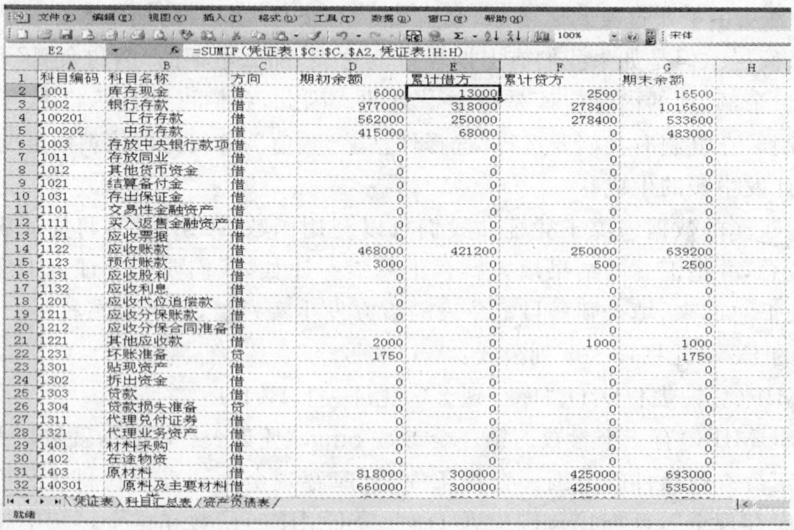

图 6-15 输入公式后的科目汇总表

(3)有下级科目的上级科目余额计算。

在设计时,如果我们设计的科目汇总表如图6—15所示,则“期初余额”和“期末余额”列的部分需要更改加总的单元格公式。如 C3(银行存款)就要更改为公式“＝C4(工行存款)＋C5(中行存款)”,然后,填充该公式至 D3,于是,D3 的公式就变为了公式“＝D4＋D5”。

6.4 资产负债表模板设计

资产负债表是反映企业在特定日期(如月末、季度末、半年末、年末)的资产、负债和所有者权益状况的财务报表,属于静态报表。它是根据“资产＝负债＋所有者权益”这一会计恒等式,把企业一定日期的资产、负债和所有者权益各项目予以适当排列,并对日常工作中形成的大量数据进行高度浓缩整理后编制而成的。在持续经营的企业,资产负债表反映各个企业期末所拥有的或者控制的经济资源、企业所承担的债务和企业所有者所享有的权益。资产负债表是企业的主要财务报表之一,每个独立核算的企业都应按期单独编制,并及时对外报送。

6.4.1 资产负债表编制简述

科目汇总表编制完毕以后,就可以开始编制资产负债表,自动从科目汇总表提取数据来计算资产负债表各个项目的数据。

1. 资产负债表的结构

资产负债表的基本结构可分为标题、表头、表体和表尾四个部分。如图 6－16 即为资产负债表的样表。

(1)标题。

标题表示报表的名称,资产负债表的标题不止一行,“资产负债表”及表中的表号“会企 01 表”、编制单位、日期和计量单位等副标题或修饰线,均为资产负债表的标题,一般用较大字体打印。

	A	B	C	D	E	F	G	H
1					资产负债表			
2								会企01表
3	单位名称:		年	月	日			单位:元
4	资　产	行次	年初数	期末数	负债和所有者权益	行次	年初数	期末数
5					(或股东权益)			
6	流动资产:				流动负债:			
7	货币资金	1			短期借款	34		
8	**交易性金融资产**	2			**交易性金融负债**	35		
9	应收票据	3			应付票据	36		
10	应收股利	4			应付账款	37		
11	应收利息	5			预收账款	38		
12	应收账款	6			**应付职工薪酬**	39		
13	其它应收款	7			**应交税费**	40		
14	预付账款	8			应付利息	41		
15	存货	9			应付股利	42		
16	一年内到期的长期债权投资	10			其他应付款	43		
17	其它流动资产	11			一年内到期的非流动	44		
18					其他流动负债	45		
19								
20	流动资产合计	12			流动负债合计	46		
21	非流动资产:				非流动负债:			
22	**可供出售金融资产**	13			长期借款	47		
23	**持有至到期投资**	14			应付债券	48		
24	**投资性房地产**	15			长期应付款	49		
25	长期股权投资	16			专项应付款	50		
26	**长期应收款**	17			预计负债	51		
27	固定资产原价	18			其他长期负债	52		
28	减:累计折价	19			递延所得税负债	53		
29	固定资产净值	20			非流动负债合计	54		
30	减:固定资产减值准备	21			负债合计	55		
31	固定资产净额	22						

图 6—16 资产负债表格式

(2) 表头。

表头主要是指报表的栏目和栏目名称，它们决定了报表的基本格式和每一栏的宽度，是报表中最重要的内容。资产负债表的表头栏目比较简单，只有一层，包括8个基本栏："资产"、"行次"、"年初数"、"期末数"、"负债和所有者权益"、"行次"、"年初数"、"期末数"。

(3) 表体。

资产负债表的表体是会计报表的主体部分，是由横向若干列（栏）和纵向若干行组成，包括横纵交叉的表格线和报表中的许多数据。横纵交叉的表格线将表体围成了许多单元格，这些用以填写数据的方格称为"表单元"。表单元是组成报表的最小基本单位，可以用二维坐标唯一地表示。在许多商品化会计报表软件中，习惯用顺序排列的英文字母，按照从左到右的次序表示报表各列；用从1开始的正整数，按照从上到下（包括表头部分）的次序，依次表示报表的各行。这样，表中的各单元就可以用行和列的坐标来表示了。报表区域是二维的，它的范围是从左上角的起点单元到右下角的终点单元为止所构成的一个长方形单元阵列。

表体中各单元的内容一般有两种：一是固定不变的文字等，图6-16中的各项目名称，它们和表格线一起被称为"表样文字"。它们属于报表格式的一部分，对表中的数字起说明作用。二是可能随时变动的数字，这是会计报表的主要内容。

(4) 表尾。

表尾是指报表表格线以下起辅助说明的那部分内容，在资产负债表中"补充资料"部分或报表的制表人、审核人签名等是报表的表尾，我们在设计资产负债表时必须提供设置报表标题、表头、表体和表尾的全部功能。

2. 资产负债表的设计步骤

(1) 编制资产负债表框架。首先按照编制资产负债表的传统方法编制资产负债表的框架。它的年初、期末值暂为空白。

(2) 逐项输入资产负债表各单元年初数据和期末中所对应的各单元公式。资产负债表数据的自动提取依赖于各个单元格中的公式。

6.4.2 资产负债表模板设计方法

1. 资产负债表格式设计

资产负债表的格式设计是数据输入、数据运算处理的基础。只有将报表数据放入指定的报表格式内，才能说明这些数据的意义。所以，资产负债表的报表格式是用户操作使用资产负债表的基础。

(1) 在已保存的"总账处理模板"工作簿中，将工作表sheet3重命名为"资产负债表"。

(2) 按照图6-16所示，在该工作表中的相应单元格依次输入项目，如"资产"、"年初余额"等栏目标题，然后对其进行格式调整，具体操作同本章第二节。

(3) 设置报表格单元的计算公式。在资产负债表中，数据运算公式设置功能是实现计算机自动处理数据的关键。这是指设置表中变动单元的取数公式和运算公式，以便编制报表时系统能据以从报表等数据库文件取数，并运算生成表中全部数据。

下面以几个典型的单元格中的公式为例,说明公式的设计方法。

①交易性金融资产期末单元格的公式。

除了货币资金和存货以外,资产负债表中期末数据的各个单元格公式基本类似。这里首先以计算交易性金融资产的公式为例讲解取数公式的设置方法,理解了这个公式的设置,就能够理解多数据公式的设置原理和设置方法。

交易性金融资产期末数单元格 D8 公式为:=VLOOKUP("交易性金融资产",科目汇总表!＄B＄2:＄G＄500,6,FALSE)

根据前面讲解的 VLOOKUP() 函数的知识,可以知道 VLOOKUP() 函数里的第一个参数设置查找的对象。这里第一个参数是"交易性金融资产",则函数在指定区域的第一列中查找第一个参数指定的"交易性金融资产"。因为当前工作表是资产负债表,第二个参数"科目汇总表!＄B＄2:＄G＄500"就是指定查找条件的区域,因为查找区域不在当前表中,所以区域前加了别名"科目汇总表!",即在科目汇总表中查找。这样,VLOOKUP() 函数前两个参数就是告诉 Excel 在科目汇总表的科目名称这一列查找"交易性金融资产"科目所在行的位置。前两个参数作用的结果是确定要查找并且从中提取数据的单元格在哪一行。

VLOOKUP() 函数第三个参数确定被查找并且从中提取数据的单元格在哪一列。现在第三个参数的值是 6,表示被查找的单元格在科目汇总表的"＄B＄2:＄G＄500"区域的数起第 6 列,就是期末余额所在列。

第四个参数 FLASE,即是精确查找。

请思考:如果查找对象是"1101",如何设置该公式。

从这个函数的应用研究我们可以发现,这个函数前两个参数解决了被查找的单元格在哪一行的问题,第三个参数解决了它在哪一列的问题,它们交叉的位置就是"交易性金融资产"期末余额的数据位置。

具体输入公式步骤如下:单击资产负债表 D8 单元格;输入"=VLOOKUP('交易性金融资产',科目汇总表!＄B＄2:＄G＄500,6,FALSE)";按回车键。这时在资产负债表的 D8 单元格就会出现计算结果。

②货币资金期末单元格公式。

以上公式的设置比较简单,因为在资产负债表中的项目与科目汇总表中的项目是一致的,因而只用一个 VLOOKUP() 函数就可以解决问题。而货币资金项的计算复杂一些,因为它由"库存现金"、"银行存款"、"其他货币资金"这 3 项数据的合计数组成,因而需要用 3 个 VLOOKUP() 函数分别从科目汇总表提取数据,然后把它们相加。

在资产负债表中,我们可以在货币资金的期末余额单元格 D7 中输入公式:

=VLOOKUP("库存现金",科目汇总表!＄B＄2:＄G＄500,6,FALSE)+VLOOKUP("银行存款",科目汇总表!＄B＄2:＄G＄500,6,FALSE)+VLOOKUP("其他货币资金",科目汇总表!＄B＄2:＄G＄500,6,FALSE),由此得到货币资金的期末余额。

其中各个 VLOOKUP() 项功能如上述所示,输入方法同上。

③存货单元格的公式。

存货单元格公式的组成比较复杂,这是因为根据《企业会计准则》,存货项目要反映企业期末在库、在途和在加工中的各项存货的实际成本,包括原材料、包装物、低值易耗品、自制半成品、产成品、分期收款发出商品等。本项目应根据"材料采购原材料"、"包装物"、"低值易耗品"、"材料成本差异"、"委托加工材料"、"自制半成品"、"产成品"、"分期收款发出商品"、"生产成本"等科目的期末借贷方余额相抵后的差额填列。

D15 单元格中是处理存货的公式,其公式为:

＝VLOOKUP("原材料",科目汇总表!＄B＄2:＄G＄500,6,FALSE)＋VLOOKUP("库存商品",科目汇总表!＄B＄2:＄G＄500,6,FALSE)＋VLOOKUP("委托加工物资",科目汇总表!＄B＄2:＄G＄500,6,FALSE)＋VLOOKUP("材料采购",科目汇总表!＄B＄2:＄G＄500,3,FALSE)＋VLOOKUP("生产成本",科目汇总表!＄B＄2:＄G＄500,6,FALSE)＋VLOOKUP("制造费用",科目汇总表!＄B＄2:＄G＄500,6,FALSE)＋VLOOKUP("在途物资",科目汇总表!＄B＄2:＄G＄500,6,FALSE)＋VLOOKUP("材料成本差异",科目汇总表!＄B＄2:＄G＄500,6,FALSE)－VLOOKUP("存货跌价准备",科目汇总表!＄B＄2:＄G＄500,6,FALSE)

④合计项目单元格的公式。

对于"流动资产"等合计项目单元格,其公式用的是求合计函数 SUM( )。

(4)保存文件。

2. 资产负债表审核和输出

(1)资产负债表的审核。

计算机编制报表的过程,其实质是报表系统运行载有设置好报表结构的文件,按照用户设置的计算公式,从相应数据源中调取并通过运算获得结果数据,再将其填入相应单元格中,从而得到数据表,并自动生成一个文件保存该数据报表。在经常使用的各类财经报表中的每个数据都有明确的经济含义,并且各个数据之间一般都有一定的勾稽关系。如在一个报表中,小计等于各分项之和;而合计又等于各个小计之和等等。在实际工作中,为了确保报表数据的准确性,我们经常用这种报表之间或报表之内的勾稽关系对报表进行勾稽关系检查。一般来讲,我们称这种检查为"数据的审核"。

在资产负债表中也存在数据的勾稽关系,即资产的合计等于负债加所有者权益的合计。我们可以根据它们之间的平衡关系判定报表的正确性,如果 D42≠H42,则报表编辑数据有误;反之,则为正确。

(2)资产负债表的输出。

资产负债表主要有两种输出方式,一是屏幕显示输出,这主要为检查修改报表设置和编制是否正确而用;二是打印输出,这时输出的是按正规要求生成的正式报表。

□本章小结

本章在讲述 Excel 函数中的求和函数 SUM( )函数、SUMIF( )函数、查找函数 VLOOKUP( )函数的功能和语法格式的基础上,就如何在 Excel 表格中运用这些常用的函数,以审计总账处理的记账凭证表模板、科目汇总表模板以及资产负债表模板,并对其设计思路和设计流程进行了详细介绍。

□思考与练习

一、思考题
1. 凭证表在总账处理模板中的作用是什么？
2. 科目余额表在会计核算和用 Excel 自动计算会计报表中的作用是什么？
2. 在编制自动提取数据的资产负债表中，Excel 的哪些函数的作用非常大，为什么？
4. 说明用函数在科目余额表中自动提取数据来生成资产负债表的原理和步骤。

二、练习题

使用 Excel 函数设计一个可以处理总账业务的工作簿，并在其中进行凭证表、科目汇总表、资产负债表的设计。要求当凭证表的数据录入后，科目汇总表和资产负债表的数据自动生成。可运用第二章总账处理中的相关数据进行凭证的录入，并据此进一步进行科目汇总表设计。资产负债表的格式，可参照用友软件中的资产负债表的格式设计。

第 7 章 Excel 在财务分析中的应用

□学习目标

通过本章的学习,要求在财务分析原理的基础上,重点掌握用 Excel 进行财务分析的基本方法和过程。领会财务比率分析、筹资决策分析模型构建的基本思想和步骤,掌握与模型相关的 Excel 函数用法。领会雷达图的构成和分析的基本思路,熟悉企业经营决策分析的雷达图绘制方法和技巧。

7.1 财务分析概述

7.1.1 财务分析的目的

财务分析是指分析者以企业有关会计资料为依据,采用专门的方法,对企业生产经营成果和财务状况进行分析研究的一项管理活动或行为。财务分析企图了解一个企业经营业绩和财务状况的真实面目,从晦涩的会计程序中将会计数据背后的经济含义挖掘出来,为投资者和债权人提供决策基础的方法和过程。财务分析并非等同于财务报表分析,财务分析源于财务报表分析,同时包含商业活动分析的内容。如果说财务报表是对企业商业活动的概括反映,那么财务分析则是试图将这些概括反映商业活动的财务报表还原为它所反映的商业活动。

由于会计系统只是有选择地反映经济活动,而且它对一项经济活动的确认会有一段时间的滞后,再加上会计准则自身的不完善性,以及管理者有选择会计方法的自由,使得财务报告不可避免地会有许多不恰当的地方。虽然审计可以在一定程度上改善这一状况,但审计师并不能绝对保证财务报表的真实性和恰当性,他们的工作只是为报表的使用者作出正确的决策提供一个合理的基础,所以即使是经过审计,并获得无保留意见审计报告的财务报表,也不能完全避免这种不恰当性。这使得财务分析变得尤为重要。

7.1.2 财务分析的主体和目标

财务分析主体是指与企业有现存的和潜在的利益关系,并希望通过对企业财务分析而获得企业财务信息的单位或个人。一般来说,企业财务分析的主体有企业经营者、企业投资者、企业债权人,以及其他与企业经济利益有关系的单位或个人。由于企业财务分析主体的多元性,决定了企业财务分析目标的多元性。

财务分析的目标是指财务分析者通过对企业财务状况和经营成果进行分析,研究想要达到的、或应该达到的预期效果和境地。

（1）评估企业过去的经营绩效。各财务分析主体进行企业财务分析的目标均是要了解企业过去一段时期的经营绩效。各分析主体可以评估企业过去的经营情况，并与同行业相互比较，以评核该企业的经营得失及潜在能力。

（2）衡量企业目前的财务状况。各财务分析主体进行财务分析的目标同样是要掌握企业目前的财务状况，展示企业目前财务状况的真相，评价企业财务现状，并估计企业未来发展的潜在能量。

（3）预测企业未来发展的前景。财务分析主体需要拟定数项可供选择的未来发展方案，然后针对目前的情形，预测未来的发展趋势，以便作出最佳抉择。

7.1.3 财务分析的主要方法

一般来说，财务分析的方法主要有以下四种：

（1）比较分析：是为了说明财务信息之间的数量关系与数量差异，为进一步的分析指明方向。这种比较可以是将实际与计划相比，可以是本期与上期相比，也可以是与同行业的其他企业相比。

（2）趋势分析：是为了揭示财务状况和经营成果的变化及其原因、性质，帮助预测未来。用于进行趋势分析的数据既可以是绝对值，也可以是比率或百分比数据。

（3）因素分析：是为了分析几个相关因素对某一财务指标的影响程度，一般要借助于差异分析的方法。

（4）比率分析：是通过对财务比率的分析，了解企业的财务状况和经营成果，往往要借助于比较分析和趋势分析方法。

上述各方法有一定程度的重合。在实际工作当中，比率分析方法的应用最广。

7.1.4 财务分析的数据源

财务分析是对企业财务状况和经营成果进行分析研究的重要方法和过程。由于分析的目的不同，在分析中采用的资料构成也有较大差异，企业的财务报告、会计政策、企业业务活动资料、企业所在的行业平均水平、社会经济政策环境等都是财务分析的数据来源。一般来说，财务分析的数据源包括主要数据源和辅助数据源两类。

（1）主要数据源。财务分析以本企业会计核算资料为基础，通过提取、加工和整理会计核算数据，生成财务报表，再对财务报表进行加工、整理，生成一系列财务指标，从而进行比较、分析和评价。因此，本企业会计核算系统提供的数据集，包括总账系统数据、其他业务子系统数据、各种报表等，是财务分析的主要数据源。

（2）辅助数据源。财务分析除了需要获取本单位的会计核算数据外，还需要获取本单位会计核算之外的数据，如相关分析指标的行业平均水平、信贷政策等等。除本单位会计核算数据之外，可供财务分析使用的数据源，称之为"辅助数据源"。

从财务分析角度看，不论是主要数据源还是辅助数据源，都是财务分析的基础数据源，只有提供基础数据，才能使财务分析成为可能；从财务分析模型角度来看，这些数据源的数据都是财务分析模型以外的数据，如何从这些外部数据源中获取数据，并使这些数据为财务分析模型所用，是财务分析模型中的一个关键问题。不同的会计核算环境，主要数据源可分别通过人工输入、从数据库生成等途径获取,辅助数据源往往通过对相关文献的查询进行获取。

7.1.5 Excel 下财务分析的一般步骤

在进行财务分析时,我们可以利用 Microsoft Excel 的强大功能,建立一个基本模式(或者说模型),使分析者能准确、简单、快捷地把握企业财务状况。

利用 Excel 进行财务分析的一般步骤包括以下几个方面:

(1)设计 Excel 工作表。根据财务分析的目的和具体内容,设计工作表格式。若以现行财务报表为数据基础,应将分析工作表与相应的报表数据工作表置于同一工作簿中。

(2)录入计算公式。要迅速、及时地计算财务指标,就要事先将每个计算公式录入到分析表的相应单元格中。如果引用其他单元格的资料要用该单元格的地址来表示,可根据需要用绝对地址或者相对地址。

(3)填列报表数据。填列报表数据有两种方法:一是手工录入,二是利用相关会计核算软件自动生成。

(4)生成分析结果。当完成了上述步骤后,各分析指标的结果就自动生成了。如果为了直观,还可以将结构分析、趋势分析的结果在图表中反映出来。

(5)采取保护措施。为了防止已输入单元格中的公式被误删、误改,或人为篡改,为了防止报表数据的泄密和修改,同时为了工作表下次继续使用,可以将分析表的格式即各项目单元格和带有公式的单元格设定密码保护。如果不拟显示公式,还可将公式予以隐藏。

7.2 用 Excel 进行财务比率分析

7.2.1 财务比率分析概念

财务比率是指同一张财务报表的不同项目之间、不同类别之间,或在同一年度不同财务报表的有关项目之间,各会计要素的相互关系。财务比率是比较分析的结果,同时也是对公司财务报表进行更深层次的比较分析或因素分析的基础。

财务比率分析就是对会计报表中有意义的两个相关项目进行比较,计算其比率,以反映和判断某种隐含的意义。一般而言,债权人最关心债务人现在和未来的偿债能力;投资者最关心企业现在和未来的获利能力。

7.2.2 财务比率分析的分类

一般来说,财务比率分析包括变现能力分析、营运能力分析、长期偿债能力分析、盈利能力分析、投资收益分析、现金流量分析等几个方面。由于财务比率相关分析指标繁多,指标的计算方法和意义将不做讨论。

1. 变现能力分析

变现能力为企业产生现金的能力,取决于近期可转变为现金的流动资产的多少,是考察公司短期偿债能力的关键,包括流动比率、速动比率等指标。

2. 营运能力分析

营运能力指企业经营管理中利用资金运营的能力,一般通过企业资产管理比率来衡量,主要表现为资产管理及资产利用的效率。主要指标有存货周转率、应收账款周转率等。

3. 长期偿债能力分析

长期偿债能力指公司偿付到期长期债务的能力,通常以反映债务与资产、净资产关系的负债比率来衡量。如资产负债率、产权比率、已获利息倍数(利息保障倍数)等。

4. 盈利能力分析

盈利能力指企业赚取利润的能力。一般来说,企业的盈利能力只涉及正常的营业状况。主要指标有主营业务净利率、资产报酬率等。

5. 投资收益分析

包括每股收益、市盈率、每股净资产等分析。

6. 现金流量分析

包括流动性分析、获取现金能力、财务弹性分析和收益质量分析。

7.2.3 财务比率分析的 Excel 实现

1. 数据准备

在 Excel 工作簿中分别建立企业资产负债表、利润及利润分配表、现金流量表等会计报表工作表,并在相应单元格填充数据。

2. 建立比率分析模型

在工作簿中插入新工作表,命名"财务比率表"。根据要分析的财务比率,设定"指标名称"、"指标说明"、"分子数值"、"分母数值"、"上年数"、"当年数"等数据列。在"分子数值"、"分母数值"列下相应单元格内录入计算公式或直接引用资产负债表、利润及利润分配表、现金流量表等工作表中对应单元格数值,在"上年数"、"当年数"数据列下相应单元格内录入公式,Excel 将自动生成财务比率数值。对财务比率表的设计要根据分析的需要进行。

为便于理解,我们截取一幅财务比率分析模型图(部分)加以说明。

图中,工作簿包含 5 个工作表,当前工作表为"财务比率表",表中设计了相关数据列,如指标名称、指标说明等等。C、D、E 列分别为分子数值、分母数值、上年数,在 C8 单元格引用了利润及积润分配表的 C12 和 F4 单元格的数值和,C12 单元格直接引用了资产负债表 B22 单元格"流动资产合计"项目数值。

在建立模型时,也可以使用 Excel 窗体工具中的分组框,使分析模型更为简洁、直观。具体方法是:首先,选用视图工具栏中的"窗体"工具栏,建立表头,选取"分组框",根据设定的指标类别,分别在工作表中画出相应数量的分组框,如要分析的五类比率指标,就画五个分组框。其次,给出相应的名称,每个分组框的大小将由此类指标的数目多少而定。

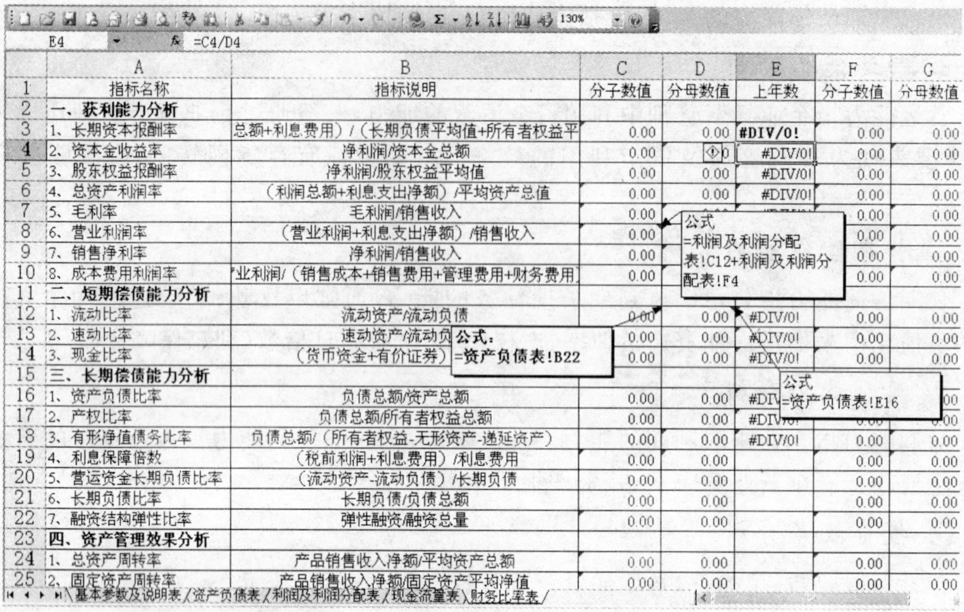

E4 =C4/D4

	A	B	C	D	E	F	G
1	指标名称	指标说明	分子数值	分母数值	上年数	分子数值	分母数值
2	一、获利能力分析						
3	1、长期资本报酬率	总额+利息费用）/（长期负债平均值+所有者权益平	0.00	0.00	#DIV/0!	0.00	0.00
4	2、资本金收益率	净利润/资本金总额	0.00	0.00	#DIV/0!	0.00	0.00
5	3、股东权益报酬率	净利润/股东权益平均值	0.00	0.00	#DIV/0!	0.00	0.00
6	4、总资产利润率	（利润总额+利息支出净额）/平均资产总值	0.00	0.00	#DIV/0!	0.00	0.00
7	5、毛利率	毛利润/销售收入	0.00			0.00	0.00
8	6、营业利润率	（营业利润+利息支出净额）/销售收入	0.00			0.00	0.00
9	7、销售净利率	净利润/销售收入	0.00			0.00	0.00
10	8、成本费用利润率	业利润/（销售成本+销售费用+管理费用+财务费用	0.00			0.00	0.00
11	二、短期偿债能力分析						
12	1、流动比率	流动资产/流动负债	0.00	0.00	#DIV/0!	0.00	0.00
13	2、速动比率	速动资产/流动负	0.00	0.00	#DIV/0!	0.00	0.00
14	3、现金比率	（货币资金+有价证券）	0.00	0.00	#DIV/0!	0.00	0.00
15	三、长期偿债能力分析						
16	1、资产负债比率	负债总额/资产总额	0.00	0.00	#DIV		
17	2、产权比率	负债总额/所有者权益总额	0.00	0.00	#DIV/0!	0.00	0.00
18	3、有形净值债务比率	负债总额/（所有者权益-无形资产-递延资产）	0.00	0.00	#DIV/0!	0.00	0.00
19	4、利息保障倍数	（税前利润+利息费用）/利息费用	0.00	0.00		0.00	0.00
20	5、营运资金长期负债比率	（流动资产-流动负债）/长期负债	0.00	0.00		0.00	0.00
21	6、长期负债比率	长期负债/负债总额	0.00	0.00		0.00	0.00
22	7、融资结构弹性比率	弹性融资/融资总量	0.00	0.00		0.00	0.00
23	四、资产管理效果分析						
24	1、总资产周转率	产品销售收入净额/平均资产总额	0.00	0.00		0.00	0.00
25	2、固定资产周转率	产品销售收入净额/固定资产平均净值	0.00	0.00		0.00	0.00

图 7－1 财务比率分析 Excel 模型图

最后，在分组框内输入相应的指标名称和计算公式。

模型建立，公式定义是关键环节。有关公式定义，前章介绍了利用单元定义公式的基本方法，如图 7－1，我们要定义流动比率的分子数值计算公式，先选择单元格 C12，然后输入公式"＝资产负债表！ B22"就可以了。该公式一旦定义，计算结果就显示在 C12 单元。通过 F2 键可以查看公式的定义，按 Enter 键，计算结果又显示在 C12 单元。这种定义方法的优点是简单，缺点是公式不直观。选择"插入"菜单的"名称"命令可以定义一个单元、一个单元区、常量值或公式，也可以改变或删除一个已有的名称。给单元取名，用名字定义公式，Excel 自动根据名字找出其中的数据进行计算，这样使各种比率计算公式更加直观和容易理解。

【例 7-1】 定义资产负债表 B22 单元的名字分别为期末流动资产，并用名字定义公式。

①给单元取名的具体方法：选择"资产负债表"的 B22 单元，从"插入"菜单上选择"名称"命令下"定义"命令，在名字框中输入"期末流动资产"，点击"确定"按钮。

②用名字定义公式的具体方法：选择"财务比率表"C12 单元，输入"＝"，从"插入"菜单上选择"名称"命令，并选择"粘贴"命令，从"粘贴名称"框中选择"期末流动资产"，点击"确定"按钮。

在众多公式定义中，分析数据的获取除上述直接从一张或两张以上不同性质的表中引用外，还有一种情况，就是分析数据一部分直接从一张表中得到，而另一部分分析数据要通过立体表计算得到。Excel 支持立体表的数据汇总计算，并且定义非常灵活方便。立体表的数据汇总计算表示方法如下：

A. 表名 1：表名 N！ 引用单元

其中，表名 1：表名 N 表示 N 张表，即 N 个平面；该表达式表示对 N 个单元的引用。

B. SUM(表名 1：表名 N！ 引用单元 1，表名 1：表名 N！ 引用单元 2)

该表达式表示对 N 张表中的引用单元 1 和引用单元 2 求和,即对 2N 个单元求和。

【例 7-2】 计算平均存货成本。

在存货周转率公式中,平均存货成本可以通过从资产负债表中的"年初存货"、"年末存货"提取数据,并计算平均值得到。但是,企业从季节性变化因素对存货的影响和计算准确性方面考虑,平均存货应该根据 12 个月的资产负债表中的"期初存货"与"期末存货"的平均值汇总计算取得。由于每一个月资产负债表是一张格式相同的二维表,12 个月的资产负债表就构成了立体表,平均存货分析数据就要通过立体表的计算得到。若资产负债表期初存货、期末存货数据分别位于 E11、F11 单元,那么,本例计算平均存货成本公式应为"=Sum(资产负债表 1:资产负债表 12!E11,资产负债表 1:资产负债表 12!F11)/24"。

3. 对有关财务比率的进一步分析

可以利用 Excel 的图表功能,将有关比率变化以图表方式表达,或者用选取一定财务比率指标通过雷达图对企业经营状态作进一步的综合分析。

7.3 用 Excel 进行经营决策中的雷达图分析

7.3.1 雷达图的作用

雷达图(又可称为"蜘蛛网图")是专门用来进行多指标体系比较分析的专业图表,多项指标分布组合在一起,其形状如雷达的放射波,因此得名。从雷达图中可以看出指标的实际值与参照值的偏离程度,从而为分析者提供有用的信息。雷达图在经营决策分析和创新战略评估等方面应用较为广泛。经营雷达图是财务分析图表的一种,是将一个企业的各项财务分析所得的数字或比率,就其比较重要的项目集中画在一个圆形的图表上,来表现一个企业各项财务比率的情况,使用者能一目了然地了解公司各项财务指标的变动状态和趋向。雷达图是财务综合分析的重要工具,可从动态和静态两个方面分析企业的财务状况。静态分析将企业的各种财务比率与其他相似企业或整个行业的财务比率作横向比较;动态分析,把企业现时的财务比率与先前的财务比率作纵向比较,发现企业财务及经营情况的发展变化方向。雷达图把纵向和横向的分析比较方法结合起来,进行企业的收益性、成长性、安全性、流动性及生产性等相关指标的评价,具有指引经营"航向"的作用。

7.3.2 雷达图的阅读与分析

1. 雷达图的构成

雷达图通常由两个同心圆、一组坐标轴(从圆心引出的若干条射线)、一条封闭的折线构成,如图 7-2。具体包括以下四个方面:

(1)两个同心圆。

小圆为单位圆,半径为 1,反映分析所选择的比较标准,如企业历史水平或其他相似企业或行业平均水平,该单位圆称为"标准线"。外圆半径没有具体规定,要根据财务指标的对比值和分析需要来确定，一般应保证各项指标对比值的清晰列示。

(2)从圆心引出的若干条射线。

每条射线即是一条坐标轴，表示一项选择分析的财务指标。

(3)若干区域。

从圆心引出的若干条射线将圆分割成若干个扇形区域，用以代表每组指标综合反映的不同方面。

(4)一条封闭的折线。

由企业实际财务指标与参照标准相比较计算的数据点连接形成。数据点就是这条封闭折线和每一坐标轴(射线)交点，可能在单位圆内，也可能在单位圆外。

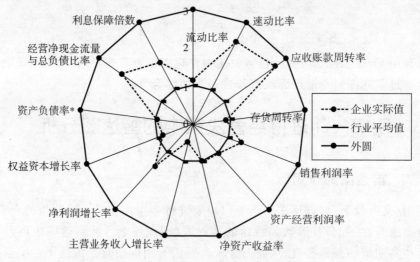

图 7-2 某企业经营状况雷达图

2. 雷达图的分析

在财务分析中，雷达图通常就企业生产性、安全性、收益性、成长性和流动性等五个方面的财务分析指标进行分类汇总，对企业财务状态和经营现状进行直观、形象的综合分析与评价。在雷达图中，从各项指标来看，当指标值处于单位圆以内时，说明该指标低于参照值(企业历史水平或其他相似企业或行业平均水平)，需要加以改进；若接近圆心，说明该指标处于极差状态，是企业经营的危险标志，应重点加以分析改进；若处于单位圆以外，说明企业该项指标处于优势状态，应采取措施，加以巩固和发扬。在上图中，反映企业流动性的4个指标(流动比率、速动比率、应收账款周转率、存货周转率)，有1个指标(存货周转率)数据点在单位圆以内，3个指标数据点在单位圆以外，说明该企业的流动性相对同行业水平来说比较好，为了发挥其优势，应加强存货管理，提高存货周转速度。

7.3.3 Excel中的雷达图绘制

随着计算机的发展，雷达图不仅可以手工绘制，也可以由 Microsoft Office Excel 等常规办公软件自动生成。Excel 提供了包括雷达图在内的多种图表格式，在图表中绘制的相关数据点称之为"数据系列"，这些数据源于数据表的行或列。图表中的每个数据系列具有唯一的颜色或图案并且在图表的图例中表示。可以在图表中绘制一个或多个数据系列。雷达图比较若干数据系列的聚合值。Excel雷达图具有三种图表子类型：雷达图、数据点雷达图、填充雷达图。雷达图显示各值相对于中心点的变化，其中可以显示各个数据点的标记，也可以不显示这些标记。在填充雷达图中，由一个数据系列覆盖的区域用一种颜色来填充。下面以数据点雷达图为例，说明雷达图的绘制方法。

1. 绘制雷达图的数据准备

数据准备包括以下几个方面：

(1) 指标选择。

根据分析的需要，选取反映企业经营状况的不同方面的相应指标作为分析对象。通常从企业收益性、流动性、安全性、成长性、生产性等方面考虑。

① 收益性指标：如销售利润率、资产报酬率、所有者权益报酬率等。分析收益性指标，目的在于观察企业一定时期的收益及获利能力。

② 安全性指标：如资产负债率、利息保障倍数等。安全性指的是企业经营的安全程度，也可以说是资金调度的安全性。分析安全性指标，目的在于观察企业在一定时期内的偿债能力。

③ 流动性指标：如应收账款周转率、存货周转率等。分析流动性指标，目的在于观察企业在一定时期内资金周转状况，掌握企业资金的运用效率。

④ 成长性指标：如主营业务利润增长率、净利润增长率等。分析成长性指标，目的在于观察企业在一定时期内经营能力的发展变化趋势，一个企业即使收益性高，但成长性不好，也就表明其未来盈利能力下降。

⑤ 生产性指标：如人均销售收入、人均净利润等。分析生产性指标，目的在于了解在一定时期内企业的生产经营能力、水平和成果的分配。

指标选择后，在Excel工作表中分别设计相应数据列，录入选择的指标名称和分析者确定的指标隶属类别名称（需考察的方面）。

(2) 计算企业实际指标值。

根据指标含义，通过计算，在Excel工作表中对选取的指标分别赋值，形成实际指标值列。

(3) 输入指标参照值。

雷达图进行的比较分析需要将被分析企业与同类企业的标准水平或平均水平进行比较。所以还需要在工作表中输入有关指标的参照值。

(4) 计算指标对比值。

利用Excel提供的公式和复制功能，计算指标实际值和参照值的比值。在财务分析中，财务指标可以根据其数值对企业经营效果的反映情况分为三种，即正向指标、中性指标和负向指标。正向指标，指标值越大越好；负向指标，指标值越小越好；中性指标，指标值位于一定区间范围。如一旦确定某个指标用以反映企业经营的某个具体的方面，那么这个财务指标不是正向就是负向。例如，资产负债率在安全性方面是负向指标，在财务工作绩效方面则是正向指标。根据雷达图分析法的特点，在计算指标对比值时，要考虑将所有参与分析的指标转变为同向指标。正向指标直接用实际值除以参照值计算对比值，负向指标则逆向计算。

2. 用 Excel 进行雷达图绘制

数据准备完成后,就可以根据形成的工作表数据绘制雷达图了。下面借助一个实例对用 Excel 进行雷达图绘制的过程加以说明。本例中选取四类指标(需要考察的四个方面),每类指标选择两个指标参与分析。工作表实例如图 7-3。

	A	B	C	D	E	F	G
1			财务指标汇总表				
2	指标类别	指标名称	企业实际值	行业平均值	对比值	单位圆半径	外圆半径
3	流动性	应收账款周转率	20.95	7.895	2.654	1	3
4		存货周转率	0.55	0.63	0.873	1	3
5	收益性	销售利润率	0.115	0.085	1.347	1	3
6		净资产收益率	0.115	0.115	0.996	1	3
7	成长性	主营业务收入增长率	0.202	0.395	0.511	1	3
8		净利润增长率	0.619	0.418	1.481	1	3
9	安全性	资产负债率*	0.594	0.549	0.925	1	3
10		利息保障倍数	13.765	7.632	1.804	1	3
11							

图 7-3 财务指标汇总表

(1)选择雷达图类型。

在 Excel "插入"菜单中选择"图表"项,或直接点击常用工具栏图表向导按钮,在弹出的"图表向导-4 步骤之 1-图表类型"对话框选择图表类型中的"雷达图"选项,我们选择第一种雷达图或第二种数据点雷达图,并单击"下一步"。

(2)选择雷达图的源数据。

在"图表向导-4 步骤之 2-图表源数据"窗口的"数据区域"标签下,选择数据区域。选择数据区域可以直接键入单元格代码或单击右边的选择图标,出现对话框,通过拖拽鼠标设定数据区域。本例中,通过鼠标选定 B3:B10 区域,然后按住[Ctrl]键再选定 E3:E10 单元格区域。前者用来标识坐标轴信息,后者是实际作图的数据源。在"系列"标签下,设定系列个数、系列名称、系列值和分类(X)轴标志。在"名称"中填入系列所表示的名称,在"值"中填入数据,在"数据区域"选定 E3:E10 后,"分类(X)轴标志"内容将自动填充。

本例中,为使雷达图直观、完整,设定三个系列——实际值(折线)、参照值(内圆)、外圆。由于指标对比值将产生实际值数据系列,从而构成雷达图的核心,因此,我们可以在数据表中增加第 6 列、第 7 列两列内容。第 6 列属性为单位圆半径,赋值为 1,第 7 列属性为外圆半径,根据需要赋值,本例最大对比值为 2.654,为不至于数据点落在外圆以外,我们选择值为 3。系列名称分别为企业实际值、行业平均值、外圆半径,系列值分别为第 5、6、7 列数据。如图 7-4。

图 7-4　数据系列示意图

(3) 完成图表。

在"图表向导-4 步骤之 3-图表选项"窗口中,在"标题"标签下图表标题中填入适当的图表名称。在"坐标值"标签下选中"数值(Y)轴",在"网格线"标签下取消"数值(Y)轴"中"主要网格线"。

(4) 选择图表位置。

在"图表向导-4 步骤之 3-图表位置"窗口中,选择图表的位置,可以作为新工作表插入,也可作为其中的对象插入。最后单击"完成"。生成雷达图如图 7-5 所示。

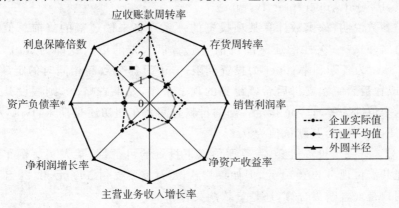

图 7-5　雷达图实例

(5) 雷达图的修饰。

右键单击绘图区的"数值轴",在弹出的快捷菜单中单击"坐标轴格式"选项,在"坐标轴格式"对话框中的"图案"标签下,"主要刻度类型"中选择"无",以去除多余的网格线。右键单击数据系列,在弹出的快捷菜单中,单击"数据系列格式"选项,可以进行线型和数据标志的修改。将雷达图复制到有关图像处理程序中,可以进行进一步的修饰。

7.4 用 Excel 进行长期贷款筹资分析

7.4.1 资金的时间价值及函数

1. 资金的时间价值

任何企业的生产经营活动都在一定的时空环境中展开,如果撇开了时间因素,对企业现金流量的计算将是畸形的。在筹资、投资决策中,财务人员应关注现金流量的时间价值。

资金的时间价值,是指一定量资金在不同时点上的价值量的差额。按照经济学的观点,货币在不同的时点,其价值是不同的。即使不存在通货膨胀,等量的资金在不同时点上的价值量也不相等,今天的1元钱和将来的1元钱不等值,前者要比后者大,其差额就是资金的时间价值。在贷款、租赁、投资等实际决策中都要考虑其资金的时间价值以及相应的基本计算方法。

2. 资金的时间价值函数

有关资金时间价值的计算,Excel 提供了许多财务函数,如年金现值、年金终值、年金、利率等函数。利用这些函数,可以方便确定贷款的支付额、投资的未来值或净现值,以及债券或息票的价值等等。为便于理解和掌握利用 Excel 建立筹资分析和决策的基本模型,下面主要对与年金相关的函数进行说明。

(1) 年金现值函数 PV()。

表达式:PV(rate,nper,pmt,fv,type)

功能与参数说明:该函数计算某项投资的一系列将来偿还额的当前总值(等额分期偿还的现值之和)或一次性偿还额的现值(例如,借入方的借入款即为贷出方贷款的现值)。其中,rate 为各期利率;nper 为投资期限;pmt 为各个数额相同时的定期支付额;fv 为未来值,或在最后一次支付后希望得到的现金余额,如果省略 fv,则假设其值为零(一笔贷款的未来值即为零);type 指定各期的付款时间是在期初还是期末,type 为 0 表示期末,type 为 1 表示期初,其默认值为 0。

【例 7-3】 有一个投资机会,需要评估以下投资的可行性:某人买一辆车,如果现金支付的话他共需付现金 60 000 元,但如果贷款,每月需要支付 500 元,供 20 年,年利率是 8%,请问用户是现金购买合算,还是贷款购买合算?

用年金现值函数计算该项贷款的现值为 PV(8%/12,240,500)=59777.15 元,比一次性用现金支付 60 000 元少,故贷款买车合算。

透过此函数,还可以反推在某种获利条件下所需要的本金,以便评估某项投资是否值得。如果投资回收的当前价值大于投资的价值,则这项投资是有收益的。

(2) 年金终值函数 FV()。

表达式:FV(rate,nper,pmt,pv,type)

功能与参数说明:该函数用于计算固定利率及等额分期付款方式下,某项投资的未来值,即每期等额支付的金额数到期所得的金额。其中,rate 为各期利率,是一固定值;

nper 为总投资(或贷款)期,即该项投资(或贷款)的付款期总数;pmt 为各期所应付给(或得到)的金额,其数值在整个年金期间(或投资期内)保持不变;pv 为现值,或该项投资开始计算时已经入账的款项,或一系列未来付款当前值的累积和,如果省略 pv,则假设其值为零;type 为数字 0 或 1,用以指定各期的付款时间是在期初还是期末,1 为期初,0 或省略,为期末。

【例 7-4】 5 年中,每月存入银行 500 元,存款利率为 8%,求第 5 年末年金终值。

计算方法为 FV(8%/12,60,−500)=36 738.43 元,

若月初存入,终值为 FV(8%/12,60,−500,1)=36 983.35 元。

(3) 年金函数 PMT()。

表达式:PMT(rate,nper,pv,fv,type)

功能与参数说明:该函数用于计算某项年金每期支付金额。该函数基于固定利率及等额分期付款方式,返回投资或贷款的每期付款额。其中,rate 为各期利率,是一固定值;nper 为总投资(或贷款)期,即该项投资(或贷款)的付款期总数;pv 为现值,或一系列未来付款当前值的累积和,也称为本金;fv 为未来值,或在最后一次付款后希望得到的现金余额,如果省略 fv,则假设其值为零(例如,一笔贷款的未来值即为零);type 为 1 或 0,用以指定各期的付款时间是在期初还是期末,如果省略 type,则假设其值为 0。

【例 7-5】 一笔年利率为 10% 的 5 年期借款 50 000 元,按分期等额方式偿还,每年偿还一次,则偿还额为:

PMT(10%,5,50 000),计算结果为:¥−13 189.87 元。

(4) 年金中的本金函数 PPMT()。

表达式:PPMT(rate, per,nper,pv,fv)

功能与参数说明:该函数返回在定期偿还、固定利率条件下给定期次内某项投资回报(或贷款偿还)的本金部分。其中,rate 为各期利率;per 用于计算其本金数额的期次,必须介于 1 和付款总次数 nper 之间;nper 指定一笔年金的付款总次数;PV 指从该项投资(贷款)开始计算时已经入账的款项或一系列未来付款当前值的累积和;fv 指在最后一次付款后可以获得的现金余额,如果贷款是在贷款周期结束时到期,则请使用 0,如果贷款是在周期开始时到期,则请使用 1,如果省略的话,缺省值为 0。

【例 7-6】 如例 7−5 情形,第一年偿还本金为:PPMT(10%,1,5,50 000),计算结果为¥−8 189.87 元。

(5) 年金中的利息函数 IPMT()。

表达式:IPMT(rate,per,nper,pv,fv)

功能和参数说明:该函数返回在定期偿还、固定利率条件下给定期次内某项投资回报(或贷款偿还)的利息部分。函数参数同 PPMT 函数。

【例 7-7】 仍如例 7−5 情形,第一年偿还利息为 IPMT(10%,1,5,50 000),计算结果为¥−5 000.00 元。

可以看出,上述三个函数存在以下关系:

PMT=PPMT+IPMT

7.4.2 长期贷款筹资分析的内容和工具

1. 长期贷款筹资的内容

企业筹资是指企业根据其生产经营活动对资金的需求数量,通过金融机构和金融市场,采用适当的筹资方式,获取所需资金的一种行为,是企业财务管理的重要内容。按照资金使用期限的长短,可把企业筹集的资金分为短期资金与长期资金两种。长期贷款是指企业向金融机构和其他单位借入的偿还期限在一年或超过一年的一个营业周期以上的债务。目前,我国企业的长期贷款主要是向金融机构借入的各项长期性借款,如从各专业银行、商业银行取得的贷款;除此之外,还包括向财务公司、投资公司等金融企业借入的款项。

企业筹集资金的基本要求是要分析、评价影响筹资的各种因素,讲求资金筹集的综合经济效益。进行长期贷款筹资分析,主要应把握以下几个方面:

(1)筹资数额。

无论通过什么渠道、采用什么方式筹集资金,都应预先确定企业资金的需要量。筹集资金固然要广开渠道,但必须有一个合理的界限。筹资过多,不仅会增加筹资费用,而且造成资金闲置,影响资金的利用效果;筹资过少,又会影响资金供应,无法保证生产经营的合理需要。所以,在企业开展筹资活动之前,应合理确定资金的需求量,使筹资数额与资金需要量达到平衡,防止筹资不足而影响生产经营或筹资过剩而降低筹资效益。

(2)筹资成本。

企业筹集资金可以选择的渠道和采用的筹资方式多种多样,不同的筹资渠道和筹资方式往往要求付出不同的代价,即筹资的难易程度不同,筹资的资金成本和财务风险也各不相同。因此,企业在筹集资金时,一方面要全面遵守国家的有关方针、政策和财经法规制度,选择合理的筹资渠道;另一方面,必须研究各种资金来源的构成,求得最优的筹资组合,以便降低综合的资金成本。

(3)现金流量的时间价值。

企业筹集资金和进行资金投资是相互关联的。筹资是投资的前提,投资是筹资的目的。企业筹资必须与投资结合起来考虑,如果资金投放项目错误,投放时间不当,尽管取得低成本的资金,也难以取得好的筹资效果。在作出筹资决策时必须考虑到现金流量的时间价值问题。企业可以使用多种方法来评估筹资决策,但各种方法基本上都是建立在现金流量的基础上。

2. 长期贷款筹资分析的工具

计算机技术的发展为筹资分析和决策的定量化分析创造了条件。Excel 提供了多种分析工具,如计算分析工具、假设分析工具等,用于解决财务管理中的许多问题,帮助管理者作出正确的决策。利用 Excel 进行长期筹资分析,不仅可以根据不同的借款金额、借款年限、每年还款期限中一个或几个因素的变化,来分析每期偿还金额的变化及其对现金流量的影响,而且可以通过分析两个变量不同组合下长期借款偿还情况,从而为决策提供依据。

在 Excel 环境下进行长期筹资分析的基本思路是建立相关分析模型,对借款金额、借款利率、借款期限和归还期限等因素进行多种测算,在多种方案中选择一种比较合理的借款方案。

7.4.3 长期贷款筹资分析基本模型

利用 Excel 的相关函数,我们可以方便地计算出长期贷款筹资的应付利息、实际利率、特定利率等条件下的分期等额还款金额,以及不同还款期和不同利率组合(或其他因素组合)下的分期还款金额、净现金流量等基本数据,为筹资决策分析奠定基础。下面以建立分期等额偿还借款模型为例进行讨论。

1. 建立分期等额偿还基本模型工作表

创建一个新的工作簿,将其命名为"长期贷款筹资分析模型.xls",在其中的工作表(命名为"长期贷款模型")中建立"长期借款分期等额还款模型",如图7-6所示。

2. 定义各因素间勾稽关系

(1)还款总期数。

还款总期数等于借款年限与每年还款期数的乘积,即C6单元,公式为:=C4*C5。

(2)分期等额还款金额。

设定借款金额、利率、还款期数后利用PMT()函数,直接计算分期等额还款金额。如图7-6中的C7单元格,公式为:=PMT(C3/C5,C6,C2),可使用单元格绝对地址引用。

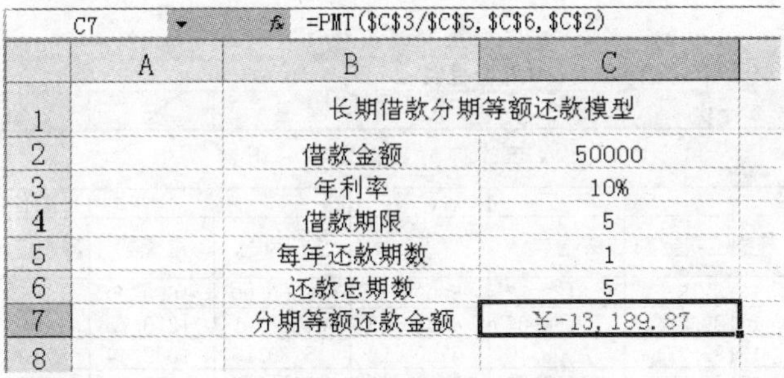

	C7	▼	f_x =PMT($C$3/$C$5,$C$6,$C$2)
	A	B	C
1		长期借款分期等额还款模型	
2		借款金额	50000
3		年利率	10%
4		借款期限	5
5		每年还款期数	1
6		还款总期数	5
7		分期等额还款金额	¥-13,189.87
8			

图7-6 分期等额还款模型

上述模型建立以后,分期等额还款金额与借款金额、年利率、借款期限、每年还款期数、还款总期数等因素之间建立了动态链接。

3. 建立等额还款筹资决策分析表

进行长期贷款筹资决策,目的在于掌握每期还款金额和其中的本金、利息部分,及时了解各期还款后尚欠本金以及每期还款产生的现金流量。为此,我们构建如下分析模型,实例数据和模型框架如表7-1所示。

表7-1 长期贷款筹资决策分析模型框架

长期借款分期等额还款模型		
借款金额	50 000	
年利率	10%	

	借款期限	5					
	每年还款期数	1					
	还款总期数	5					
	分期等额还款金额	¥-13,189.87					
等额还款筹资决策分析表							
所得税率：	33%		贴现率：	8%		单位：	元
期限	等额还款金额	偿还本金	期初尚欠本金	偿还利息	避税额	净现金流量	现值

我们在期限列下分别录入 1—5，偿还本金通过 PPMT()函数计算，理论计算公式为 PPMT(利率/每年还款期数，还款期数，还款总期数，一分期等额还款金额)。偿还利息通过 IPMT()函数计算，理论公式为 IPMT(利率/每年还款期数，还款期数，还款总期数，一分期等额还款金额)，期初尚欠本金由等额还款金额减去偿还本金产生，避税额按设定税率计算，净现金流量等于等额还款金额减去避税额，现值根据设定折现率和净现金流量计算生成。

按上述思想，我们在"长期贷款模型"工作表中建立等额还款筹资决策分析表。如图 7-7 所示。

	A	B	C	D	E	F	G	H
9	等额还款筹资决策分析表							
10	所得税率：	33%		贴现率：	8%		单位：	元
11	期限	等额还款金额	偿还本金	期初尚欠本金	偿还利息	避税额	净现金流量	现值
12	1	13189.87	8189.87	50000.00	5000.00	1650.00	11539.87	10685.07
13	2	13189.87	9008.86	41810.13	4181.01	1379.73	11810.14	10125.29
14	3	13189.87	9909.75	32801.26	3280.12	1082.44	12107.43	9611.27
15	4	13189.87	10900.72	22891.52	2289.15	755.42	12434.45	9139.69
16	5	13189.87	11990.79	11990.79	1199.08	395.70	12794.18	8707.50
17	合计	65949.37	50000.00	—	15949.37	5263.29	60686.08	48268.83

图 7-7 Excel 下等额还款筹资决策分析结果图

等额还款筹资决策分析表中，除每期等额还款金额的计算外，还包括每期所还的利息、本金和避税额的计算。

(1)分期等额还款本金计算。

分期等额还款金额中包括了本金和利息两部分，运用 Excel 的 PPMT()函数计算生成本金部分。如图 7-8 中 C12 单元格所示。

	A	B	C	D	E
	C12		fx =PPMT($C$3/$C$5,A12,$C$6,-$C$2)		
1		长期借款分期等额还款模型			
2		借款金额	50000		
3		年利率	10%		
4		借款期限	5		
5		每年还款期数	1		
6		还款总期数	5		
7		分期等额还款金额	¥-13,189.87		
8					
9				等额还款筹资决策分析表	
10	所得税率：	33%		贴现率：	8%
11	期限	等额还款金额	偿还本金	期初尚欠本金	偿还利息
12	1	13189.87	8189.87	50000.00	5000.00
13	2	13189.87	9008.86	41810.13	4181.01
14	3	13189.87	9909.75	32801.26	3280.13
15	4	13189.87	10900.72	22891.52	2289.15
16	5	13189.87	11990.79	11990.79	1199.08
17	合计	65949.37	50000.00	—	15949.37
18					

图 7-8 分期等额还款本金计算图

(2)偿还利息额计算。

以表中第 1 年支付的利息为例，即 E12 单元，直接利用 IPMT()函数计算利息支付额，计算公式为"=IPMT($C$3/$C$5,A12,$C$6,-$C$2)"，其他期次利息支付额直接通过复制的办法生成。注意：在公式中除期限列单元格引用为相对地址外，其他参数应使用绝对地址引用。如图 7-9。

	A	B	C	D	E
	C12		fx =PPMT($C$3/$C$5,A12,$C$6,-$C$2)		
1		长期借款分期等额还款模型			
2		借款金额	50000		
3		年利率	10%		
4		借款期限	5		
5		每年还款期数	1		
6		还款总期数	5		
7		分期等额还款金额	¥-13,189.87		
8					
9				等额还款筹资决策分析表	
10	所得税率：	33%		贴现率：	8%
11	期限	等额还款金额	偿还本金	期初尚欠本金	偿还利息
12	1	13189.87	8189.87	50000.00	5000.00
13	2	13189.87	9008.86	41810.13	4181.01
14	3	13189.87	9909.75	32801.26	3280.13
15	4	13189.87	10900.72	22891.52	2289.15
16	5	13189.87	11990.79	11990.79	1199.08
17	合计	65949.37	50000.00	—	15949.37
18					

图 7-9 分期等额还款利息计算图

(3)避税额的计算。

借款利息会对利润造成影响，从而间接产生抵税效果。避税额=偿还利息*所得税率。如第 1 年避税额(F12 单元格)计算公式为"＝E12＊＄B＄10"。

(4)净现金流量的计算。

以第 1 年净现金流量为例,等于第 1 年还款金额减去第 1 年的避税额,在表中体现为 G12 单元格,计算公式为"＝B12－F12"。

(5)现值的计算。

表中的现值是指净现金流量按一定的利率折现计算的结果。仍以第 1 年为例,现值在 H12 单元格,计算公式为"＝G12/[(1＋＄E＄10)^A12]"。

在建立了上述相关计算公式后,当基本数据发生变化时,其他数据也发生变化。因此,可以对企业的筹资决策分析提供帮助。

7.4.4 长期贷款筹资双变量分析模型

在长期贷款筹资分析中,各个变量是相互影响的。我们在进行计算时,常常需要假设某种情况。比如希望看到对于一种运算方式,改变其中的一个条件,结果也要相应发生变化,我们要想对比这些情况,可以利用 Excel 的"模拟运算表"这一假设分析工具来解决这个问题。

Excel 的模拟运算表是一个单元格区域,它可显示一个或多个公式中替换不同值时的结果。有两种类型的模拟运算表:单变量模拟运算表和双变量模拟运算表。一旦我们在工作表中输入公式后,就可进行假设分析,查看当改变公式中的某些值时怎样影响其结果,模拟运算表提供了一个操作所有变化的捷径。

1. 单变量模拟运算表

单变量模拟运算表中,用户可以对一个变量键入不同的值从而查看它对一个或多个公式的影响。如表 7－2。表中为长期借款分期等额还款模型。当我们在一定的年利率条件下,利用 Excel 公式计算了分期等额还款金额后,我们还可以设想不同的利率条件下分期等额还款金额,而且只考虑利率的差异。

表 7－2 单变量模拟运算表

长期借款分期等额还款模型	
借款金额	500 000
年利率	10％
借款期限	10
每年还款期数	1
还款总期数	10
分期等额还款金额	￥－81,372.70
不同年利率	每期偿还金额
	￥－81,372.70
10％	－81 372.70
8％	－74 514.74
12％	－88 492.08
10.50％	－83 128.66

2. 双变量模拟运算表

双变量模拟运算表中,用户对两个变量输入不同值,而查看它对一个公式的影响。表7-3建立了长期借款分期等额还款模型。在本例中对于同样的问题,当我们对还款总期数和借款金额两个因素均赋予不同的数值,那么模拟运算的结果产生一组在一定借款金额和还款总期数下的分期等额还款金额,见表7-4。

表 7-3 长期借款分期等额还款模型

长期借款分期等额还款模型	
借款金额	500 000
年利率	10%
借款期限	10
每年还款期数	1
还款总期数	10
分期等额还款金额	¥-81,372.70

表 7-4 双变量模拟运算表

借款金额	还款总期数			
¥-81,372.70	7	8	9	10
500 000	-102 702.75	-93 722.01	-86 820.27	-81 372.70
480 000	-98 594.64	-89 973.13	-83 347.46	-78 117.79
450 000	-92 432.47	-84 349.81	-78 138.24	-73 235.43
380 000	-78 054.09	-71 228.73	-65 983.40	-61 843.25
320 000	-65 729.76	-59 982.09	-55 564.97	-52 078.53
200 000	-41 081.10	-37 488.80	-34 728.11	-32 549.08

3. 长期贷款筹资双变量分析模型设计

我们以表7-3数据为例,在工作簿"长期贷款筹资分析模型.xls"中插入工作表,命名为长期贷款筹资双变量分析模型,将数据录入工作表,如图7-10所示。

现在,我们利用Excel的模拟运算表这一分析工具建立长期贷款筹资双变量分析模型。在A9单元格设定变化因素之一的"借款年利率"作为双因素模拟运算表的列属性名,合并B9:D9单元格,并录入"还款总期数"作为另一变化因素属性名,复制C7单元格数据粘贴到A10单元格,选中A10:D13区域,选择Excel数据菜单—模拟运算表项,在弹出的"模拟运算表"窗口中,选择"输入引用行的单元格"为$C$6,即还款总期数;选择"输入引用列的单元格"为$C$3,即借款年利率(单因素模拟运算由于一般只设一个变量,本步骤只需选择"输入引用列的单元格"即可,这里不再赘述)。确定后,Excel将自动计算不同利率和还款期数的分期等额还款金额。如图7-11所示。

	A	B	C	D	E
E12		=IPMT($C$3/$C$5, A12, $C$6, -$C$2)			
1		长期借款分期等额还款模型			
2		借款金额	50000		
3		年利率	10%		
4		借款期限	5		
5		每年还款期数	1		
6		还款总期数	5		
7		分期等额还款金额	¥-13,189.87		
8					
9				等额还款筹资决策分析表	
10	所得税率:	33%		贴现率:	8%
11	期限	等额还款金额	偿还本金	期初尚欠本金	偿还利息
12	1	13189.87	8189.87	50000.00	5000.00
13	2	13189.87	9008.86	41810.13	4181.01
14	3	13189.87	9909.75	32801.26	3280.13
15	4	13189.87	10900.72	22891.52	2289.15
16	5	13189.87	11990.79	11990.79	1199.08
17	合计	65949.37	50000.00	—	15949.37
18					

图7-10 长期借款分期等额还款模型 Excel 表

	A	B	C
C7		=PMT($C$3/$C$5, $C$6, $C$2)	
1		长期借款分期等额还款模型	
2		借款金额	500000
3		年利率	10%
4		借款期限	10
5		每年还款期数	1
6		还款总期数	10
7		分期等额还款金额	¥-81,372.70
8			

图7-11 长期贷款筹资双变量分析模型

上述操作表明,利用模拟运算表工具,设计长期贷款筹资双变量分析模型的基本思想是:在一个双变量数据表中,用两组数值分别替换分期等额还款金额计算公式中的对应变量值,从而在工作表上一起显示与比较两组不同数据的操作结果。

□本章小结

　　Excel 强大的数据分析功能为我们提供了便捷有效的分析工具。本章在对财务分析有关内容阐释的基础上,重点介绍了财务比率分析模型构建和分析方法、企业经营雷达图的基本思想和绘制思路以及利用 Excel 财务函数(主要为货币时间价值函数)和模拟运算表分析工具进行长期贷款筹资基本模型和双变量分析模型的设计、数据计算等主要内容。

思考与练习

1. 在运用 Excel 进行财务比率分析时,单元格数据引用应注意哪些方面?
2. 雷达图分析的基本思想是什么? 保持指标同向对绘制雷达图有什么重要意义?
3. Excel 模拟运算表对单因素和双因素模拟运算操作要求有何不同?
4. 建立模拟运算表的关键步骤有哪些?
5. Excel 在财务分析中还有哪些应用?

第 8 章 会计信息系统的建设与管理

□学习目标

通过本章的学习,要求掌握会计信息系统的建立、会计信息系统的宏观管理、会计信息系统的微观管理;能够掌握内部控制五大要素;掌握会计信息系统的内部控制:包括会计信息系统的一般控制和应用控制。

【引导案例】

某学院于1987年经国家教委和省人民政府批准建立。目前,是以培养管理干部和高等职业技术应用型人才为主要任务的全日制成人高等院校,同时承担着普通高等学历教育、成人高等学历教育和干部短期培训等任务。现有职工400人,在校生4000人。学院计划财务处是在院长领导下负责学校财务管理、会计核算和国有资产管理的职能部门。在学校"统一财务政策和规章制度,统一财务收支计划,统一财会业务领导,统一资源调配,统一管理学校各类经济活动"的指导方针下开展各项工作,财务处下面具体设置了计划管理科、会计核算科、资金管理科、校办企业管理科和基建财务科。

在这样的背景下,该学院如何建立会计信息系统,又如何来管理会计信息系统?如何对会计信息系统实施内部控制?正是本章所要学习的内容。

8.1 会计信息系统的建立

随着知识经济的到来和信息技术的普及应用,企业想发展就必然会涉足网络和电子商务领域。企业进行电子商务必然要实现企业的信息化,而企业信息化的核心就是会计信息系统的构建。因原有的人工系统已远远不能满足企业信息化的需求,并且网络经济的发展使得企业的目标由过去的以生产为中心转向以顾客为中心、以市场为中心。过去,企业的每一位员工要"对上级负责",而现在要"对市场负责"。那么原有管理体制下的会计工作模式已经不适应这种发展,构建适应新形势的会计信息系统势在必行。

但是企业会计信息系统的建设是一项复杂的系统工程。既需要硬件和软件的大量投资,又需要人力的长期投入。会计信息系统的建设涉及企业的各个方面、诸多业务环节,是一项长期、艰苦的工作,任何一个环节的失误都会影响到系统建设的成败。因此,企业在建设会计信息系统之前,应制定会计信息系统的发展战略,并对有关设施、设备、人员和资金进行系统的总体规划。

8.1.1 会计信息系统建设的发展规划

企业会计信息系统建设的发展规划是对建设企业会计信息系统的总体可行性研究，是对近几年企业会计信息系统建设工作所要达到的目标，以及如何有效地、分步骤实现这个目标而作的规划。

1. 制定会计信息系统发展规划的原则

会计信息系统的发展规划是从战略的角度对会计信息系统建设所作的计划，是决定会计信息系统成败的关键。为了保证发展规划的科学、客观和可行，在制订规划时应坚持如下原则：

(1) 系统性原则。

也可以称为"整体性"原则。它是解决会计信息系统建设中各个子系统间关系的基本原则。会计信息系统包含若干个子系统，每个子系统都具有对某些经济活动进行反映的功能。同时，各个子系统之间又相互联系、相互沟通，产生有助于管理决策的信息。所以在建设过程中企业应保证会计信息系统中各子系统之间协调一致、统一规范，无论是硬件的结构体系、机型的选择，还是代码的编制、数据接口的多少、数据处理能力的大小等问题都必须服从整体的要求，这样会计信息系统才能充分实现信息的传递和资源的共享，保证各子系统之间有机地衔接。

而会计信息系统又是企业管理信息系统的一个重要子系统。因此在制定会计信息系统发展规划时，首先要服从于企业发展的总目标和企业管理信息化的目标要求，按照系统论的观点，综合考虑、统筹安排各项工作。另外，还要考虑会计信息系统同管理信息系统中其他子系统之间的联系，设计统一的数据编码并做好接口设计，为建立全方位的管理信息系统做好基础工作。

(2) 阶段性原则。

它是解决会计信息系统实施过程中关系的原则。会计信息系统是一个规模庞大、结构复杂的有机整体，由若干个相互关联的子系统构成，其建立是一个长期的过程，很难一蹴而就，必须分成若干阶段。企业应结合自身的情况，对每一个阶段的任务、目标作出相应的规定，以协调和指导各阶段的工作，使每一阶段工作都成为通向总目标的阶梯。

(3) 适用性原则。

也可以称为"客观可行性"原则。是否需要建立会计信息系统，不是取决于企业领导或有关人员的主观意愿，而要取决于现行系统提供会计信息的准确性、时效性是否满足企业的管理要求，企业是否具备建立会计信息系统的客观条件。这一原则对希望建立ERP管理信息系统的企业或准备引进外国管理软件的企业尤为重要。因为这些系统往往包含了先进的管理模式和管理思想，而本企业是否能适应这种模式，是否具备以上系统的管理基础是系统建设能否成功的关键，不考虑适用性，必将事倍功半。

(4) 实用性原则。

会计信息系统建设的目标是为了更好地完成会计工作和提高会计工作的效益，它是一个应用系统，首先要考虑的是系统的实用性。如果所建设的会计信息系统不能更好地为会计工作服务，不实用，无论采用任何先进的技术与方法，设计何种漂亮、美观、先进的会计软件,都只能造成浪费与不便,毫无益处。可以说,只要建成的系统能解决一些迫切需要解决的实际问题,产生直接的效益,就是一个成功的系统。

(5)领导负责原则。

建设会计信息系统不仅要协调好其各子系统间的关系,还要协调好它和其他管理信息子系统的关系。即会计信息系统的建立需要不同层次、不同专业的人员参与,这一工作几乎涉及企业的所有部门和人员。如对各部门工作的配合这些涉及全局性的问题最好由企业的领导组织协调,而会计信息系统建设的总体目标、实施方案、经费预算等都需要领导批准。企业应建立计算机应用领导机构,由企业主要负责人挂帅,由各职能部门负责人和有关技术人员参加。只有领导亲自参与并有权威的领导机构作保证,才能真正做到统筹规划、周密部署,确保系统的有效实施。

2. 会计信息系统发展规划的主要内容

会计信息系统建设发展规划应以企业的发展战略目标为依据,结合企业的实际情况来制定。具体应包含以下内容:

(1)会计信息系统建设的目标。

会计信息系统建设的目标是指企业在几年内要建设一个怎样的会计信息系统,包括最终实现的系统功能、经济效益和社会效益等。会计信息系统的建立不仅要使得会计核算手段现代化,更重要的目的是通过核算手段和管理手段的现代化,提高会计信息处理的准确性和时效性,真正做到会计事前、事中、事后的有效控制,提高会计的辅助管理和辅助决策能力,为全面提升企业的管理水平服务。因此制定会计信息系统建设的目标应以企业发展的总目标为依据。

(2)会计信息系统的总体结构。

总体结构是指会计信息系统的规模、业务处理范围,由哪些子系统构成,以及这些子系统间的联系和系统间界面的划分。会计信息系统总体结构的确定离不开对现有手工系统的分析,既要分析现有手工系统的任务、业务处理过程及部门间的联系,还要结合计算机数据处理的特点和系统的目标。在企业条件允许的情况下可以具有一定的高起点和超前性。

(3)会计信息系统建立的途径。

建立计算机会计信息系统有多种途径可以选择,基本的两种途径是定点开发和购买商品化软件。两种途径各有其优缺点。不同的单位,不同的情况,应选择不同的途径,而不应死搬硬套。究竟采用何种途径主要是根据企业管理的需要以及经济、技术和组织上的可行性。随着商品化软件的日益完善,目前绝大多数企业采用购买商品化软件建设自己的会计信息系统,因此软件的选择成为系统建设的一个关键问题。

(4)会计信息系统硬件和软件的配置方案。

硬件和软件的配置应结合企业发展目标的要求和经济力量,从计算机会计工作的整体需要出发,对计算机的档次、型号、计算机网络体系结构等作出原则性的规定,特别要考虑长远的发展趋势,避免出现将来机器落后而难以升级和更新的局面,克服从眼前局部需要出发的局限性,避免系统资源的浪费。

(5)会计信息系统建设的工作步骤。

即是按照系统建设目标的要求和企业实际情况,对会计信息系统建设过程的任务进行分解,主要是规定系统的建设分哪几步进行,每一步的发展目标和任务,各实施阶段资源的分配情况等。在具体划分工作步骤时,应考虑各子系统在整个系统中的地位、企业的工作需要来安排先后次序,还应考虑企业经济、技术和组织上的可实施性。

(6)会计信息系统建设的组织机构。

发展规划中应明确规定建设过程中的管理体制和组织机构,统一领导、专人负责,组织专门人员根据企业的具体情况建设适应新系统的工作流程、管理制度、组织形式以及绩效考核标准等。这样,不仅有利于系统的高效建设,而且可以使系统一旦投入运行后就有章可循。

(7)专业人员培训与配备计划的制订。

会计信息系统的运行和管理需要不同专业、不同层次的专业人员。企业应根据系统目标与现有人员情况制定专业人员的培训与配备计划,满足系统建立与运行的需要,为系统的成功实施奠定基础。

(8)资金的来源及预算。

会计信息系统的建设是一个长期复杂的过程,需要较多的资金投入。因此,要对资金的使用作出预算并合理安排资金来源。系统建设过程中的资金耗费主要有系统硬件配置费用、会计软件取得费用、人员培训费、咨询费和后期的运行维护费等。由于计算机硬件购置费用金额大且是一次性投入,在制定预算时往往容易重视硬件费用,而忽视软件及其他辅助和扩展费用。目前,一个系统建设的总费用中软件费用通常占到50%以上,甚至高达80%,这是在制定预算时必须引起重视的问题。

8.1.2 会计信息系统的建设

企业会计信息系统是一项投资大、开发周期长、具有较高技术复杂度和社会复杂度的系统工程。它的建设涉及企业高层管理人员、一般管理人员、专业技术人员和其他电脑用户等人员,依赖于企业的信息需求、内部机制、外部环境、人员水平等条件。因此会计信息系统的建设需要遵循一定的规则,科学合理地进行系统建设工作,以取得事半功倍的效果。

1. 会计信息系统应用软件的选型

选购软件是会计信息系统建设的重中之重。因为不同的软件对硬件和系统软件的要求不同,应该根据所购软件的情况决定硬件的配置,所以这里把软件选型置于运行平台建设之前。如果在选购软件之前就已经建好了计算机网络、安装了微机与服务器操作系统以及数据库管理系统,那么在选购会计软件时就要考虑如何保护原有投资,怎样充分利用现有资源,这样必然会被束缚手脚,在一定程度上就会损失所购软件的功能和适用性。

会计软件是指专门用于完成会计工作的电子计算机软件,包括采用各种计算机语言编制的一系列指挥计算机完成会计工作的程序代码和有关的文档技术资料。会计软件的取得根据使用单位的不同情况,可有四种途径:

(1)购买商品化会计软件；
(2)自行开发会计软件；
(3)购买商品化会计软件与自行开发会计软件相结合；
(4)使用上级主管部门推广的会计软件。

自行开发软件不仅需要企业自身有很强的IT队伍，还要保持人员的长期相对稳定，才能保证软件系统的运行和升级维护。这对大多数企业而言，是很难做到的。而且考虑到自行开发的投入成本实际上远远大于购买商品化会计软件的费用，企业自身IT人员的技术水平实际上又很难达到专业化水平，所以除了极少数企业存在特殊需要，选择自行开发会计软件外，绝大多数企业都会选择其他的方案。

商品化会计软件是由营销会计软件的专业公司开发，经过财政部门评审通过，投入市场的，供用户选购。这类软件一般通用性较强，价格相对较低。近年来，我国会计软件市场已初具规模，出现群雄竞争的局面。迄今为止，通过评审的商品化会计软件已近300家，而且大多数专业化软件公司开发的会计软件产品既通用，又稳定实用。因此，购买商品化软件已成为多数企业的首选。购买商品化会计软件时，应注意以下几方面的问题：

(1)会计软件必须通过了省以上(含省)财政部门的评审。

通过财政部门评审的软件是由有关的专家进行了详细的测试后通过的，他们对软件的评价比一般软件选购人员的评价更为准确，而且有财政部门对有关软件的鉴定材料，财政部门还会对商品化会计软件的售后服务问题进行监督管理，解决了企业的后顾之忧。因此通过财政部门评审的软件符合国家的统一要求，能够代替手工账。

(2)会计软件功能需要满足企业业务处理的要求。

目前市场上销售的会计软件有的适用于工业企业，有的适用于商品流通企业，有的适用于行政事业单位。企业在选择会计软件时，首先要选择适合自己所在行业特点的会计软件。而且会计软件的功能虽看似相同，但在细微处却有所差异。企业在选购软件时，应了解企业选择的会计软件所提供的功能是否完全满足企业会计业务处理的要求，尤其是否满足企业特殊的核算需要，这也是选择会计软件的关键。

(3)会计软件的技术指标分析。

会计软件的技术指标分析是根据运行环境与使用情况对软件功能的具体分析与评价。具体包括以下几方面：

①会计软件所需的计算机硬件和软件环境。不同的会计软件对计算机硬件和软件环境的要求也不尽相同。如跨区经营的集团型企业，为了实现财务的集中化管理，在选择软件时还要考虑软件系统是否支持Internet技术，可以选用基于广域网浏览器/服务器结构体系的会计软件。因此，企业应结合自己的实际情况，选择适合本企业的会计软件。

②软件是否具有可扩展性。选择会计软件时，不能只看眼前，必须长远地考虑问题，要确保该软件能适应会计工作未来的发展趋势，要用发展的眼光考察所选择的软件是否具有集成性、开放性等功能，考虑企业是否具有电子商务、远程处理等要求，考虑完善功能时能否对软件进行修改或扩充。

③软件运行是否稳定。软件运行的稳定性是软件质量和技术水平的体现，如果软件在运行时经常死机或非法中断，必然会影响到会计信息系统的运行效果和数据的安全

性。企业可以从软件开发与投放市场的时间长短初步判断软件的稳定性,再通过一些实际操作或试运行进一步确定其稳定性。而且一定要选择安全可靠的软件以保证软件运行的稳定性。

④软件是否易用。会计软件的操作是否符合会计人员的习惯,如操作程序、操作提示用语和软件屏幕是否简洁明了,各种自定义功能是否简单实用等。软件的易学易用对人员培训的工作量以及软件系统的应用效果是有直接影响的,也是企业在选购软件时应该考虑的。

(4) 会计软件的售后服务。

某一软件的售后服务体系是否健全,服务水平高低以及服务态度如何都会影响到软件能否顺利投入使用,今后软件在运行过程中出现的问题能否得到及时解决。会计软件的售后服务对企业而言是至关重要的。考察会计软件的售后服务,要看软件公司日常维护是否及时;用户培训是否完善;能否提供优质的文档资料,操作手册内容是否完整,各种命令、功能的用法解释是否清楚,范例是否实用;版本能否及时升级等。最好选用的会计软件在企业所在城市或地区设有售后服务部门,这是软件长期稳定运行的一个重要保障。

2. 会计信息系统运行平台的建设

会计信息系统不是空中楼阁,需要有一个坚实的运行平台。会计信息系统运行平台是指会计信息系统赖以运行的软、硬件环境。它包括两个方面的内容:一是计算机硬件环境;二是运行会计信息系统的软件环境,包括操作系统、数据库管理系统等。它在很大程度上决定了系统的发展空间和生存周期。

(1) 硬件平台。

硬件平台是会计信息系统运行的基石,硬件配置的好坏直接影响到会计信息系统的质量、运行状况。配置硬件时要考虑企业的总体规划,即目前购买的硬件要考虑当前的需要,更要考虑将来的需要,同时还应考虑到企业现有的人力、财力、产品价格、性能以及售后服务情况等。

随着计算机技术的发展,计算机的性价比日趋合理。硬件的选择不再限于讨论单机如何选型,如何配置,而是更侧重于计算机网络的规划和建设。企业在制定网络技术方案或审查系统集成商提供的网络设计方案时,应考虑其是否具有前瞻性,是否实用、可维护,是否安全、经济,是否开放、标准化等。

(2) 软件平台。

会计信息系统运行的软件平台主要包括操作系统和数据库管理系统。

通常情况下,企业可以在 Unix、Windows 等流行网络操作系统之间进行选择。不同的操作系统支持相应的会计软件,因此选择操作系统时要注意是否与应用软件原开发环境兼容。进行数据库管理系统选择时,是选用 Access、FoxPro、Paradox、Oracle、Sybase、Informix、SQL Server 和 DB2,还是选用其他数据库系统,不仅要看眼前国内流行什么,还应关注国际趋势,对于自行开发系统的单位,这一点尤为重要,选型做好了,可以减少由于软件更新换代所带来的重复投入。

目前国内的软件提供商提供的会计软件有网络财务软件和单用户的财务软件,一般单用户的财务软件不需用户自行安装与之相配的数据库系统,财务软件会自行安装。对于基于网络环境下的财务软件,它需要大型数据库管理系统的支持,一般要用户安装与之对应的网络数据库。

3. 会计信息系统工作人员的培训

建立会计信息系统意味着使用一套全新的手段来管理和运作企业,无论是企业高层领导还是一般员工,思想及行为都要有所转变。因此要对所有相关人员进行培训,以增强员工对管理信息化的认识,提高员工使用会计信息系统的能力,最终提高整个企业的管理水平和经济效益。

企业建立会计信息系统的途径很多。无论采用何种途径,会计信息系统必须具备最基本的工作人员——系统管理人员、系统操作人员和网络管理人员。至于系统分析人员、系统设计人员、系统程序人员和软件维护人员则要根据取得软件的途径来决定。一般,自行开发和对购买商品化软件进行二次开发的企业应有自己的系统分析员、系统设计员和程序员、软件维护人员,否则是无法完成软件开发工作的;定点开发软件的,开发人员可以外聘,但必须配有自己的软件维护人员;使用上级部门推广的企业会计信息系统,一般也应配备软件维护人员。

企业建立会计信息系统,既可以从外引进,也可以对企业现有人员进行培训。从外引进只能引进少量急需的人才,杯水车薪,是无法满足企业会计信息系统建设整体需要的。因而更合适的还是对企业现有人员进行培训。

对企业现有人员培训时要注意以下几个问题:

(1)注意人才的层次。

需要培训的现有人员包括系统管理人员、系统维护人员和各类操作人员。不仅是会计信息系统的应用人员,还包括企业领导、总会计师和财会负责人。企业领导、总会计师和财会负责人是会计信息系统的管理人员,因而对他们培训的重点应放在对会计信息系统的认识和观念的转变上。

(2)注意年龄的层次。

对现有人员进行培训,不仅是对年青员工进行培训,而且应该在每个年龄段都有,便于人才的传帮带。

(3)注意知识结构。

计算机会计系统应用人员培训应立足于在职人员的岗位培训,不仅包括系统计算机基础环境的认识和使用,还应将培训内容与岗位职责联系起来。对自行开发系统的企业还应进行有关业务人员如何更好地配合系统开发,设计人员了解现行会计业务和建立目标系统的培训;对管理员应进行管理系统职能的培训;操作员应进行操作职能的培训等。

另外,在人员培训的过程中,为了有效地解决当前的急需,一般对提高系统人员的实际操作能力都很重视。这种急用现学的培训方法很容易造成知其然,不知其所以然,以及知识面过于狭窄的弊病。因此在人员培训中要特别重视基本理论和基本技能的培训。

4. 建设会计信息系统的基础工作

建设会计信息系统必须要做好扎实的基础性工作。例如对整个会计工作的程序进行规范。对企业进行规范化管理是应用计算机管理信息系统的基础。

(1) 数据规范化。

建立会计信息系统少不了最基础的数据,对企业所有的数据必须按照计算机数据处理的要求,制定编码标准。所有的信息数据都要有统一的名称,有明确的定义和编码,有标准的格式和明确的含义。

(2) 信息处理流程规范化。

信息处理流程规范化有一个前提就是企业各项经济业务必须规范化。对各项经济业务制定明确的制度,再制定统一的工作准则和规程制约数据采集、数据处理和数据输出的全过程,以保证信息的及时、准确和可靠。

(3) 业务流程优化。

企业业务流程具体包括由企业的生产作业、管理作业、对外商务、组织结构等方面形成的物流、信息流、资金流及其流动过程、流动速度和内容等。业务流程优化则是对企业现有的业务处理流程和组织进行分析,将其改造成满足企业管理需求和计算机信息系统工作特点的业务处理流程,并使企业结构扁平化,使得企业机构不重叠、业务不重复,各种职能部门间,如产、供、销、财会部门等重新进行规划和分工,从而提高企业业务处理的效率、客户的满意度和企业的经济效益。

5. 会计信息系统的实施

会计信息系统的实施是决定信息系统建设成败的关键。系统的实施是在企业信息系统建设过程中,由相关人员组成特定项目组,根据企业的需求,提供的一种个性化的、专业化的服务,一般包括从手工系统或旧信息系统到建成企业管理信息系统的全部过程和活动。信息系统的整个实施过程可以划分为:建立项目组织、项目准备、项目建设、系统切换和运行支持几个阶段,其中培训教育、项目管理和变革管理贯穿始终。实施的具体范围应在双方签订的实施合同中体现,严格按照项目管理的要求组织、计划和控制整个项目实施过程,经过对企业项目组的培训、业务流程分析与设计、实施方案制定、系统配置与测试、用户化手册、最终客户培训、系统切换以及成果验收等阶段,最终实现管理软件与企业应用的嫁接,完成知识与技能的转移。

(1) 项目组织机构。

为了保证企业管理信息系统的顺利实施,系统的实施过程需要一柄"尚方宝剑",企业应建立项目实施小组和项目领导小组。项目领导小组可以协调企业各职能部门之间的关系,一般由企业高层管理人员负责。但企业的高层领导一般工作繁杂,不能保证工作时间,考虑到现实可行性问题,也可以由其委派"二把手"出任信息系统建设的领导。而项目实施小组应该对项目计划的执行情况进行定期审查,及时地解决问题,协调矛盾,确保项目的顺利实施,一般由总会计师负责。

(2) 项目准备。

项目准备是信息系统项目进入系统实施的启动阶段,主要划分项目的阶段,确定每个阶段的起始时间,确定项目实施的工作内容,制定项目实施的时间计划、成本和预算计划、人力资源计划,定义应提交的工作成果等。

(3)项目建设。

要了解企业的组织结构、业务内容及其业务处理流程,明晰企业管理层的真正需求和企业的管理目标,获取实施软件所必要的参数,就要对企业信息系统进行充分的调研,包括分析企业目标和策略;了解和分析当前业务内容及处理流程;结合软件功能和业务目标,对当前业务流程进行重新调整和优化改进;确定系统配置和报表方面的需求;收集必要信息,为实施运行阶段的数据做准备;确定新的业务处理流程中的各项业务处理程序、完成任务与处理步骤。在充分调研的基础上,企业应制定系统实施方案,对制定的解决方案进行原型测试,并保持一定时间的系统并行,以充分验证解决方案的合理性。

(4)系统切换。

通常系统切换有直接方式、并行方式和逐步方式三种。

直接方式是指在某一时刻旧系统停止使用,新系统开始工作。虽然直接切换快捷方便,但因新系统未试用过,很可能出现一些想不到的问题,必须采取一些预防性措施。

并行方式要求新旧系统同时保持运行一段时间。新旧系统并行的主要目的是检验基础设置是否适当,以及新旧系统的运行结果是否一致。但这种方法费用较高。

逐步方式是分阶段部分地切换使用,易造成新旧系统数据衔接困难。

(5)项目控制。

项目控制是项目实施成功的重要保证,企业应建立逐级汇报机制和问题追踪机制,有问题要按项目组织机构逐级汇报,并记录其解决过程;还应有顺畅的沟通机制,做到信息、资源的共享;最终所有过程要备案存档,以便有据可查。

(6)运行支持。

项目实施完毕,需要几个月的试运行,通过试运行,检查建立的会计信息系统是否充分满足企业要求,使用人员对软件的操作是否存在问题,对运行中发现的问题是否还应进行修改。新系统独立运行一段时间后,就可以进行项目验收,一方面对软件进行评审,一方面提请审批单位批复,终止实施过程。然而,随着企业的不断发展,管理需求和业务随时都会出现新的变化,这都需要对软件系统的运行进行周期性审查,并及时调试。可以说,系统优化与改善工作是永无止境的。

8.2 会计信息系统的管理

信息科技的进步,使得会计信息系统的效率得到了极大的提高,但若缺乏严格而健全的管理,产生的会计信息可能错误百出,并会提高运行成本。建立完善的会计系统管理制度并严格执行,这是会计信息系统至关重要的一件大事。

所谓会计信息系统管理是指为了保障会计信息系统的正常运行,做好系统中的人员、机器、信息等方面的工作,并使这些工作规范化、制度化,从而使会计信息系统能够产生最佳的运行效果而进行的综合管理。分为宏观管理和微观管理两部分。宏观管理是指国家、行业或地区,为保证会计工作的顺利开展和电算化后会计工作质量所制定的办法、措施、制度;微观管理是指企业对已建立的会计信息系统进行的全面管理。完善和贯彻管理制度,是做好会计工作的关键,能够保证会计信息系统规范化、程序化。

8.2.1 会计信息系统的宏观管理

会计信息系统的宏观管理是国家履行政府职能的重要内容,各级财政部门在会计信息系统的宏观管理中具有法律的领导地位和职责,应从制度、软件、人才等多方面予以引导和支持。会计信息系统宏观管理主要包括:

1. 会计信息系统管理制度的制定

"没有规矩不成方圆"。会计信息系统想取得进一步的发展,就必须制度化,用制度来加以引导,从而使其规范化、程序化。会计信息系统管理制度的制定,既要坚持统一领导,又要发挥地方财政部门和国务院各业务主管部门的积极性、主动性和创造性,以加强对会计信息系统的管理。

2. 会计核算软件的评审

会计核算软件是一种比较特殊的技术产品,其对会计数据的处理必须符合和满足国家统一的财务会计制度的要求,进而有效地保证会计数据处理的合法、安全、准确、可靠,所以应该由财政部门来对会计核算软件的合法性进行审查。评审商品化会计核算软件,主要审查软件的功能是否符合会计基本原理和我国法律、法规、规章的情况,检测软件的主要技术性能、对财务会计分析功能和相关信息处理的功能,以及评价软件开发经销单位的售后服务能力。商品化会计核算软件必须达到《会计核算软件基本功能规范》的要求,使软件的开发者、使用者、上级主管部门以及财政、税务、审计等部门都放心。

3. 人才的培训

会计信息系统涉及的有关人员很多,如会计信息系统分析员、系统设计员、系统程序员、硬件维护员、软件维护员、操作员、数据录入员、系统管理员等。人才是会计信息系统建立和发展的关键,只有培训众多既懂计算机又懂会计业务知识的人才,才能加快会计信息系统的进程和水平的提高,因此人才培训既是企业单位会计信息系统建设工作的需要,也是会计信息系统宏观管理的需要。

4. 会计信息系统的理论研究

会计信息系统的发展,离不开会计信息系统理论研究的支持和指导。各级财政主管部门应在宏观管理中注重理论研究工作,支持理论和学术团体的活动,吸收理论研究的成果,发现理论研究人才,特别要坚持百花齐放、百家争鸣的方针,鼓励支持从事会计信息系统实际工作的人员学习理论开展研究,以做到理论和实践双丰收,更好地推动会计信息系统的发展。

8.2.2 会计信息系统的微观管理

会计信息系统微观管理的根本任务在于保证系统的安全正常运行,提高系统的运行效率,以及充分利用系统提供的各种手段,便利、灵活地为管理提供服务。

企业应当建立会计信息系统操作管理制度,明确会计信息系统的合法有权使用人员及其操作权限和操作程序,形成分工牵制的控制形式。企业出纳人员不得兼任会计信息系统管理员,不得兼任记账凭证的审核工作。

企业应当建立会计信息系统硬件、软件和数据管理制度,重点关注以下风险和控制点:

(1)对正在使用的会计核算软件进行修改、对通用会计软件进行升级和对计算机硬件设备进行更换时,企业应有规范的审批流程,并采取替代性措施确保会计数据的连续性;

(2)企业应当健全计算机硬件和软件出现故障时进行排除的管理措施,保证会计数据的完整性;

(3)确保会计数据和会计软件的安全保密,防止对数据和软件的非法修改和删除;对磁性介质存放的数据应当进行双备份。

企业应当建立会计信息系统会计档案管理制度。所谓会计档案,是指存储在计算机硬盘中的会计数据、以其他磁性介质或光盘存储的会计数据和计算机打印出来的书面等形式的会计数据,包括记账凭证、会计账簿、会计报表(包括报表格式和计算公式)等数据。企业应当指定专人负责会计信息系统会计档案的管理,做好防消磁、防火、防潮和防尘等工作;重要会计档案应准备双份,存放在不同地点;对于采用磁性介质保存的会计档案,应当定期检查,定期备份,防止由于磁性介质损坏而使会计档案丢失。

企业应当根据有关规定,结合本企业具体情况,制定会计信息系统账务处理制度,规范计算机信息技术环境下记账、算账、报账流程,提高会计信息处理效率,降低人为的会计舞弊风险。

从本质上来看,会计信息系统的微观管理就是对会计信息系统的内部控制,通过对会计信息系统的内部控制以达到微观管理的需要。以下章节重点介绍会计信息系统的内部控制,所以此节不再赘述。

8.3 计算机应用对会计内部控制的影响

随着会计信息系统的广泛应用和功能的日益完善,企业和社会经济活动对会计信息系统的依赖程度日益增加。虽然会计信息系统的实施给现代化的财务会计带来了前所未有的高效率,但另一方面也由于会计信息处理的不可见性和高度集中性,给会计信息系统的内部控制带来了高风险性和脆弱性。风险的存在威胁着会计信息系统的正常运行,影响着会计信息系统的信息输出结果,因而企业应加强对会计信息系统的控制。可以说,内部控制是管理现代化的必然要求,是会计信息系统的子系统,科学、有效的内部控制是整个会计信息系统健康运行的根本保障。

8.3.1 内部控制概述

1. 内部控制的定义

内部控制发展的同时,内部控制的定义也发生了很大的变化。COSO报告中把内部控制定义为:"内部控制是受董事会、管理层和其他人员影响的,为达到经营活动的效率和效果、财务报告的可靠性、遵循相关法律法规等目标提供合理保证而设计的过程。"

本书中,我们采用《企业内部控制规范——基本规范(征求意见稿)》所下的定义。内部控制,是指由企业董事会(或者由企业章程规定的经理、厂长办公会等类似的决策、治理机构)、管理层和全体员工共同实施的,旨在合理保证实现以下基本目标的一系列控制活动:

(1)企业战略;

(2)经营的效率和效果;

(3)财务报告及管理信息的真实、可靠和完整;

(4)资产的安全完整;

(5)遵循国家法律法规和有关监管要求。

企业应当创造条件,有效利用计算机信息技术加强企业内部控制,逐步实现生产管理系统、营销管理系统、预算管理系统、财务会计管理系统等的信息集成和共享,不断提高内部控制的效率与效果。

2. 内部控制的构建原则

企业建立与实施内部控制,应当遵循下列原则:

(1)全面性原则。

内部控制应当贯穿决策、执行和监督全过程,覆盖企业及其所属单位的各种业务和事项。

(2)重要性原则。

内部控制应当在全面控制的基础上,关注重要业务事项和高风险领域。

(3)制衡性原则。

内部控制应当在治理结构、机构设置及权责分配、业务流程等方面形成相互制约、相互监督,同时兼顾运营效率。

(4)适应性原则。

内部控制应当与企业经营规模、业务范围、竞争状况和风险水平等相适应,并随着情况的变化及时加以调整。

(5)成本效益原则。

内部控制应当权衡实施成本与预期效益,以适当的成本实现有效控制。

8.3.2 内部控制要素

企业内部控制涵盖企业经营管理的各个层级、各个方面和各项业务环节。不同所有制形式、不同组织形式、不同行业、不同规模的企业可以结合实际情况,从不同的角度入手建立健全内部控制。但是,企业建立与实施有效的内部控制,应当包括内部环境、风险评估、控制活动、信息与沟通、内部监督五大要素。

1. 内部环境

内部环境是企业实施内部控制的基础,一般包括治理结构、机构设置及权责分配、内部审计、人力资源政策、企业文化等。

(1)治理结构。

企业应当根据国家有关法律法规和企业章程,建立规范的公司治理结构和议事规则,明确决策、执行、监督等方面的职责权限,形成科学有效的职责分工和制衡机制。股东(大)会享有法律法规和企业章程规定的合法权利,依法行使企业经营方针、筹资、投资、利润分配等重大事项的表决权。董事会则对股东(大)会负责,依法行使企业的经营决策权,负责内部控制的建立健全和有效实施。监事会对股东(大)会负责,监督企业董事、经理和其他高级管理人员依法履行职责,对董事会建立与实施内部控制进行监督。经理层则负责组织实施股东(大)会、董事会决议事项,主持企业的生产经营管理工作,负责组织领导企业内部控制的日常运行。

(2)机构设置及权责分配。

企业应当成立专门机构或者指定适当的机构具体负责组织、协调内部控制的建立实施及日常工作,并在董事会下设立审计委员会,负责审查企业内部控制,监督内部控制的有效实施和内部控制自我评价情况,协调内部控制审计及其他相关事宜等。

企业应当结合业务特点和内部控制要求设置内部机构,明确职责权限,将权利与责任落实到各责任单位,并通过编制内部管理手册,使全体员工掌握内部机构设置、岗位职责、业务流程等情况,明确权责分配,正确行使其职权。

(3)内部审计。

企业应当加强内部审计工作,保证内部审计机构设置、人员配备和工作的独立性。内部审计机构应当结合内部审计监督,对内部控制的有效性进行监督检查,对监督检查中发现的内部控制缺陷,应当按照企业内部审计工作程序进行报告,而对重大缺陷,有权直接向董事会及其审计委员会、监事会报告。

(4)人力资源政策。

企业应当制定和实施有利于企业可持续发展的人力资源政策,如员工的聘用、培训、辞退与辞职;员工的薪酬、考核、晋升与奖惩;关键岗位员工的强制休假制度和定期岗位轮换制度;掌握国家秘密或重要商业秘密的员工离岗的限制性规定;有关人力资源管理的其他政策。企业选拔和聘用员工时应当将职业道德修养和专业胜任能力作为重要标准,切实加强员工培训和继续教育,不断提升员工素质。

(5)企业文化。

企业应当加强文化建设,培育积极向上的价值观和社会责任感,倡导诚实守信、爱岗敬业、开拓创新和团队协作精神,树立现代管理理念,强化风险意识;加强法制教育,增强董事、监事、经理及其他高级管理人员和员工的法制观念,严格依法决策、依法办事、依法监督,建立健全法律顾问制度和重大法律纠纷案件备案制度。

2. 风险评估

风险评估是企业及时识别、系统分析经营活动中与实现内部控制目标相关的风险,合理确定风险应对策略。

(1)风险识别。

企业应当根据设定的控制目标,全面系统持续地收集相关信息,结合实际情况,及时进行风险评估,以准确识别与实现控制目标相关的内部风险和外部风险,确定相应的风险承受度。

企业识别内部风险,应当关注:董事、监事、经理及其他高级管理人员的职业操守、员工专业胜任能力等人力资源因素;组织机构、经营方式、资产管理、业务流程等管理因素;

研究开发、技术投入、信息技术运用等自主创新因素；财务状况、经营成果、现金流量等财务因素；营运安全、员工健康、环境保护等安全环保因素及其他有关内部风险因素。

企业识别外部风险，应当关注：经济形势、产业政策、融资环境、市场竞争、资源供给等经济因素；法律法规、监管要求等法律因素；安全稳定、文化传统、社会信用、教育水平、消费者行为等社会因素；技术进步、工艺改进等科学技术因素；自然灾害、环境状况等自然环境因素及其他有关外部风险因素。

(2) 风险分析。

企业应当采用定性与定量相结合的方法，按照风险发生的可能性及其影响程度等，对识别的风险进行分析和排序，确定关注重点和优先控制的风险。企业进行风险分析时，应当充分吸收专业人员，组成风险分析团队，按照严格规范的程序开展工作，确保风险分析结果的准确性。

(3) 风险应对。

企业应当根据风险分析的结果，结合风险承受度，权衡风险与收益，结合不同发展阶段和业务拓展情况，持续收集与风险变化相关的信息，进行风险识别和风险分析，确定风险应对策略，并及时进行相应的调整。

3. 控制活动

控制活动是企业根据风险评估结果，通过手工控制与自动控制、预防性控制与发现性控制相结合的方法，采用相应的控制措施，将风险控制在可承受度之内。控制活动一般包括：不相容职务分离控制、授权审批控制、会计系统控制、财产保护控制、预算控制、运营分析控制和绩效考评控制等。

(1) 不相容职务分离控制。

不相容职务分离控制要求企业全面系统地分析、梳理业务流程中所涉及的不相容职务，实施相应的分离措施，形成各司其职、各负其责、相互制约的工作机制。

(2) 授权审批控制。

授权审批控制要求企业根据常规授权和特别授权的规定，明确各岗位办理业务和事项的权限范围、审批程序和相应责任。常规授权是指企业在日常经营管理活动中按照既定的职责和程序进行的授权。特别授权是指企业在特殊情况、特定条件下进行的授权。各级管理人员应当在授权范围内行使职权和承担责任。而对于重大的业务和事项，应当实行集体决策审批或者联签制度，任何个人不得单独进行决策或者擅自改变集体决策。

(3) 会计系统控制。

会计系统控制要求企业严格执行国家统一的会计准则制度，加强会计基础工作，明确会计凭证、会计账簿和财务会计报告的处理程序，保证会计资料真实完整，依法设置会计机构，配备会计从业人员。

(4) 财产保护控制。

财产保护控制要求企业建立财产日常管理制度和定期清查制度，采取财产记录、实物保管、定期盘点、账实核对等措施，严格限制未经授权的人员接触和处置财产，以确保财产安全。

(5)预算控制。

预算控制要求企业实施全面预算管理制度,明确各责任单位在预算管理中的职责权限,规范预算的编制、审定、下达和执行程序,强化预算约束。

(6)运营分析控制。

运营分析控制要求企业建立运营情况分析制度,经理层应当综合运用生产、购销、投资、筹资、财务等方面的信息,通过因素分析、对比分析、趋势分析等方法,定期开展运营情况分析,发现存在的问题,及时查明原因并加以改进。

(7)绩效考评控制。

绩效考评控制要求企业建立和实施绩效考评制度,科学设置考核指标体系,对企业内部各责任单位和全体员工的业绩进行定期考核和客观评价,将考评结果作为确定员工薪酬以及职务晋升、评优、降级、调岗、辞退等的依据。

企业应当根据内部控制目标,结合风险应对策略,综合运用控制措施,对各种业务和事项实施有效控制。尤其要建立重大风险预警机制和突发事件应急处理机制,明确风险预警标准,对可能发生的重大风险或突发事件,制订应急预案、明确责任人员、规范处置程序,确保突发事件得到及时妥善处理。

4. 信息与沟通

信息与沟通是企业及时、准确地收集、传递与内部控制相关的信息,确保信息在企业内部、企业与外部之间进行有效沟通。企业可以通过财务会计资料、经营管理资料、调研报告、专项信息、内部刊物、办公网络等渠道,获取内部信息;通过行业协会组织、社会中介机构、业务往来单位、市场调查、来信来访、网络媒体以及有关监管部门等渠道,获取外部信息,并对之进行合理筛选、核对和整合,以提高信息的有用性。这种沟通和反馈应在企业内部各管理级次、责任单位、业务环节之间,以及企业与外部投资者、债权人、客户、供应商、中介机构和监管部门等有关方面之间进行。对信息沟通过程中发现的问题,应当及时报告并加以解决。

企业应当利用信息技术促进信息的集成与共享,充分发挥信息技术在信息与沟通中的作用,加强对信息系统开发与维护、访问与变更、数据输入与输出、文件储存与保管、网络安全等方面的控制,以保证信息系统安全稳定运行。

5. 内部监督

内部监督是企业对内部控制建立与实施情况进行监督检查,评价内部控制的有效性,发现内部控制缺陷,并及时加以改进。分为日常监督和专项监督。日常监督是指企业对建立与实施内部控制的情况进行常规、持续的监督检查;专项监督是指在企业发展战略、组织结构、经营活动、业务流程、关键岗位员工等发生较大调整或变化的情况下,对内部控制的某一或者某些方面进行有针对性的监督检查。企业应当结合内部监督情况,定期对内部控制的有效性进行自我评价,出具内部控制自我评价报告。

8.3.3 计算机应用对会计内部控制的影响

在现代信息技术出现的早期,已有许多人意识到信息技术将对会计行业产生深刻的影响。毕马威会计公司的合伙人鲍勃埃利奥特在1992年的《Accounting Horizons》杂志上发表文章,开篇就是"IT 正在改变一切"。在信息技术环境下,会计内部控制的目的、原则虽然不变,但大部分传统的内部控制方法和措施失去了作用,产生了新的控制内容、新的控制手段和技术,会计内部控制工作的重点、方法和内容也发生了变化。在此,我们仅就计算机应用对会计内部控制的影响作简要分析。

1. 内部控制重点发生变化

在传统的手工会计系统中,企业会计内部控制的对象是处理会计业务的财务人员,内部控制的重点就在人员之间的相互牵制上,通过岗位责任制和内部牵制制度,不同职责的人员被严格限制在各自特定的业务领域,就可以保证会计信息的正确性、企业资产的安全完整。计算机应用后,会计数据一般都集中由计算机数据处理部门进行处理,而财务部门人员往往只负责原始数据的收集、审核和编码,并对计算机输出的各种会计报表进行分析。这使得内部控制的重点由对人的控制转变为对人和计算机的控制。

具体来说,内部控制的重点将转移到原始数据输入、计算机的控制、会计信息的输出控制、人机交互处理的控制、计算机系统之间连接的控制、会计软件的开发控制、会计信息系统的建立、维护控制等几方面。特别是防止计算机舞弊和防止计算机病毒破坏成为会计内部控制一个新的至关重要的内容。对计算机舞弊的预防,应根据变化后的部门和岗位分工重建其岗位责任制、严格进行系统操作权限和维护审批监督控制;对计算机病毒的防治,可采取加装防病毒卡、使用自动监测病毒软件、定期查杀病毒、制定严格的计算机使用管理制度等组织控制措施。

2. 内部控制的范围发生变化

在手工会计下,内部控制主要是对会计人员及其工作、信息处理方法和程序进行控制。而计算机技术的引入给会计工作增加了新的工作内容,同时也增加了新的控制措施,内部控制的范围扩大,包含了手工会计系统中所没有的控制,如对计算机硬件、软件以及相关设备的控制;系统权限的控制;修改程序的控制等。同时由于网络技术在财务软件的广泛应用,会计信息系统要实现远程报账、远程支付、远程报表、远程审计等一系列功能,其相应环节的内部控制变得十分重要,内部控制的范围延伸到财务软件开发过程、系统转换过程、远程网络系统等方面。

3. 内部控制的方式发生变化

由于计算机具有高速稳定、有很强的逻辑判断与逻辑推理能力等特点,它使内部控制的方式发生了很大的变化。如原来手工下的编制科目汇总表、凭证汇总表等试算平衡的检查,总账、明细账的核对,在应用计算机后就不会发生失误,就没有必要存在。而凭证的借贷关系校验,余额、发生额平衡的检查等相应地转移到计算机系统内,由财务软件来实现。内部控制由手工会计系统下的单一人工控制转变为人工控制和程序控制。例如针对电子会计数据的基本特性,增加了人工会计系统中没有的"安全控制"项目和"应用控制"项目。

4. 存储介质的变化

在手工会计环境下,企业的经济业务发生均记录于纸张之上,并按会计数据处理的不同过程分为原始凭证、记账凭证、会计账簿和会计报表,其法律效用是被广泛承认的。

并且一旦出现错误进行修改时,不论采取何种修改方式都会留有痕迹。但计算机应用以后,原来纸质的会计数据被直接记录到磁盘或光盘等磁介质上,不易实现签字、盖章等具有法律效用的手段,而且很容易被删除或篡改,由于在技术上对电子数据非法修改可做到不留痕迹,这就很难辨别哪一个是业务记录的"原件"。另外,电磁介质易受损坏,会计信息也存在丢失或毁坏的危险。具体来看电子会计数据呈现以下特点:

(1)字迹不可辨性。

在手工会计系统中,字迹是确定会计责任的有效依据,授权、审批等都通过签字来确认责任,具有明确的法律效力;而电子会计数据通过口令或密码,即可进行操作,其他人员可能窃取授权操作员的身份验证密码或直接修改电子数据文件,用他人的名义做违法的事情。由此可见,电子数据没有字迹特征,不能通过字迹来确定会计责任,缺乏法律证据效力。

(2)脆弱性。

电子会计数据存储在磁性介质中,很容易受到多种物理因素和人为因素的影响,数据安全性较差。在实际工作中,计算机病毒、操作失误、蓄意破坏、搬移震动、机械磨损、部件失效、电力故障、磁场干扰、灰尘积聚、潮湿空气都会造成数据信息混乱或丢失,威胁到电子会计数据的安全。而会计信息系统对数据信息的安全性要求较高,要求数据记录必须具有连续性。如果前期数据损失必然会导致后期数据的混乱,这就产生了会计数据安全性要求高与电子会计数据安全性低的矛盾。

(3)快速操纵性。

电子会计数据可以快速地复制、删除、衍生、传播和成批修改。一方面,计算机应用的发展使得快速运算大规模会计数据成为可能,为实现会计信息的即时分类检索和复杂会计分析模型运用奠定了技术基础;另一方面,也容易产生副本,造成正副本难辨、失密或被篡改,使利用会计信息系统作弊变得更加容易和隐蔽,这对会计人员、内部审计人员和社会审计人员来说是一个严峻的挑战。

因此,在计算机中如何使磁介质上的数据具有法律效用,提高信息的准确性,防止磁性数据非法修改、如何使磁性介质上的数据安全可靠是一个非常重要的问题。

5. 交易授权的变化

交易授权是将交易的执行限定给经过选择的人。授权批准控制是一种常见的、基础的内部控制。信息技术环境下交易授权自动化,由计算机自动完成。如自动采购系统可以根据库存状况和采购记录通过计算来决定何时向哪个供应商采购多少货物。而且和手工环境相比,授权过程不明显。手工环境下,在内部控制制度中明确规定某项交易的授权;而信息技术环境下,对交易的授权在系统设计或初始化时就已完成,管理者难以适时评价授权是否符合当前目标,控制的失效只能在较大的失误发生后才能被察觉,所以管理者对交易授权的关注应转移到对相关计算机程序的正确性和可靠性测试上来。

6. 财务网络化带来新的问题

网络技术无疑是目前IT发展的方向,会计信息系统也不可避免受到其深远的影响,特别是Internet在财务软件中的应用对会计信息系统的影响将是革命性的。目前财务软件的网络功能主要包括远程报账、远程报表、远程审计、网上支付、网上催账、网上报税、网上采购、网上销售、网上银行等,实现这些功能就必须有相应的控制,从而为会计信息系统内部控制带来新问题。

(1)扩大了企业会计核算范围。

企业实施财务网络化以后,会计核算环境发生了很大的变化。会计部门的组成人员除了原有的财务、会计人员外,又增加了计算机操作员、网络系统维护员、网络系统管理员等。另外,会计业务处理范围变大,除完成基本的会计业务,网络会计同时还集成许多管理以及财务功能的相关功能,诸如网上支付、网上催账、网上报税、网上询价、网上采购、网上销售、网上服务、网上银行、网上理财、网上保险、网上证券投资和网上外汇买卖等。这种会计信息的网上实时处理,提高了业务处理的效率,使得原来由几个部门按预定步骤完成的业务事项可以集中在一个部门甚至由一个人完成。

(2)会计信息储存方式和媒介发生变化。

从数据和交易层次看,网络会计采用高度电子化的交易方式,原始凭证在网络业务交易时自动产生并存入计算机,交易的全过程均在电子媒介上建立、运算与维护,更多的介质电子化,出现各种电子单据,如各种发票、结算单据。存储形式主要以网络页面数据存储,网页数据只能在计算机及相应的程序中阅读,原来在核算过程中进行的各种必要的核对、审核等工作大部分由计算机及网络自动完成。因此,网络环境下会计内部控制的重点由对人的控制为主转变为对人、计算机和互联网的控制。

8.4 会计信息系统的内部控制

信息系统,是指企业利用计算机和通信技术,对内部控制进行集成、转化和提升所形成的信息化管理平台。会计信息系统是一个对会计数据进行采集、存储、加工、传输并输出大量会计信息的系统。会计信息系统的内部控制是指企业为了保证会计信息系统的效率、安全性和完整一致性而采取的控制措施,包括一系列控制制度和控制技术。其中,会计信息系统的效率指信息系统的相关资源应被充分开发利用,在信息系统投资不变的情况下尽量提高信息处理的效率;会计信息系统的安全性是指系统的软、硬件资源应得到有效的保护,防止未经授权的人员接触信息;会计信息系统的完整一致性指信息系统的处理逻辑应符合企业的商业规则,所输出的信息应精确、有效。

按照控制对象的范围和环境,可以将会计信息系统的内部控制分为一般控制和应用控制两类。一般控制,是指对会计信息系统的组织、开发、应用环境等方面进行的控制。应用控制是指对会计信息系统中具体数据处理过程进行的控制。一般控制是应用控制的基础,它为数据处理提供了良好的处理环境;应用控制是一般控制的深化,可以在一般控制的基础上,直接深入具体的业务数据处理过程,为数据处理的准确性、完整性和可靠性提供最好的保证。

8.4.1 一般控制

一般控制是对系统运行环境因素进行的控制。因为可以为各个具体的应用系统提供一个良好的环境,又被称之为"环境控制"。会计信息系统的一般控制主要包括组织控制、信息系统开发、变更与维护控制、信息系统访问安全控制以及硬件控制等方面。

1. 组织控制

在会计信息系统中,建立有效的内部控制,首先要有恰当的组织控制。在信息技术成熟以前,组织结构一般为金字塔形。随着信息技术的进一步发展,组织中通信和协调的成本进一步降低,大型企业纷纷开始将很多决策权下放到部门、战略业务单位,取消了一些中间管理部门,并增加其他部门的控制范围,以实现组织结构的"扁平化"。组织控制的目的主要是减少信息部门的错误及舞弊行为发生的可能性。具体包括岗位分工和授权审批两方面的控制。

(1)岗位分工控制。

企业应当建立会计信息系统岗位责任制和不相容职务分离制度,防范利用计算机舞弊和犯罪。一般而言,信息系统不相容职务涉及的人员可以分为三类:系统开发建设人员、系统管理和维护人员、系统操作使用人员。开发人员在运行阶段不能操作使用信息系统,否则就可能掌握其中的涉密数据,进行非法利用;系统管理和维护人员担任密码保管、授权、系统变更等关键任务,如果允许其使用信息系统,就可能较为容易地篡改数据,从而达到侵吞财产或滥用计算机信息的目的。此外,信息系统使用人员也需要区分不同岗位,包括业务数据录入、数据检查、业务批准等,在他们之间也应有必要的相互牵制。

企业可以指定专门部门(以下称"归口管理部门")对会计信息系统实施归口管理,也可委托专业机构从事信息系统的开发、运行和维护工作,但应明确相关单位的职责权限,建立有效工作机制。一般来讲,财会部门负责信息系统中各项业务账务处理的准确性和及时性;会计信息系统制度的制定;财务计划的制定和下达;计划价格的确定和修改;财务操作规定等。而生产、销售、仓储及其他部门(以下称"用户部门")应当根据本部门在信息系统中的职能定位,参与信息系统建设和管理,按照归口管理部门制定的管理标准、规范、规章来操作、管理和运用信息系统。

企业管理层应该明确定义系统归口管理部门和用户部门在保证系统正常安全运行过程中各自承担的职责,制定部门之间的职责分工表。

(2)授权审批控制。

所有由会计信息系统处理的业务都应经过授权管理,不是由会计信息系统生成的业务,都要在计算机处理之前通过审核与批准,以减少错误的发生和舞弊的可能性。企业应根据业务性质、重要程度、涉密情况等确定信息系统的安全等级,建立不同等级信息的授权使用制度,采用相应技术手段保证信息系统运行安全有序。

2. 信息系统开发、变更与维护控制

(1)信息系统开发控制。

企业根据发展战略和业务需要进行信息系统建设,首先要确立系统建设目标,根据目标进行系统建设战略规划,再将规划细化为项目建设方案。企业开展信息系统建设,可以根据实际情况,采取自行开发、外购调试或业务外包等方式。选择外购调试或业务外包方式的,应当采用公开招标等形式择优选择供应商或开发单位。选择自行开发信息系统的,信息系统归口管理部门应当组织企业内部相关业务部门进行需求分析,合理配置人员,明确系统设计、编程、安装调试、验收、上线等全过程的管理要求。企业信息系统归口管理部门应当加强信息系统开发全过程的跟踪管理,增进开发单位与企业内部业务部门的日常沟通和协调,组织独立于开发单位的专业机构对开发完成的信息系统进行检查验收,并组织系统上线运行。

(2)信息系统变更和维护控制。

系统变更主要包括硬件的升级扩容、软件的修改与升级等。系统变更是为了更好地满足企业需求,但同时应加强对变更申请、变更成本与进度的控制。这一环节的主要风险是:第一,企业没有建立严格的变更申请、审批、执行、测试流程,导致系统随意变更。第二,系统变更后的效果达不到预期目标。

主要控制措施:第一,企业应当建立标准流程来实施和记录系统变更,保证变更过程得到适当的授权与管理层的批准,并对变更进行测试。信息系统变更应当严格遵照管理流程进行操作。信息系统操作人员不得擅自进行软件的删除、修改等操作;不得擅自升级、改变软件版本;不得擅自改变软件系统的环境配置。第二,系统变更程序(如软件升级)需要遵循与新系统开发项目同样的验证和测试程序,必要时还应当进行额外测试。第三,企业应加强紧急变更的控制管理。第四,企业应加强对将变更移植到生产环境中的控制管理,包括系统访问授权控制、数据转换控制、用户培训等。

系统在运行过程中,难免会出现各种各样的问题,并且环境也可能会发生或多或少的变化,企业应及时对信息系统进行维护,保证系统正常运转。其主要工作内容包括系统的日常操作、系统的日常巡检和维修、系统运行状态监控、异常事件的报告和处理等。

主要控制措施:第一,企业应制定信息系统使用操作程序、信息管理制度以及各模块子系统的具体操作规范,及时跟踪、发现和解决系统运行中存在的问题,确保信息系统按照规定的程序、制度和操作规范持续稳定运行。第二,切实作好系统运行记录,尤其是对于系统运行不正常或无法运行的情况,应将异常现象、发生时间和可能的原因作出详细记录。第三,企业要重视系统运行的日常维护,在硬件方面,日常维护主要包括各种设备的保养与安全管理、故障的诊断与排除、易耗品的更换与安装等,这些工作应由专人负责。第四,配备专业人员负责处理信息系统运行中的突发事件,必要时应同系统开发人员或软硬件供应商共同解决。

3. 信息系统访问安全控制

会计信息系统是一个开放的系统,系统内部和系统外部都可能存在威胁。安全控制的目的就是要保证会计信息系统资产的安全,减少随意接触资产与非法访问可能给系统带来的损失。

(1)操作安全控制。

企业应当建立账号审批制度,加强对重要业务系统的访问权限管理,定期对系统中的账号进行审阅,避免存在授权不当或非授权账号。对于发生岗位变化或离岗的用户,用户部门应当及时通知系统管理人员调整其在系统中的访问权限或者关闭账号。对于超级用户,企业应当严格规定其使用条件和操作程序,并对其在系统中的操作全程进行监控或审计。

(2)用户识别控制。

企业应当对信息系统操作人员的上机、密码和使用权限进行严格规范,建立相应的用户管理制度,加强对重要业务系统的访问权限管理,避免将不相容职责授予同一用户。

企业应当采用密码控制等技术手段进行用户身份识别。对于重要的业务系统,应当采用数字证书、生物识别等可靠性强的技术手段识别用户身份。

(3)加密存储控制。

操作员口令和操作日志应采用密码的形式存储,并只能允许系统管理员随时和定期打印输出。企业应当对所有的重要信息进行密级划分,包括书面形式和电子媒介形式保存的信息。根据信息的重要性程度和泄密风险损失等划分标准,企业可以将信息分为机密类、秘密类和重要类等,并建立不同类别信息的授权使用制度。

(4)备份恢复控制。

企业应当建立系统数据定期备份制度,明确备份范围、频度、方法、责任人、存放地点、有效性检查等内容。会计信息系统首次上线运行时应当完全备份,然后根据业务频率和数据重要性程度,定期做好增量备份。数据正本与备份应分别存放于不同地点,防止因火灾、水灾、地震等事故产生不利影响。企业可综合采用磁盘、磁带、光盘等备份存储介质。

(5)网络安全控制。

在IT环境下,所谓系统的"内部"控制,已是一个相对的概念。要有效地实现企业内部控制的目标,必须把内部控制从企业网的小内部扩展到互联网的大内部,也就是说,同时还要对企业内联网以外的系统空间进行控制。

企业应当采取安装安全软件防范信息系统受到病毒等恶意软件的感染和破坏。特别注重加强对服务器等关键部位的防护;对于存在网络应用的企业,应当综合利用防火墙、路由器等网络设备,采用内容过滤、漏洞扫描、入侵检测等软件技术加强网络安全,严密防范来自互联网的黑客攻击和非法侵入。对于通过互联网传输的涉密或者关键业务数据,企业应当采取必要的技术手段确保信息传递的保密性、准确性、完整性。

4. 硬件控制

计算机的硬件是系统运行的基本设备。企业应建立信息系统相关资产的管理制度,保证电子设备的安全。硬件和网络设备不仅是信息系统运行的基础载体,也是价值昂贵的固定资产。企业应在健全设备管理制度的基础上,建立专门的电子设备管控制度,对于关键信息设备(例如银行的核心数据库服务器),凡未经授权,不得接触。

8.4.2 应用控制

应用控制和具体的应用系统有关,是为确保数据处理完整、正确而实施的控制,涉及各种类型的业务。而每种业务及其数据处理有其具体的内容,如账务处理子系统与成本核算子系统控制的具体内容不同,但它们有共同的一面,即都包括数据输入、数据加工处理和数据输出三个过程,如图8-1所示。从这一共性出发,可将应用控制划分为输入控制、处理控制和输出控制。

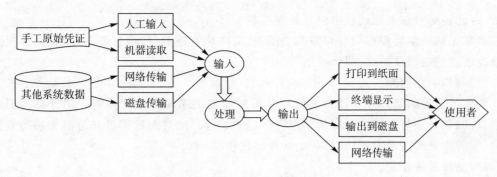

图 8-1 计算机处理过程

1. 输入控制

数据输入是一项较为复杂的工作,当手工操作与计算机操作混合使用,系统职能部门与其他部门业务往来繁杂、最易发生错误,输入信息是会计信息系统的数据信息源头,无效信息的输入会产生大量的数据垃圾,因而需要设置大量的控制措施加以防范。此外,在输入阶段错误数据的修改较为容易,但如果错误直到处理或输出阶段才被发现,那么就不好修改了。从国内外的实践来看,大部分计算机犯罪都是从输入过程做文章,利用输入控制的薄弱环节来达到非法的目的。美国学者阿兰的一项研究表明,在156项计算机犯罪案例中,有108项案例涉及罪犯对输入业务的非法改动。由此可见,输入控制是应用控制中最为关键的环节。

输入控制就是要保证输入会计信息系统数据的有效可靠,其目标是确保会计信息系统数据采集的合法性、准确性和完整性。只有输入正确的数据,才能进行正确的处理。输入控制要确保:经济业务在由计算机处理之前需经过批准;经济业务没有被遗漏、添加、重复或不正当地更换;经济业务被准确地转换为机器可读的形式并记录在数据文件中;拒绝、改正不适当的经济业务,必要时,及时重新补救。

输入控制常用的控制方法包括:建立科目名称与代码对照文件,以防止会计科目输错;设计科目代码校验,以保证会计科目代码输入的正确性;设立对应关系参照文件,用来判断对应账户是否发生错误;试算平衡控制,对每笔分录和借贷方进行平衡校验,防止输入金额出错;顺序检查法,防止凭证编号重复;二次输入法,将数据先后两次输入或同时由两个人分别输入,由程序将两次输入进行一一核对,凡不一致的则拒绝接受并强制修改等。

在数据输入前,应保证原始数据的真实性、可靠性。如果不能保证原始数据的准确,那么以后的一切控制都是徒劳的,所以在数据输入前,会计人员必须在机外对原始数据进行合法性和真实性的审核,只有经过审核无误的原始数据才能输入计算机中。

2. 处理控制

处理控制的主要目的是保证数据计算的准确性、数据传输的合法性以及保证会计处理流程的正确性和有效性。这种控制往往是通过预先编好的计算机程序实现的。数据输入计算机后,按照预定的程序进行加工处理,处理过程中极少有人工干预,虽然一般控制和输入控制在一定程度上保证了数据处理的正确性和可靠性,但是计算错误、用错文件、用错程序、输入数据错误在输入过程中没被检查出来等情况同样会导致处理结果不正确,因此还必须在处理过程中设置处理控制。

最常见的数据处理控制有勾稽关系控制、文件标签控制、数据合理性控制、修改权限与修改痕迹控制以及防错、纠错控制等。

(1) 勾稽关系控制。

勾稽关系控制是针对会计数据处理结果的相互关系所设置的控制。如计提折旧处理后,折旧累计额与净值之和应与固定资产总额相等。通过对这类具有勾稽关系的数据项目,与数据处理结果相互核对,防止处理出现错误。

(2) 文件标签控制。

文件标签分为内部标签和外部标签,系统在对文件进行处理之前,检查文件的标签,如果是指令要求处理的文件,则进入下一步的处理过程,否则给出错误提示。标签校验既可以由系统软件执行,也可以由应用程序来执行。

(3) 数据合理性控制。

数据合理性控制是指系统通过对某些数据有效范围校验所进行的控制。如检查字段的类型是否正确,字段的取值是否在正常的范围之内等。这种检验一般是根据程序中的预先设定来检查的。在程序设计时,应根据用户各种业务的正常变化范围,规定其变化限度,作为程序运算中一个必要的逻辑判定步骤。如账务系统中的"库存现金"和"银行存款"不能出现负数,若出现超过限值的情况均作为错误显示出来。

(4) 修改权限与修改痕迹控制。

即对已入账的凭证,系统只能提供留有痕迹的更改功能,对已结账的凭证与账簿、计算机内账簿生成的报表数据,系统不提供更改功能等。

(5) 防错、纠错控制。

防错、纠错控制是指系统要防止或及时发现在处理过程中数据丢失、重复或出错的控制措施。在进行重要处理前,会计软件应自动在硬盘上备份本次操作要更新的重要数据文件,以防误选该操作或操作过程中意外中断而造成数据混乱并无法恢复。

3. 输出控制

虽然输入控制和处理控制已经基本上保证了会计数据的准确性,但这仍然不能保证数据输出完整、正确。因此,还有必要制定输出控制制度。输出控制是指对系统输出结果进行的控制,是应用控制的最后一道控制措施,其目的是保证输出信息的正确性,并且确保输出的信息只能提供给经过授权的使用者。

输出数据控制一般应设立专人(审核员)审核所有输出资料,检查输出数据是否与输入数据相一致,输出数据是否完整,输出结果是否正确;应设置输出权限,信息系统的输出可以用写入存储器输出、屏幕显示输出或打印输出,任何一种输出方式都要设立相应的权限控制,任何人未经批准授权,不得执行输出指令或接触相关机密文件。另外,文件传输应安全正确,对数据的发送对象、份数应有明确的规定,以确保输出结果能送发到合法的输出对象;由专人负责收集、登记、分发、核对和保管输出的纸介质的会计资料,检查其完整性、正确性、打印的账簿和报表号是否连续、有无缺漏或重叠现象,采用各种技术手段保证数据在传输过程中的准确、安全、可靠。

本章小结

企业会计信息系统的建设是一项复杂的系统工程,涉及企业的各个方面、诸多业务环节。首先,企业要站在战略的角度上制定会计信息系统建设的发展规划,然后对企业应用软件进行选型,结合企业实际情况配置硬件和软件,对相关人员展开培训,做好相关基础工作,最终实施会计信息系统。为保证会计信息系统的正常运行,必须加强对会计信息系统的管理,既要从宏观着手,还要从微观着手,进行会计信息系统的操作管理、硬件和软件管理、会计档案管理等。计算机应用对会计内部控制产生了很大的影响,会计信息系统应该从环境和具体处理过程两方面展开控制,即是一般控制和应用控制。会计信息系统的一般控制主要包括组织控制、信息系统开发、变更与维护控制、信息系统访问安全控制以及硬件控制等方面;应用控制分为输入控制、处理控制和输出控制。

思考与练习

一、名词解释
1. 会计信息系统发展规划的制定原则
2. 内部控制整体框架
3. 企业风险管理框架
4. 内部控制要素
5. 一般控制
6. 应用控制
7. 会计信息系统访问安全控制
8. 会计信息系统岗位责任制
9. 控制活动
10. 内部环境

二、单选题
1. 通常系统切换不包括(　　)。
   A. 直接方式　　　　B. 并行方式　　　　C. 逐步方式　　　　D. 间接方式
2. 内部控制的最初形式是(　　)。
   A. 共同管理　　　　B. 交叉检查　　　　C. 内部牵制　　　　D. 交叉控制
3. 审计委员会直接对(　　)负责。
   A. 董事会　　　　　B. 监事会　　　　　C. 股东大会　　　　D. 总经理
4. 对于金额重大、重要性高、技术性强、影响范围广的经济业务与事项,应当实行(　　)。
   A. 集体决策审批　　　　　　　　　　B. 总经理审批
   C. 董事长审批　　　　　　　　　　　D. 财务总监审批
5. (　　)不属于控制活动。
   A. 授权审批控制　　　　　　　　　　B. 机构设置及权责分配
   C. 不相容职务分离控制　　　　　　　D. 财产保护控制
6. 企业内部控制自我评价是内部控制(　　)的一项重要内容。

A. 信息与沟通　　　B. 风险评估　　　C. 内部监督　　　D. 控制活动

7. 会计信息系统的一般控制包括（　　）。

A. 输入控制　　　B. 硬件控制　　　C. 处理控制　　　D. 输出控制

三、多选题

1. 制定会计信息系统发展规划的原则包括（　　）。

A. 实用性原则　　　B. 阶段性原则　　C. 领导负责原则

D. 系统性原则　　　E. 适用性原则

2. 企业可以从（　　）取得会计软件。

A. 购买商品化会计软件

B. 使用上级主管部门推广的会计软件

C. 自行开发会计软件

D. 购买商品化会计软件与自行开发会计软件相结合

3. 会计软件必须通过了（　　）的评审。

A. 省级财政部门　　　　　　　　B. 市级财政部门

C. 县级财政部门　　　　　　　　D. 省级以上财政部门

4. 内部控制的发展经历了（　　）。

A. 企业风险管理框架阶段　　　　B. 内部控制阶段与内部牵制阶段

C. 内部控制整体框架阶段　　　　D. 内部控制结构阶段

5. 企业风险管理框架与内部控制框架相比，增加了（　　）要素。

A. 风险评估　　　B. 风险反应　　　C. 目标制定　　　D. 事项识别

6. 按照控制对象的范围和环境，可以将会计信息系统的内部控制分为（　　）。

A. 一般控制　　　B. 应用控制　　　C. 人工控制　　　D. 程序控制

7. 企业在进行信息系统开发时应遵循（　　）。

A. 因地制宜原则　　　　　　　　B. 领导负责原则

C. 成本效益原则　　　　　　　　D. 理念与技术并重原则

8. 会计信息系统常见的预防性措施包括（　　）。

A. 自动备份　　　　　　　　　　B. 日常检测

C. 设立容错冗余　　　　　　　　D. 编制意外计划

9. 最常见的数据处理控制有（　　）。

A. 文件标签控制　　　　　　　　B. 数据合理性控制

C. 修改权限与修改痕迹控制　　　D. 防错、纠错控制

四、简答题

1. 如何制定会计信息系统发展规划？
2. 企业风险管理框架与内部控制框架相比，有哪些进步？
3. 内部控制构建应遵循怎样的原则？
4. 内部控制是什么？
5. 计算机应用对内部控制存在怎样的影响？
6. 举例说明什么是不相容职责。
7. 如何对会计信息系统进行管理？

第9章 会计信息系统审计

□学习目标

计算机及网络技术的高速发展,传统的手工会计系统已被以计算机为载体的会计信息系统所代替。这一转变使审计对象发生了巨大的变化。计算机在审计领域的应用为审计工作现代化奠定了坚实的基础。通过对本章的学习,使学生了解会计信息系统审计的概念、内容,掌握会计信息系统对审计工作的影响以及会计信息系统审计的一般程序和技术方法。

9.1 会计信息系统审计(Accounting Information System Audit)概述

21世纪是人类历史上信息化突飞猛进的世纪,随着计算机与网络技术的迅猛发展,经济的全球一体化、网络化和数字化正从根本上改变人类社会的生活方式。电子商务电子政务与企业信息系统的建立使社会经济和管理活动发生着革命性的变化。审计作为维护市场经济秩序、管理与监督经济活动的重要手段,必然受到信息时代发展的深刻影响。特别是随着经济的发展,审计对象发生变化:由单一型向集团化发展,由单项管理向多项、综合型的 MIS 管理发展。相形之下,传统审计的手段之落后,已无法适应审计对象的变化,因此未来审计的发展趋势是会计信息系统的审计。

会计信息系统审计,又称为"计算机审计",广义地讲,是指审计组织以信息技术为手段,组织计划审计项目、实施审计的全过程,以及以确认审计风险或评价企业信息战略、优化组织运营为目标,对组织营运所依赖的信息系统进行独立、客观确认和咨询活动。会计信息系统审计的内容包括两方面:一是以信息技术为手段,所开展审计工作的过程,即常说的计算机辅助审计技术(CAAT);二是指审计部门以组织信息系统为对象,以风险评估或内部控制检查为手段,对该系统所产生会计信息的真实、合法性作出确认,或通过优化企业信息管理,增强企业的核心竞争能力,即常说的信息系统审计或 EDP 审计。

会计信息系统形成以后,审计的许多方面都发生了较大变化,可以说会计数据处理的信息化是会计信息系统审计产生的直接原因。计算机审计不仅可以减轻审计人员繁重的审计文书和资料处理的负担,还可以编制审计程序直接审计应用程序和数据文件,通过计算机网络能迅速地获取手工条件下无法收集的审计证据,会计信息系统审计正是在这种情况下产生的。会计系统随着计算机技术的进步而发展,审计则随着计算机技术的进步和会计系统的发展而发展,研究计算机应用对审计工作的影响,这对于适应审计对象的发展,丰富审计工作的内容,掌握新的审计技术和方法,更好地开展新形势下的审计工作有重要意义。

9.1.1 会计信息系统对审计工作提出了新的挑战

会计信息系统形成后,改变了会计核算系统的工作方式,提高了会计核算工作的效率和准确性,然而给审计工作提出了新的挑战,传统的审计方法已经不适应会计信息系统的会计核算工作,如何跟上会计信息系统变革步伐是审计工作亟待解决的问题。当审计人员对会计信息系统进行审计时会遇到许多问题,归纳起来有以下几个方面:

1. 审计线索的改变

审计线索指在业务处理中对文件的更新情况的记录,它留下了有关文件的所有操作的痕迹,是审计人员把握一项会计数据的来龙去脉,进一步对其进行审查的有效途径。审计线索对审计来说是极为重要的。在手工会计系统中,由原始凭证到记账凭证,从登账到会计报表编制,每一步都有文字记录,都有经手人签字,审计线索十分清楚。审计人员利用上述资料能从原始业务开始,追踪到报表中的合计数或将合计数分解为原始数据,并通过这些审计线索来检查和确定这些数字是否正确地反映了被审计单位的经济、业务,检查其财务活动的合法性、合规性和有效性。但是在会计信息系统中,原先审计所必须审查的大量书面资料都存储在磁性介质中,数据处理的全过程在计算机内运行,所需的审计线索除极少部分打印出来以外,绝大部分是审计人员不能直接看见的。虽然管理部门从管理的角度出发,仍然要保留一部分肉眼可见的审计线索,但这些有限的审计线索,无论在形式上还是在内容上都与手工工作条件下有很多不同。另外,会计信息系统中的审计线索极易被销毁或修改,且无明显痕迹。因此,为了保证系统的可审性,在会计信息系统的设计和开发阶段也必须注意到审计的要求,使系统在处理时能留下可追踪的审计线索,以便日后审计人员能跟踪审计线索,完成审计任务。

2. 审计的技术性和审计范围加大

会计信息系统的建立是通过操作人员将原始数据录入计算机内,计算机按照会计核算工作程序所编制的软件进行数据处理,形成会计信息对于该系统处理的结果是否真实可靠,这不仅取决于原始数据及其录入过程,还取决于数据处理过程中所使用的计算机硬件、软件系统以及运行过程和处理流程是否符合要求。因此审计人员既要审查会计数据和会计信息,还要审查会计信息系统所采用的计算机硬件、软件、运行过程等方面的问题,这样就加强了审计工作的技术性,扩大了审计范围。

3. 对审计人员提出了更高的要求

在会计信息系统中,由于审计线索、内部控制、审计内容和审计技术的改变,决定了对审计人员的要求更高。不懂得使用计算机、没有计算机和会计专业知识的审计人员,会因为审计线索的改变而无法跟踪变化了的审计线索进行审计;会因为不懂得会计信息系统的特点、风险及其应有的内部控制而不能识别、审核和评价其内部控制,尤其是其程序化的控制;会因为不懂得使用计算机而无法对计算机系统的功能进行审查或利用计算机进行审计。对会计信息系统的审计要求审计人员有更高的技术素质和知识水平。为能在会计信息系统中更好地执行审计监督任务,审计人员不仅要有会计、审计、经济、管理、法律等方面的知识,更要掌握计算机和会计方面的知识和技能。审计人员要了解会计信息系统的特点和风险以及怎样才能有效地降低这些风险,要懂得如何审计计算机系统,要能够利用计算机进行审计。为了能有效地利用计算机进行审计,审计人员可能还要开发或协助开发各种辅助审计软件,会计信息系统的发展要求审计人员进入到计算机审计这个新领域。

4. 内部控制方法有待进一步完善

会计系统信息化以后,内部控制的重点由会计人员和会计业务部门转移到电子数据处理部门,财会人员对交易活动的直接监督减少了,原内部控制体系难以适应这种变化。计算机数据处理的集中性、连贯性,使大部分职权分割的控制作用近于消失,数据存储载体的改变及其共享程度的提高,又使手工会计中的账簿控制体系失去原有的作用。在这种情况下,内部控制一方面要加强,另一方面要采用新的方式。对于会计信息系统,内部控制按实施环境可分为一般控制和应用控制。一般控制是普遍适用于计算机数据处理的控制,包括组织控制、操作控制、系统安全控制等。应用控制是在运用计算机进行会计数据处理过程中所实施的内部控制,包括输入控制、处理控制及输出控制。

5. 对审计标准和准则产生了影响

传统方式的审计已经在长期工作实践中形成了一套系统、完整的审计标准和审计准则。如审计人员标准、现场作业标准、审计报告标准等等。对于被审计单位的各种问题,具有相应的工作方法和处理措施。在会计信息系统中,原有审计的标准和准则很难与出现的新情况相适应。由于审计对象与审计线索的改变,与之对应的工作方法和处理措施也要发生相应的变化。这就要求审计标准与审计准则要补充新的内容,如内部控制审计准则,审计应用软件标准、会计信息系统审计人员培训考核标准等等。

综上所述,会计信息系统向审计提出了新挑战和新任务,传统的手工审计已不能适应会计信息系统的新情况和新要求,学习、研究和开展会计信息系统审计是我们当前一项迫切的新课题和新任务。

9.1.2 会计信息系统审计的特点

1. 审计范围的广泛性

由于会计信息系统投入使用后,对它进行修改,要比在系统开发、设计阶段进行修改困难得多,代价也要昂贵得多。因此,除了要对投入使用后的会计信息系统进行事后审计外,审计人员还要对系统进行事前审计和事中审计。因此,会计信息系统的审计范围比传统的手工审计更为广泛。

2. 审计线索的隐蔽性、易逝性

如前所述,在会计信息系统中,审计需要跟踪的审计线索大部分存储在某种介质上,这些线索是肉眼直接不可见的,既容易被更改、隐匿,也容易被转移、销毁和伪造。在审计中,如果操作不当,很可能破坏系统的数据文件和程序,从而销毁了重要的审计线索,甚至干扰被审系统的工作。

3. 审计证据的动态性

在大中型企事业单位中,会计信息系统是一个不可缺少的神经系统,系统如果停止工作,有时会直接影响单位的生产经营活动。例如,有些企业的会计信息系统每天都要结算成本和利润,进行生产动态分析,为领导进行预测和决策提供参考。在这些企业中,系统如果停止运行,会给企业带来巨大的经济损失。因此,对会计信息系统的审计,往往是在系统运行过程中进行审计取证,审计人员一方面要及时完成审计任务;另一方面又要不干扰被审系统的正常工作,这就给审计工作增加了很大的难度。

4. 审计内容的系统性

由于数据处理的自动化水平大大提高,系统的最终输出完全是整个信息系统运行的结果,只有从构成信息系统的各因素,如输入数据、硬件、软件、机内文件进行系统的分析和检查,才能确定输出结果的正确性。同时,在会计信息系统集成化程度越高的企业,各子系统构成一个有机整体,数据的共享性很强,对它的审计必须具有较强的系统性。

5. 审计技术的复杂性

由于不同单位的计算机设备各式各样,所配备的系统软件和财务软件也不尽相同,不同单位对同一业务可以选择不同的会计政策,加上审计工作具有很强的技术性,决定了会计信息系统审计工作的复杂性。

9.1.3 会计信息系统审计的目的

审计按其目的来划分,可以分成三个领域,即财务会计审计、财经法规审计和经济效益审计。财务会计审计的主要目的是保护资产和保证财务信息的质量;财经法规审计的主要目的是揭露违法乱纪的行为,维护社会和国家利益;经济效益审计的根本目的是通过对被审单位的经济活动的效率、效果和效益的检查、分析、评价以及提出建议,以促使其提高经济效益。会计信息系统的审计目的也应包括这三方面的内容,具体表现为:

1. 保护资产的安全

会计信息系统审计通过对内部控制的检查、测试和评价,可以暴露内部控制的弱点,并有针对性地提出加强财产物资安全保护的建议。通过账、证、表与实物的查证和核对,杜绝或防止损坏和盗窃各项资产的现象,为资产的安全提供可靠的保证。会计信息系统审计增加了对机房及机房内的各种计算机软硬件设备的保护,当然还应包括系统中的各种应用程序、文档、备份和各种数据资源的保护。

2. 保证信息的正确可靠性,促进被审单位提高经济效益

会计信息系统审计应通过各种有效的方法和计算机程序,来审查和证实系统所提供的信息是否真实、正确、合法,是否适当、公正和全面地反映了被审单位的财务状况和经营成果,审计人员通过对被审单位经济活动的效率、效果和效益的检查、分析、评价,除了起到鉴定、公证作用外,还应该提出合理化建议,促使其改善经营管理,提高企业的经济效益和市场竞争能力。

3. 维护财经法规,保护社会和国家的利益

随着计算机技术的广泛应用,计算机舞弊事件也会相应地增加,其手法将越来越隐蔽,给社会和国家带来的损失也会越来越大。加强对会计信息系统审计对揭露和防止计算机舞弊事件、揭露和防止贪污腐化等违法乱纪行为,清除各种腐败现象,维护社会主义财经纪律,保护社会和国家利益,必将起到重要的作用。

4. 促进被审单位计算机应用效率和效益的提高

计算机应用技术性强、对系统工作人员的要求高,是企业管理现代化的重要内容之一。会计信息系统审计人员亦应对数据处理系统的效率和效益作出评价,提出合理化建议,使系统的各项资源得到充分的利用,提供各方面满意的信息服务,以提高企业管理水平并取得最佳的经济效益。

5. 促进内部控制系统的不断完善

会计信息系统比手工会计系统更为复杂,没有完善的内部控制措施或不能严格执行,就难以保证系统输出信息的正确可靠性,就难免发生计算机舞弊和犯罪事件。相反,有完善的内部控制功能并认真执行,就完全可以杜绝或减少计算机舞弊的可能性,完善的内部控制措施对会计信息系统来说比手工会计系统更为重要。同手工审计一样,会计信息系统审计也是以研究和评价内部控制系统为基础的,这一方面为确定进一步审计的重点、范围提供依据,另一方面可以对改善系统的内部控制提出意见,促使被审单位加强系统的内部控制。

9.1.4　会计信息系统审计的内容

会计信息系统与手工会计系统不同,它是由会计数据体系、计算机硬件和软件以及系统工作和维护人员组成,所以,会计信息系统审计的内容与手工会计系统也存在着较大的差异,按审计的具体目的不同,会计信息系统审计的内容主要包括内部控制系统审计、系统开发审计、应用程序审计及数据文件审计。

1. 内部控制系统审计

内部控制系统的审计主要包括两方面:一方面是对会计信息系统内部控制的测试;另一方面是对被审计单位各种交易事项或各项业务循环的内部控制进行测试。

(1)会计信息系统内部控制的测试。

测试内容包括一般控制测试和应用控制测试。测试有两种目的:一是为了在内部控制系统进行审计的基础上对会计信息系统的处理结果进行审计;二是为了完善会计信息系统。

(2)各项业务循环内部控制测试。

测试内容包括:销售与收款循环测试、购货与付款循环测试、生产循环测试、筹资与投资循环测试及货币资金测试等。当然,不同的行业、不同的企业其业务循环的划分不尽相同。因此,针对具体的被审计单位其测试内容也不尽相同。测试的目的,是为了评价各业务循环内部控制的设计是否完善,是否得到有效执行,亦即是评价内部控制的可信性,从而决定实质性测试的时间、性质与范围。

对内部控制测试一般应经过以下几个阶段:一是初步了解与评价阶段;二是详细测试与评价阶段;三是进行最终评价拟出实质性测试程序。

2. 系统开发审计

系统开发审计是指对会计信息系统开发过程进行的审计,它是直接针对从事应用程序及文件开发、修改的系统分析员、程序设计员的行为。系统开发过程的内部控制措施直接影响了应用系统的可靠性。审计所关注的三个领域包括:系统开发标准、项目管理与程序变化控制。使用的主要审计方法是检查和测试相关的文档,可以通过观察文档、面询的方法完成。

系统开发标准是控制应用系统设计、开发、实施等过程的文档。信息系统的综合控制是确保系统开发标准的存在。开发标准用于确保在应用系统中选择、实施到应用控制,从而使应用系统能够提供充足的审计线索,具有足够的可操作性和可维护性。项目管理控制在应用系统开发过程中用于测量、控制开发进度。程序变化控制用于防止未经测试和认可的程序被安装在运行环境中。系统开发审计同时也是审计人员参与系统的规划、分析、设计和调试的过程,其意义在于:

(1)审计人员可借此熟悉系统的结构、功能、控制措施;
(2)审计人员可借此了解系统控制的强弱;
(3)通过吸纳审计人员的建议,使系统更加可靠,更具有可审性;
(4)可以让审计人员安插审计程序段,便于今后开展审计;
(5)可以让审计人员审核系统内置的会计程序与会计方法的正确性与合法性。

系统开发审计一方面要检查开发活动是否受到恰当的控制,以及系统开发的方法程序是否科学、先进和合理;另一方面还要检查系统开发过程中是否产生了必要的系统资料和凭证,以及这些资料和凭证是否符合规范。

3. 应用程序审计

会计信息系统的核心就是会计软件,会计软件程序质量的高低,直接决定了会计信息系统整体水平的高低,在这部分里主要审计会计软件程序对数据进行处理和控制的及时性、正确性和可靠性,以及程序的纠错能力和容错能力。会计软件程序是人与机器联系的纽带,实际上是计算机的灵魂。各单位处理经济业务的目的、原则和方法,都体现在计算机程序之中,这些单位是否执行国家的方针政策,处理会计事务是否符合财经制度和纪律,也往往在计算机程序中体现出来。例如,企业成本开支范围、成本计算方法等等都反映在程序之中,因此,应用程序审计既是会计信息系统审计的重要内容,也是审计中较为复杂的任务。对应用程序审计,可以对程序直接进行审查,也可以通过数据在程序上的运行进行直接测试。对程序进行直接审查,可借助流程图作为工具,用标准的图形、符号等来反映程序的处理逻辑。在对程序进行间接测试时,往往需要设计测试数据,这种测试数据可以是真实的数据,也可以是模拟的数据。

应用程序审计有两个目的:一是测试应用控制系统的符合性;二是通过检查程序运算和逻辑的正确性达到实质性测试的目的。一般是为了测试应用控制系统的符合性。测试应用控制系统的符合性是指对嵌入应用程序中的控制措施进行测试,看它们是否按设计要求在运行和起作用。

4. 数据文件审计

数据文件是会计信息系统的处理结果。在会计信息系统中,会计凭证、会计账簿和会计报表均以数据文件的形式存储于一定的介质上。

计算机在处理会计事务或其他事务时,往往要调用原先存储在计算机内的文件,或者将处理结果存储在机内供日后调用。这些文件平时一般不能看到,却是会计信息系统处理的重要内容。有时输入数据是正确的,程序也是正确的,但所调用的机内文件是错误的,则处理结果也要出错。对计算机文件的审计,可以将该文件打印出来进行检查,也可以在计算机内直接进行检查。这就要编制一些审计程序来测试文件的内容。

数据文件审计也有两个目的:一是对数据文件进行实质性测试;二是通过数据文件的审计,测试一般控制措施或应用控制措施的符合性。但数据文件审计主要是为了实质性测试。对数据文件进行实质性测试,包括两个方面:一方面是对各会计账户余额和发生额直接进行检查,确定项目是否漏记、资产计价是否正确、会计分录是否恰当、会计事项的分期是否妥当、总账余额与明细账余额是否相符等等;另一方面是对会计数据进行分析审核,即通过比率分析、趋势分析,检查有无例外情况和异常变动,从中找出不符合会计制度、原则的会计处理或错误的会计处理。

5. 信息中心的审计

通常对信息中心的审计要在应用审计之前进行,以确保应用运行的综合环境的完整性。对信息中心的审计主要关注三个方面:环境控制、灾难恢复计划和信息中心的管理控制。

环境控制保证主机—终端系统中存放大型机的机房保持适当的温度、湿度,有持续的电源供应,具有防火、防水设施,以及数据、报告、计算机程序的物理访问安全。

灾难恢复计划中应指明在发生紧急情况下,谁来负责紧急行动计划、设备和数据备份计划以及恢复过程控制。

信息中心日常运营的管理控制包括用于预算设备负荷的技术、项目使用统计、人员需求预算与计划、设备需求计划等。

需要说明的是,上述各方面并非相互独立的,对会计信息系统提出全面的审计意见,往往需要同时涉及上述各个方面。

9.2 会计信息系统审计的发展

会计信息系统审计是对被审计对象所采用的计算机化的信息系统的安全性、可靠性进行了解、测试与评价,并对信息系统对财务报告的影响作出判断或单独提出信息系统审计报告的过程。对会计信息系统审计发展历史的了解,应该从企业信息化的发展和审计本身的发展两个方面考察,以了解会计信息系统审计发展的必然趋势。

9.2.1 会计信息系统审计的发展

1. 会计信息系统审计是企业信息化发展的必然要求

(1)手工处理。

企业内部的信息处理最初是以手工处理的方式进行的。一个企业的会计部门,通过不同岗位之间的分工协作,将企业在日常经营活动中产生的财务资料进行加工处理,形成企业内部和外部需要的各种会计信息。这种手工系统的特点是以人为处理工具和以纸张为信息的载体。在这种情况下的审计方式毫无疑问是手工的形式,审计的对象也是人和纸质文档。

(2) 部分计算机处理。

随着计算机的普及尤其是微型计算机价格下跌，一些企业开始用计算机来处理部分会计资料。如：企业内部自行开发的工资管理程序、固定资产管理程序等，逐步用机器来代替了部分的人工劳动。这是上个世纪80年代末期和90年代初期的一种景象。这时，由于有电子数据的存在，已经为电子数据处理审计业务提供了可能。但由于计算机处理的范围还比较小，审计人员完全可以忽略计算机的存在，直接对打印出来的纸质文档进行审计。

(3) 会计系统全面计算机化。

20世纪90年代中期以后，会计电算化工作在我国得到大规模的普及，企业的会计信息系统已经全面实现计算机化。这时的审计人员已经开始意识到计算机审计的重要性，但这时人们对计算机审计的认识还停留在对电子数据的采集和分析阶段，计算机系统的控制问题还未得到应有的重视。

(4) 会计信息系统的集成化。

20世纪90年代后期至今，会计电算化已逐步走向成熟，而企业的信息化建设并没有就此停止，以ERP为代表的企业信息系统的高度集成逐渐开始兴起。这时的企业信息系统不仅仅是一个个孤立的系统，而是集财务、人事、供销、生产为一体的综合性的系统，财务信息只是这个系统所处理信息的一部分，单独的财务系统已不存在。而这时的审计人员只有对整个系统全面了解，才能把握审计对象的总体情况。

从企业信息化的发展历史可以看出，由于审计人员所面临的审计对象在不断变化，促使审计的方式随之改变，会计信息系统审计也就在这种历史背景下应运而生。

2. 会计信息系统审计是审计理论与技术发展的必然结果

随着审计理论与技术的发展，审计模式经历了详细审计、系统基础审计和风险基础审计三个阶段。现代审计十分强调对系统控制的依赖。它的基本观点是：设计上合理并且得到执行的控制制度是我们相信财务信息的重要依据。对于控制得好的领域，我们分配较少的审计资源；控制较弱的领域，分配较多的审计资源；如果控制不可依赖，我们则跳过控制测试环节，直接对账户余额和交易发生额进行测试。

在手工会计系统中，系统的控制完全是由人工完成的，对系统控制的了解和测试也可以由普通审计人员运用一般的财务审计知识来完成。由于计算机化的信息系统的介入，信息系统的控制越来越多地由计算机来完成，ERP的实现甚至改变了手工环境下的管理方式及业务流程，一般的财务审计知识已无法满足对系统和系统控制进行了解及测试的需要。而由于会计信息系统的运用，使得审计人员对系统控制更加依赖，直接对如此庞大的数据量进行审计已经是不可想象的。对ERP系统审计因此也从财务审计的一个可以省略的环节成为不可缺少的工作内容，甚至可以独立作为一项审计的任务。从企业信息化及审计理论与技术两条发展轨迹来看，我们可以得出这样的结论：会计信息系统审计是审计技术与信息技术共同发展的必然产物。

随着信息系统审计的发展，导致了这方面专业组织的产生。"信息系统审计与控制协会（ISA）"1969年在美国成立，从1978年开始，该协会推出"注册信息系统审计师

(CISA)"的考试与资格认证,在全世界范围内得到广泛的认可,成为信息系统审计发展的重要标志。

9.2.2 我国会计信息系统审计面临的问题

在我国会计信息系统审计工作才刚起步,对会计信息系统的安全与控制的问题还没有充分的认识。从逻辑上讲,对系统的依赖是现代审计的基本策略,如果被审计单位全面建立了会计信息系统,而审计人员又没有对信息系统进行了解和审计,那么这种审计得出结论的可靠性就要受到置疑。整个审计行业,包括政府审计、注册会计师审计与内部审计在这方面所面临的问题日益严峻,已经危及审计行业的生存。"不搞计算机审计,我们就会失去审计的资格"已经逐渐成为审计业界的共识。

1. 审计观念的转变

观念问题也就是认识问题。如果不转换审计观念,将审计的目标局限为查错纠弊,势必将会计信息系统审计与当前中心工作对立起来。把审计仅仅理解为"查账",则对会计信息系统审计的理解也只能停留在计算机辅助审计或辅助审计软件开发及应用的层次上。只有全面树立系统基础审计或风险基础审计的观念,才能真正理解会计信息系统审计的重要意义。审计中发现的很多错弊,都是管理上出了漏洞,也就是系统出了问题。一个管理完善的、控制良好的系统,应该能够防止、发现或纠正自身存在的问题。审计的任务就是帮助被审计者建立、健全这种机制,而不应该是代替被审计者去履行他们的"管理责任"或"会计责任"。

2. 会计信息系统审计的专业人才

开展会计信息系统审计需要一批既掌握会计和审计理论与实务又了解计算机技术的复合型知识结构的专业人才,审计署干部培训中心开展的注册信息系统审计师培养及与之相关的在审计人员中进行计算机知识的培训工作,正是为了适应这一现实需要。但从目前的人员数量和知识结构上看,还远远达不到要求。

3. 行业标准与实务指南

会计信息系统审计发展到一定阶段,必须由行业组织出面将实践经验加以总结,并把有关概念、工作流程和技术方法固定、统一起来,形成行业的标准和规范。这将是信息系统审计进一步发展的基础,也是所有行业发展的共同规律。没有标准和规范,所有的实践活动只能局限在低水平上重复。

9.2.3 我国会计信息系统审计的未来发展前景

未来审计技术发展的动力来自于信息系统审计的发展。这是国外审计界的一个共识。许多大型会计公司在信息技术领域投入很大的资源也正是由于他们看到了这一点。

会计信息系统审计是整个社会信息系统审计中的一个重要的组成。有专家预言,随着企业信息系统所覆盖的领域不断扩大,会计作为一个独立的信息系统将逐渐消失,但这并不意味着审计行业的消失。相反,它对审计提出了更高的要求,审计人员对被审计对象的了解必须更加深入、全面。从注册会计师审计来看,这种趋势导致了更多的增值服务的出现,这些增值服务的业务量已经超过了传统财务报表审计的业务量。从国家审计的角度来看,查错纠弊式的审计,已经越来越不能满足政府和社会公众的要求,这种依赖为信息系统审计提供了十分广阔的发展空间,也代表了审计未来发展的一个重要方向。

正如对财务信息的可靠性的要求造就了注册会计师行业一样,信息社会的到来使得人们对会计信息系统的可靠性更加依赖,并着手准备,踏实工作,积极应对这场审计革命的到来,就一定会把握住这个机遇,使我国的审计事业焕发出更加旺盛的生命力。

9.3 会计信息系统审计技术

会计信息系统审计技术指审计人员用来完成审计任务,实现审计目标的方法。会计信息系统审计技术是信息技术结合其他统计数学方法在审计领域的具体应用的结果。数据库技术在审计领域的应用使审计数据的查询变得容易,网络通讯技术的发展使得审计人员可以随时获得审计数据,改变并影响着现代审计方式方法,审计数据的大量占有以及信息技术在分析计算上的强大功能,推动着审计分析技术向科学化方向迈进,信息技术在信息存储、传递方面的天然优势,推动了审计经验、方法的沟通交流,通过软件程序可以指导规范审计人员按标准的步骤完成工作,保证审计的质量。

9.3.1 会计信息系统审计技术

目前会计信息系统审计技术主要有:

1. 数据的算查比

具体内容是会计数据的重算、会计数据的检查及核对,是审计的基本手段之一。在传统的手工审计中,当业务量较大时,翻阅检查各种明细账簿、记账凭证往往较困难,只能依据综合判断抽样检查,易造成审计风险,而在会计信息系统审计中,利用计算机软件在数据检索、计算及对比方面的强大功能,进行算、查、比,使得工作效率和数据的处理能力有了质的飞跃。

2. 审计分析技术

又称分析性复核或分析程序或经营业绩指标复核及比较审计等,它是通过分析财务数据之间及财务数据与非财务数据之间的关系取得审计证据的技术。常用的审计分析技术包括:两点比较法、简单合理性测试法、比率分析法、百分率表法、简单时间序列分析法、财务预测法、统计时间序列分析和财务关系统计模型等。

3. 嵌入审计程序

在会计信息系统开发设计阶段,在被审计的应用程序中嵌入为执行特定的审计功能而设计的程序段。该程序段用来收集审计人员感兴趣的资料,并建立一个审计控制文件来存储这些资料,审计人员通过对这些资料的审核来确定被审计程序的处理和控制功能的可靠性。该方法的优点是在被审计单位处理业务的同时获取审计数据,可弥补数据处理后进行审计时难以确定的被审计程序是否是实际应用的程序的缺陷,同时也可弥补事后审计线索不充分的缺陷。但此方法只能用来审查事前考虑到的程序处理和控制,只要应用程序修改了,审计程序段也会随之修改。

4. 程序导向式审计

审计机构通过对各种不同类型的审计项目进行研究总结出适合各类审计项目的基本审计程序,并通过审计程序为指导的审计称为"程序导向式审计",而指导审计人员按标准程序、标准方法完成审计的软件称为"程序导向式审计软件"。

5. 通过审计软件重构会计核算过程

审计软件可以利用计算机运算速度快、计算能力强、具有较强存储能力的特点,在完成数据的采集和转换过程后,依据会计制度、会计准则及会计核算办法,重构会计核算过程,重新生成各种账、表和数据,再与被审单位提供的证、账、表等被审数据进行核查、核对和验算,自动完成顺查以及核对、验算的部分审计过程,根据出现的差异,自动对被审计单位记账凭证、核算过程及核算方法进行验证,由此对会计报表的真实性、合法性、合规性、公允性及一贯性进行审计和评价,并自动保存结果文件。

6. 网络审计

审计所涵盖的内容范围可以从两个方面理解。从狭义角度理解是指审计部门与被审计单位之间联网,在此环境下完成审计准备、审计实施过程中的各项工作。从广义角度理解,是指审计部门除了与被审计单位联网完成审计项目以外,还要与其他经济管理、监督、统计部门,如财政、税务、海关、统计等部门实现联网环境下的信息共享,这样一方面丰富了审计计划、审计准备、审计实施阶段的信息来源,同时审计结果也能为其他部门所获得的信息起到审计鉴证的作用,从而在经济建设中发挥审计应有的作用。

综上所述,随着信息技术的发展和计算机会计信息系统的使用,会计信息系统的审计已属必然趋势。因此无论是企业内部审计的需要还是有关审计机构审计工作的需要,作为会计或审计工作者必须顺应时代的需要,提高自身的业务水平和审计软件的应用水平,更好地为实现审计技术现代化服务。

9.3.2 会计信息系统审计程序

会计信息系统审计技术的使用,一方面丰富了传统审计技术的手段,同时使审计各个阶段的工作内容也发生了变化,甚至对审计程序、审计方式都产生了重要影响。例如,从技术手段上看,通过数据库查询检索技术,审计人员可方便快捷地完成大量数据的检查、分析和复核,而使用联网审计技术,审计人员甚至可以随时随地开展对被审计单位的远程联网审计。

按照《审计法》的规定,一般审计程序可分为四个阶段,即准备阶段、实施阶段、审计结论和执行阶段、异议和复审阶段。会计信息系统的审计程序也包括这四个阶段,同时自身的特殊要求,运用本身特有的方法,对会计信息系统进行评价。其具体步骤如下:

1. 审计准备阶段

要求审计人员和信息技术人员提前进入被审计单位了解信息系统开发和使用情况、业务量大小和数据完整程度,以判断是否适合开展会计信息系统审计,风险有多大。由于会计信息系统审计对被审计单位信息化程度、审计组成人员自身业务水平都有较高的要求,因此不是每一个项目都适合会计信息系统审计,如:在当前高素质审计人员缺乏的情况下,会计信息系统审计仅限于金融、财政、税务和大型企业等信息化程度高、业务量大、传统手工审计无法完成的项目上。在确定采用会计信息系统审计方式后,需要详细调查系统结构、业务处理流程、数据存储结构及数据处理流程,从而选择制订数据迁移方案。从被审计单位的系统中下载与审计相关的会计核算数据和业务数据,将数据转入审计软件,以验证数据的合法、有效与完整性。

2. 审计实施阶段

审计人员在信息技术人员的支持和帮助下,使用审计软件或数据处理软件核对、分析并计算相关数据,发现疑点并落实证据获得审计底稿,审计人员可以与信息技术人员合作,根据历史经验或其他地方发现的问题线索,编写出相应的分析检验程序,对审计数据进行处理,发现共有的问题线索,以建立并应用会计信息系统审计分析模型,对会计核算数据、业务处理数据及其相互关系进行分析复核,寻找疑点、落实线索形成工作底稿。

3. 审计结论和报告阶段

该阶段除了利用相关技术统计汇总,整理审计工作底稿、出具审计报告外,还应注意以下内容的存档:被审计单位系统开发及应用情况、业务流程及数据流程文档、与审计相关的数据及数据结构资料、本次审计所建立、应用的审计模型,发现问题的方法和思路以及解决问题的方法及程序或操作步骤等。

4. 异议和复审

被审单位对审计结论和决议若有异议,可提出复审要求,审计部门可组织复审并作出复审结论和决定。特别在被审计单位会计信息系统做了新的改进时,还需要组织后续审计。

☐ 本章小结

会计从传统的手工会计系统进入到会计信息系统,使会计信息系统审计成为历史发展的必然。本章作为《会计信息系统》的拓展内容,简要地介绍了会计信息系统审计的发展、审计特征、审计目的、审计内容及审计的技术方法等基础性知识。构成"会计信息系统审计"的具体内容在本章不便展开,同学们有兴趣请参见《会计信息系统审计》或《计算机审计》等教材。

☐ 思考与练习

1. 会计信息系统对审计工作提出了哪些新的挑战?
2. 会计信息系统审计有何特点?
3. 会计信息系统审计的目的是什么?
4. 会计信息系统审计的内容包括哪些?
5. 会计信息系统审计有哪些技术方法?

附录：上机综合练习资料

一、总账实验资料

(一)公司基本资料

北京市 SC 公司，启用日期：本学期第一月月初，执行 2007 年新会计制度。要求进行外币核算，记账本位币名称为人民币，代码为 RMB。对数量、单价等核算时小数位为2。地址：北京朝阳区管庄路甲2号，法定代表人：张力，邮政编码：100024，联系电话及传真：65791188，电子邮件：SC@yyc.com，纳税人登记号：110108200711013。在进行经济业务处理时，要求对客户和供应商进行分类。

(二)公司财务分工

第一位：账套主管，负责财务软件运行环境的建立，及各项初始设置工作。负责财软件的日常运行管理工作，监督并保证系统的有效、安全和正常运行；审核业务兼负责财务分析；负责总账系统的结账工作。

第二位：软件操作员，负责凭证输入工作和凭证修改查询、凭证记账工作和期末处理工作。

第三位：出纳，负责现金、银行账管理工作和收付款凭证的输入。具有出纳签字权、现金和银行存款日记账的查询和打印权、支票登记权以及银行对账等操作权限。

(三)公司部门档案、职员档案、客户档案、供应商档案

(1)部门档案

编号	名称	部门属性	负责人
1	办公室	管理	张力
2	财务部	财务	赵琳
3	采购部	采购	马同
4	销售部	销售	李维
5	生产车间	生产	李荣

(2)职员档案

职员档案	职员姓名	职员属性	所属部门
1	张力	总经理	办公室
2	赵琳	会计主管	财务部
3	李丹	出纳	财务部
4	夏天	会计(软件操作员)	财务部
5	马同	部门经理	采购部
6	李维	部门经理	销售部
7	李荣	车间主任	生产车间
8	陈燕	工人	生产车间

(3)客户和供应商分类

分类编码	分类名称
01	本地
02	外地

(4)客户档案

代码	单位	单位简称	联系人	电话	地址	邮编	账号	税号
101	方园公司	方园	赵严	6725124	北京丰台	100072	890008-9	11098765
201	北方公司	北方	汪英	4565656	辽宁大连		147008-2	

(5)供应商档案

代码	单位	单位简称	联系人	电话	地址	邮编	账号	税号
101	金城公司	金城	郑辰	6431234	北京海淀		11408-14	
202	汉柏公司	汉柏	丁金	6217437	上海浦东	100081	14404-03	11023456

(四)外币及汇率设置

币符:USD; 币名:美元; 固定汇率:1:8.3;

(五)设置会计科目及余额表

科目代码	科目名称	账类	币别/计量	受控	方向	期初余额
1001	库存现金	现金日记账			借	6 000
1002	银行存款				借	977 000
100201	工行存款	银行日记账			借	562 000
100202	中行存款	银行日记账	美元		借	415 000
1121	应收票据	客户往来		应收		

编码	科目名称	辅助核算	计量单位	方向	期初余额
1122	应收账款	客户往来		借	468 000
1231	坏账准备			贷	1 750
1221	其他应收款	个人往来		借	2 000
1403	原材料			借	818 000
140301	原料及主要材料			借	660 000
14030101	A类			借	430 000
1403010101	A101			借	250 000
		数量金额	吨	借	200
1403010102	A102			借	180 000
		数量金额	吨	借	120
14030102	B类			借	150 000
		数量金额	千克	借	1 600
14030103	C类			借	80 000
		数量金额	千克	借	1 000
140302	辅助材料			借	158 000
1405	库存商品			借	514 600
140501	甲产品			借	514 600
		数量金额	台	借	31
1601	固定资产			借	1 200 000
1602	累计折旧			贷	262 224
2001	短期借款			贷	2 047 168
2202	应付账款	供应商往来		贷	555 750
2221	应交税费			贷	38 850
222101	应交增值税			贷	
22210101	进项税额			贷	
22210102	销项税额			贷	
222102	未交增值税额			贷	38 850
4001	实收资本			贷	3 000 000
4103	本年利润			贷	
4104	利润分配			贷	80 000
5001	生产成本			借	40 000
5101	制造费用			借	

6001	主营业务收入			贷	
600101	甲产品	数量金额	台	借	
6401	主营业务成本			借	
640101	甲产品	数量金额	台	借	
6602	管理费用			借	
6603	财务费用			借	

说明:将"库存现金"科目指定为现金总账科目。

将"银行存款"科目指定为银行总账科目。

将"库存现金、工行存款、中行存款"指定为现金流量科目。

(六)期初余额

(1)其他应收款　　余额:借2 000元

日期	部门名称	个人姓名	摘要内容	方向	金额	业务员
2011.2.15	采购部	马同	个人借款	借	1 000	
2011.2.23	销售部	李维	出差借款	借	1 000	

(2)应收账款　　余额:借468 000元

日期	凭证号	客户	摘要内容	方向	金额	业务员
2011.2.19	转—38	方圆公司	销售商品	借	468 000	

(3)应付账款　　余额:贷555 750元

日期	凭证号	供应商	摘要内容	方向	金额	业务员
2011.2.23	转—36	汉柏公司	购买原材料	贷	555 750	

(七)凭证类别

类别	限制类型	限制科目
收款凭证	借方必有	1001,1002
付款凭证	贷方必有	1001,1002
转账凭证	凭证必无	1001,1002

(八)结算方式

编码	结算方式	是否进行票据管理
1	现金支票	是
2	转账支票	是
3	银行汇票	否

(九)日常业务

SC公司本月份发生的业务如下:

(1)3日采购部马同从金城集团购入原材料100吨,单价1 200元,料款计140 400元,款项均已用工行存款支付,材料已验收入库。(附单据3张,转账支票号001)

借:原材料—A101　　　　　　　　　　120 000
　　应交税费—应交增值税—进项税　　 20 400
　　贷:银行存款—工行存款　　　　　　　　　　　140 400

(2)4日财务部李丹从工行提取现金13 000元。(附单据1张,现金支票号001)

借:库存现金　　　　　　　　　　　　13 000
　　贷:银行存款—工行存款　　　　　　　　　　　 13 000

(3)10日采购部马同报差旅费1 000元。(附单据2张)

借:管理费用　　　　　　　　　　　　 1 000
　　贷:其他应收款　　　　　　　　　　　　　　　 1 000

(4)13日收到远大集团投资的10 000美元(附单据2张,银行汇票111),人民币(10 000×8.3=83 000)

借:银行存款—中行存款—美元户　　　83 000
　　贷:实收资本　　　　　　　　　　　　　　　　 83 000

(5)15日生产甲产品领用A101材料100吨,单价1 250元,A102材料200吨,单价1 500元(附单据1张)

借:生产成本　　　　　　　　　　　　425 000
　　贷:原材料—A101材料　　　　　　　　　　　　125 000
　　　　原材料—A102材料　　　　　　　　　　　　300 000

(6)16日采购部马同从汉柏公司购入原材料(A102)200吨,单价900元,税款30 600元,款项欠,材料已验收入库。

借:原材料—A102　　　　　　　　　　180 000
　　应交税费—应交增值税—进项税　　 30 600
　　贷:应付账款　　　　　　　　　　　　　　　　210 600

(7)18日采购部马同以工行存款还前欠汉柏公司货款125 000元,(附单据1张,转账支票号002)

借:应付账款　　　　　　　　　　　　125 000
　　贷:银行存款—工行存款　　　　　　　　　　　125 000

(8)21日销售部李维收到方园公司转来转账支票1张,归还前欠货款468 000元(附单据2张,支票号:003,)

借:银行存款—工行存款　　　　　　　468 000
　　贷:应收账款　　　　　　　　　　　　　　　　468 000

(9)25日销售部李维向北方公司售出甲产品10台,货款200 000元,增值税34 000元,款项尚未收到。(附单据2张,发票号:1—0321)

借:应收账款　　　　　　　　　　　　234 000
　　贷:主营业务收入—甲产品　　　　　　　　　　200 000
　　　　应交税费—应交增值税—销项税　　　　　　 34 000

(10)26日销售部李维向方园公司出售甲产品8台,货款160 000元,增值税27 200元,款项尚未收到(附单据2张,发票号1—0322)

借:应收账款　　　　　　　　　　　　187 200
　　贷:主营业务收入　　　　　　　　　　　　160 000
　　　　应交税费—应交增值税—销项税　　　　27 200

要求:以"夏天"身份进行填制凭证,凭证查询操作;以"李丹"的身份进行出纳签字,库存现金、银行存款日记账和资金日报表的查询,支票登记操作;最后以"赵琳"的身份进行审核、记账、账簿查询的操作。

(十)银行对账

(1)银行对账期初数据

工行存款,启用日期:2011.03.01,单位日记账的调整前余额562 000,银行对账单的调整前余额562 000。

(2)银行对账单数据

本学期本月份SC公司的银行对账单如下表所示(注意,年月数据由当学期第一个月确定):

日期	结算方式	票号	借方金额	贷方金额	余额
03	2	转账支票001		140 400	421 600
05	1	现金支票001		13 000	408 600
21	2	转账支票003	468 000		876 600

要求:分别实行自动对账和手动对账,查询、输出余额表,并核销已达账。

(十一)自动转账

根据SC公司下列月末结转业务,设置转账分录,并完成结转。

(1)预提短期借款利息

借:财务费用　　　　　　　　　　　　QM(2001,月)*0.06/12
　　贷:应付利息　　　　　　　　　　　　　JG()

(2)摊销报纸杂志费用

借:管理费用　　　　　　　　　　　　3 000/6
　　贷:库存现金　　　　　　　　　　　　　JG()

(3)计算本月应交增值税

借:应交税费—未交增值税　　　　　　QM(22210101,月)
　　贷:应交税费—应交增值税(进项税额)　　JG()

借:应交税费—应交增值税(销项税额)　　QM(22210102,月)
　　贷:应交税费—未交增值税　　　　　　　JG()

(4)计算本月销售成本

借:主营业务成本—甲产品　　　　　　QM(140501,月)/SQM(140501,月)*SFS
　　贷:库存商品—甲产品　　　　　　　　　JG()

(5)结转损益类账户发生额
借:主营业务收入—甲产品　　　　　　　　　FS(600101,月,贷)
　　贷:本年利润　　　　　　　　　　　　　　JG()
借:本年利润　　　　　　　　　　　　　　　　JG()
　　贷:主营业务成本—甲产品　　　　　　　　FS(640101,月,贷)
　　　　管理费用　　　　　　　　　　　　　　FS(66021,月,贷)
　　　　财务费用　　　　　　　　　　　　　　FS(6603,月,贷)
注意:将1~4结转记账后,再结转5。

二、工资管理子系统

(一)实验目的与要求

系统学习工资系统初始化、日常业务处理的主要内容和操作方法;要求掌握建立工资账套、建立工资类别、建立人员类别、设置工资项目和计算公式的方法;了解工资账套与企业账套的区别;掌握工资数据计算、个人所得税计算的方法;掌握工资分摊和生成转账凭证的方法;熟悉查询有关账表资料并进行统计分析的方法。

(二)实验资料

1. 参数设置(建立新账套)

工资类别有两个,工资核算本位币为人民币,不核算计件工资,自动代扣所得税,进行扣零设置且扣零到元,人员编码长度采用3位。工资类别为"在岗人员"和"退休人员",并且在岗人员分布各个部门,而退休人员只属于办公室。

2. 部门设置

办公室、财务部、供应部、销售部、加工车间。

3. 人员类别

企业管理人员、采购人员、销售人员、车间管理人员。

4. 人员附加信息

人员的附加信息为"政治面貌"和"学历"。

5. 工资项目

工资项目名称	类型	长度	小数	增减项
基本工资	数字	8	2	增项
岗位津贴	数字	8	2	增项
福利费	数字	8	2	增项
交通补贴	数字	8	2	增项
奖金	数字	8	2	增项

缺勤扣款	数字	8	2	减项
住房公积金	数字	8	2	减项
缺勤天数	数字	8	2	其他

6. 银行名称

银行名称为"工商银行"。账号长度为11位。

7. 在岗人员档案

职员编号	人员姓名	性别	学历	所属部门	人员类别	银行代发账号
001	张力	男	大学	办公室	企业管理人员	11022033001
002	赵琳	女	大学	财务部		11022033002
003	李丹	女	大学	财务部		11022033003
004	夏天	男	大学	财务部		11022033004
005	马同	男	大学	采购部	采购人员	11022033005
006	李维	男	大学	销售部	销售人员	11022033006
007	李荣	男	大学	生产车间	车间管理人员	11022033007
008	陈燕	男	大专	生产车间	车间管理人员	11022033008

8. 计算公式

缺勤扣款＝基本工资/22＊缺勤天数

销售人员和采购人员的交通补助为200元,其他交通补助为100元。

住房公积金＝(基本工资＋岗位津贴＋福利费＋交通费＋奖金)＊0.08

9. 个人所得税相关项目设置

个人所得税应在"实发工资"扣除"3 500"元后计税。

10. 2010年1月有关的工资数据

职员编号	人员姓名	基本工资	职务补贴	福利补贴	奖金	缺勤天数
001	张力	3 000	2 000	200	800	
002	赵琳	2 600	1 500	200	800	
003	李丹	2 300	1 000	200	800	
004	夏天	1 800	1 000	200	800	3
005	马同	2 000	1 200	200	1 000	
006	李维	2 000	1 200	200	1 200	
007	李荣	2 000	1 200	200	1 100	
008	陈燕	1 200	800	200	1 100	

11. 工资分摊构成设置

按工资总额的14%计提福利费,按工资总额的2%计提工会经费。

计提类型名称	部门名称	人员类别	借方科目	贷方科目
应付工资	办公室	企业管理人员	管理费用—工资	应付职工薪酬—工资
	财务部	企业管理人员	管理费用—工资	应付职工薪酬—工资
	采购部	采购人员	销售费用—工资	应付职工薪酬—工资
	销售部	销售人员	销售费用—工资	应付职工薪酬—工资
	生产车间	车间管理人员	制造费用—工资	应付职工薪酬—工资
应付福利费	办公室	企业管理人员	管理费用—福利费	应付职工薪酬—福利费
	财务部	企业管理人员	管理费用—福利费	应付职工薪酬—福利费
	采购部	采购人员	销售费用	应付职工薪酬—福利费
	销售部	销售人员	销售费用	应付职工薪酬—福利费
	生产车间	车间管理人员	制造费用	应付职工薪酬—福利费
其他应付款	办公室	企业管理人员	管理费用—其他	其他应付款
	财务部	企业管理人员	管理费用—其他	其他应付款
	采购部	采购人员	销售费用—其他	其他应付款
	销售部	销售人员	销售费用—其他	其他应付款
	生产车间	车间管理人员	制造费用	其他应付款

12. 生成工资凭证

三、固定资产管理子系统

(一)实验目的与要求

系统学习固定资产系统初始化、日常业务处理的主要内容和操作方法;要求掌握输入固定资产卡片的方法;掌握固定资产增加、减少、变动的操作方法和要求;掌握固定资产折旧的处理过程及操作方法;了解固定资产账套内容及作用,熟悉固定资产月末转账、对账及月末结账的操作方法。

(二)实验资料

1. 固定资产系统的参数

固定资产账套的启用月份为"2011年3月",固定资产采用"平均年限法(一)"计提折旧,折旧汇总分配周期为一个月;当"月初已计提月份=可使用月份-1"时将剩余折旧全部提足。固定资产编码方式为"2-1-1-2";固定资产编码方式采用手工输入方法,编码方式为"类别编码+序号";序号长度为"5"。要求固定资产系统与总账进行对账;固定资产对账科目为"1601固定资产";累计折旧对账科目为"1602累计折旧";对账不平衡的情况下不允许固定资产月末结账。

2. 部门对应折旧科目

部门名称	贷方科目
办公室	管理费用—折旧费
财务部	管理费用—折旧费
采购部	销售费用—折旧费
销售部	销售费用—折旧费
生产车间	制造费用—折旧费

3. 固定资产类别

类别编码	类别名称	使用年限	净残值率	计提属性	折旧方法	卡片样式
01	房屋及建筑物				平均年限法(一)	通用样式
011	办公楼	30	2%	正常计提	平均年限法(一)	通用样式
012	厂房	30	2%	正常计提	平均年限法(一)	通用样式
02	机器设备				平均年限法(一)	通用样式
021	生产线	10	3%	正常计提	平均年限法(一)	通用样式
022	办公设备	5	3%	正常计提	平均年限法(一)	通用样式

4. 固定资产增减方式

增加方式	对应入账科目	减少方式	对应入账科目
直接购入	银行存款—工行存款	出售	固定资产清理
投资者投入	实收资本	投资转出	长期股权投资—其他股权投资
捐赠	资本公积	捐赠转出	固定资产清理
盘盈	待处理财产损益—待处理固定资产损益	盘亏	待处理财产损益—待处理固定资产损益
在建工程转入	在建工程	报废	固定资产清理

5. 固定资产原始卡片

卡片编号	00001	00002	00003	00004	00005
固定资产编号	01100001	01200001	02100001	02100002	02200001
固定资产名称	1号楼	2号楼	A生产线	B生产线	电脑
类别编号	011	012	021	021	022
类别名称	办公楼	厂房	生产线	生产线	办公设备
部门名称	办公室	生产车间	生产车间	生产车间	财务部
增加方式	在建工程转入	在建工程转入	在建工程转入	在建工程转入	直接购入
使用状况	在用	在用	在用	在用	在用
使用年限	30年	30年	10年	10年	5年

折旧方法	平均年限法(一)	平均年限法(一)	平均年限法(一)	平均年限法(一)	平均年限法(一)
开始使用日期	2005—01—08	2006—03—10	2007—01—20	2008—05—08	2009—06—01
币种	人民币	人民币	人民币	人民币	人民币
原值	400 000	450 000	150 000	180 000	20 000
净残值率	2%	2%	3%	3%	3%
净残值	8 000	9 000	4 500	5 400	600
累计折旧	78 840	71 685	57 105	48 114	6 480
月折旧率	0.0027	0.0027	0.0081	0.0081	0.0162
月折旧额	1 080	1 215	1 215	1 458	324
对应折旧科目	管理费用—折旧费	制造费用—折旧费	制造费用—折旧费	制造费用—折旧费	管理费用—折旧费

6. 修改固定资产卡

将卡片编号为"00003"的固定资产(A生产线)的使用状况由"在用"修改为"大修理停用"。

7. 新增固定资产

2011年3月15日直接购入并交付销售部使用一台电脑,预计使用年限为5年,原值为12 000元,净残值为3%,采用"年数总和法"计提折旧。

8. 固定资产评估减少

2011年3月31日对财务部使用的电脑"00005"进行资产评估,评估结果为原值12 000元,累计折旧3 880元。

四、销售与应收款管理子系统

(一)实验目的与要求

系统学习销售与应收款管理系统初始化、日常业务处理及期末处理的操作;了解应收款项的形成、收回、坏账、转账等处理过程;理解应收款在总账核算和销售与应收款核算的区别;要求掌握往来款的操作技能,及其与其他会计子系统之间的数据联系。

(二)实验资料

1. 销售与应收款管理子系统参数设置

坏账处理方式为"应收余额百分比法",启用客户权限,并且按信用方式根据单据提前7天自动报警。

2. 基本科目

应收科目为"应收账款",销售收入科目为"主营业务收入",应交增值税科目为"应交税金—应交增值税—销项税",销售退回科目为"主营业务收入",银行承兑科目为"应收票据",商业承兑科目为"应收票据"。

3. 控制科目设置

所有客户的控制科目为应收科目："应收账款"

4. 结算方式科目

现金支票结算方式科目为"库存现金",转账支票结算方式科目为"银行存款—工行存款"。

5. 坏账准备

提取比例为0.5%,坏账准备期初余额为0,坏账准备科目为"坏账准备",坏账准备对方科目为"管理费用"。

6. 账龄区间

总天数分别为30天、60天、90天和120天。

7. 报警级别

A级时的总比率为10%,B级时的总比率为20%,总比率在20%以上为C级。

8. 存货分类

存货类别	存货类别名称
01	原材料
0101	原料及主要材料
0102	辅助材料
02	产成品

9. 计量单位组

计量单位组编号	计量单位组名称	计量单位组类别
01	无换算关系	无换算

10. 计量单位

计量单位编号	计量单位名称	所属计量单位组名称
01	台	无换算关系
02	吨	无换算关系
03	千克	无换算关系

11. 存货档案

存货编码	存货名称	所属类型	计量单位	税率	存货属性
1	A101	原料及主要材料	吨	17%	外购、销售、生产耗用
2	A102	原料及主要材料	吨	17%	外购、销售、生产耗用
3	润滑油	辅助材料	千克	17%	外购、销售、生产耗用
4	甲产品	产成品	台	17%	自制、销售、
5	乙产品	产成品	台	17%	自制、销售、

12. 期初余额

增值税发票

单据名称	方向	开票日期	客户名称	销售部门	科目编码	价税合计
销售发票	正	2011-2-22	方园公司	销售部	1122	468 000

13. 2011年3月份发生的经济业务

(1) 3月2日,向北方公司销售甲产品3台,单价20 000元,开出增值税发票,货已发出,形成应收款共计70 200元。

(2) 3月6日,向方园公司销售甲产品1台,单价21 000元,开出普通发票,货已发出,款项尚未收到。

(3) 3月28日,收到北方公司转账支票一张,支票号ZZ033,还款共计304 200元。

(4) 3月29日,收到方园公司交来转账支票一张,支票号ZZ034,金额208 200元。

五、采购与应付款管理子系统

(一) 实验目的与要求

系统学习采购与应付款管理系统初始化、日常业务处理及期末处理的操作;了解应付款项的形成、支付、转账等处理过程;理解应付款在总账核算和采购与应付款管理核算的区别;掌握往来款的操作技能,与其他会计子系统之间的数据联系。

(二) 实验资料

1. 采购与应付款管理子系统参数设置

启用供应商权限,并且按信用方式根据单据提前7天自动报警。

2. 基本科目

应收科目为"应付账款",预付科目为"预付账款",采购科目为"在途物资",采购税金科目为"应交税金—应交增值税—进项税",银行承兑科目为"应付票据",商业承兑科目为"应付票据"。

3. 结算方式科目

现金结算方式科目为"库存现金",转账支票结算方式科目为"银行存款—工行存款"。

4. 报警级别

A级时的总比率为20%,B级时的总比率为40%,总比率在40%以上为C级。

5. 期初余额

单据名称	方向	开票日期	结算方式	供应商名称	采购部门	科目编码	金额
采购发票	正	2011-2-23	转账支票	汉柏公司	采购部	2202	555750

6. 2011年3月份发生的经济业务

(1) 3月3日,从金城公司采购原材料10吨A101,单价为每吨1 200元,增值税率为17%,原材料已经验收入库,货款尚未支付。

(2) 3月8日,从汉柏公司采购原材料10吨A102,单价为每吨900元,增值税率为17%,原材料已经验收入库,货款尚未支付。

(3) 3月22日,以现金支票向金城公司支付采购10吨A101,货款14 040元。

(4) 3月29日,以转账支票向汉柏公司支付前期采购A102,货款共计651 880元。

主要参考文献

1. 孙莲香.财务软件实用教程.清华大学出版社,2002
2. 付得一.会计信息系统.中央广播电视大学出版社,2006
3. 许晓林.电算化会计信息系统.机械工业出版社,2002
4. 王新玲、汪刚.会计信息系统实验教程.清华大学出版社,2005
5. 杨周南.会计管理信息系统.首都经济贸易大学出版社,2004
6. 杨宝刚.会计信息系统.高等教育出版社,2001
7. 孙万军.财务软件应用技术.清华大学出版社,2006
8. 康耀红、黄健青、魏应彬.会计电算化教程.北京大学出版社,2002
9. 钱玲.会计信息系统.上海财经大学出版社,2004
10. 王振武.会计电算化.东北财经大学出版社,2003
11. 袁树民.会计电算化教程.经济科学出版社,2001
12. 毛元青、曹啸军、杨怀君.会计电算化.黑龙江人民出版社,2001
13. 薛云奎、饶艳超.会计信息系统.复旦大学出版社,2005
14. 唐云锦.会计电算化.重庆大学出版社,2003
15. 孟俊婷.会计信息系统审计技术的研究.《中国管理信息化(综合版)》,2005(6)
16. 张瑞君、蒋砚章.会计信息系统(第四版).中国人民大学出版社,2006
17. 吴沁红等.会计信息系统——面向财务部门应用.电子工业出版社,2006
18. 龚中华等.用友财务软件——用友 U8 标准培训教程.人民邮电出版社,2006
19. 张有峰.电算化会计.清华大学出版社,2007
20. 席宁华.会计电算化高级教程.清华大学出版社,2005
21. 陈启申.ERP——从内部集成起步.电子工业出版社,2004
22. 金光华、王云龙、李刚、郭安.网络审计.立信会计出版社,2001
23. 胡华.网络安全与会计控制.立信会计出版社,2001
24. 阎金锷、陈关亭.内部控制评价应用.中国人民大学出版社,1999
25. 姜灵敏.网络会计安全问题研究.西南财经大学出版社,2001
26. 李麟.COSO内部控制整体框架.《金融会计》,2002

27. 陆斌.电子商务环境下审计理论的构建.中国会计电算化,2001

28. 刘志远、刘洁.信息技术条件下的企业内部控制.《中国中青年财务成本研究会优秀论文集》,2001

29. 杨周南等.计算机信息处理环境对会计理论与实务的影响及对策研究.中国财政经济出版社,2002

30. 罗鸿.ERP原理·设计·实施.电子工业出版社,2003

31. 韦沛文、陈婉玲.企业信息化教程.清华大学出版社,2006

32. 薛祖云.会计信息系统.厦门大学出版社,2006

33. 刘朝臣.财务管理.中国财政经济出版社,2004

34. 孟俊婷.Excel在财务管理中的应用.立信会计出版社,2006

35. 邵希娟、杜丽萍.财务分析中雷达图的阅读与绘制.中国管理信息化,2006(2)

36. 中华管理在线网(www.8bio.com)

37. 中华财会网网站,http://www.e521.com

38. 财政部网站,http://www.mof.gov.cn

39. 用友软件网,http://www.ufsoft.com.cn

40. 韦沛文.信息化与会计模式革命.中国财政经济出版社,2003

41. 李庄、云凌.内控制度的作用机制与设计原则研究.《经济师》,2007(1)

42. 王晓东.略论企业内控制度设计原则、理念与思路.《中国管理信息化(综合版)》,2005(11)

43. 康俊兰.论企业内部会计制度的建设.《会计之友(中)》,2007(1)

后 记

本书是安徽省高等学校"十一五"省级规划教材。在编写过程中,我们在吸收和借鉴国内外会计信息系统先进的设计思想和理念的同时,坚持稳定性与超前性的统一,侧重当前、注重未来。在选材上,我们摒弃了同类教材或单纯注重编程或着重介绍某一种财务软件的具体使用方法的传统编写方法,尽量选用在当前社会应用中行之有效的内容,既注重从理论高度进行概括和解释,又注重培养学生运用计算机技术去解决实际问题的能力。在具体应用型的内容选择上,我们选择了目前最主流的商品化财务软件——用友软件总账系统为财务软件实习的内容,系统地介绍通用总账处理系统的会计处理流程和具体处理方法,从而培养学生对会计实务的分析问题和解决问题的能力。同时本教材还较详细地介绍了运用通用的办公软件Excel提供的数据处理功能处理会计业务的基本方法和相关处理技巧,为学生能运用所学的会计电算化知识为中小企业服务打下了良好的理论和实践基础。为了方便教师教学和学生实践,我们为本书配置了相关的教学课件和已经在账务软件中做好的、与实验资料数据对应的实验文件。这些课件是从事多年电算化教学的老师多年教学的成果,这些实验文件也是为了配合本教材的实验教学,由编写教材的老师自己亲自去完成的。

本书在编写过程中得到了安徽大学出版社、安徽财经大学会计学院、合肥学院、蚌埠学院、铜陵学院、安徽科技学院、淮南联合大学、安徽职业技术学院、安徽工商职业技术学院等单位的大力支持和帮助,在此一并感谢。由于编者水平和编写时间有限,书中难免有疏漏、错误之处,敬请有关专家和广大读者批评指正,以便我们今后进一步完善。

编者

2011 年 10 月